Democratic Innovations in Post-War Democracy

Historical Explorations on Political Transformation in Europe during 1970s and 1980s

網谷龍介 編
Ryosuke Amiya-Nakada

1970～80年代
ヨーロッパにおける
政治変容の
政治史的検討

戦後民主主義の革新

ナカニシヤ出版

目　　次

序章
ヨーロッパの戦後民主主義は どのように変化してきたのか？

網谷龍介

1　本書の問い

「私たちの知っている「デモクラシー」はいつから今のような姿だったのだろうか？」本書の背後にあるのはこのような疑問である。

この問いは、一見して奇妙なものに映るかもしれない。現在の世界に生じているのはデモクラシーの危機であり、後退への懸念である、と（レビツキー、ジブラット 2018）。

しかし状況をもう少し丁寧に観察してみたい。たとえば現在の非民主的体制のなかには、選挙というデモクラシーにとって中核的なメカニズムを制度化しているものがある（東島 2023）。あるいは、標準的なデモクラシー理解にEUのなかで異議を唱えているハンガリーのオルバーン首相は、自らの政治実践が非リベラルであるとはいえ「デモクラシー」であると主張している。ここには、デモクラシーの外延が意外に明確に区切られてはいないことがあらわれている。

このようなデモクラシー概念の揺らぎを鮮明に前景化したのは、いわゆるポピュリズム現象の広がりである。政治学の様々な下位分野において、この現象をめぐる議論には事欠かない（ミュラー 2017；ミュデ、カルトワッセル 2018）。そのいわば反作用として立憲主義への注目にも事欠かない（Grimm

2016)。また後者の動向は、各国の「主権」を制約するかに見えるヨーロッパ規模（場合によっては世界規模）の国際的ルールの密度の高まりにも促されている（Goldstein, Kahler, Keohane and Slaughter 2000；Rittberger and Schimmelfennig 2006）。

これらの研究の多くは、「民意の直接的表出としての議会の力を、憲法裁判所や中央銀行、そして多様な国際合意が拘束する」体制を、それがあたかも無時間的に通用する標準であるかのように扱い、「リベラル・デモクラシー」と呼ぶ。この拘束を嫌う体制は、よくて「非リベラルなデモクラシー」の名が与えられ（Isaac 2017)、そもそもデモクラシーと呼ぶことすらしばしば拒否される（Kelemen 2018)。

だが、フランスにおいて、憲法院が成立した法律に対して違憲判断を下すようになったのは2008年である。フランスは伝統的には議会中心主義の国であり、議会制定法を裁判所が無効にすることなど考えられず、それは「裁判官統治（gouvernement des juges)」として批判されてきた。あるいは議会主権を誇るイギリスは、ヨーロッパ人権裁判所から度重なる人権侵害を指摘され、ようやく1998年の人権法（Human Rights Act）において、裁判所が立法府の人権侵害を処理できるようになった（Keller and Stone Sweet 2008)。これはすなわち、ヨーロッパにおけるデモクラシーの伝統を象徴する二大国が、つい最近まで、今日的な基準でリベラル・デモクラシーであったかどうか疑問の残る体制であった、ということを意味する。

このような奇妙な状況が生じてしまうのは、概念の使用が非歴史的だからである。イギリスやフランスは確かに民主的な体制の伝統を持っているのだが、それはあくまでもその時々の基準に照らしてのものである。つまり、現在、われわれが使用する意味でのリベラル・デモクラシーの概念やその背景をなす実践は、それほど歴史の長いものではないのである[1)]。

実際、われわれがすでに明らかにしたように、1940年代の民主主義構想は「リベラル・デモクラシー」という大雑把な概念による把握では十分に理解できない。そしてカトリック人格主義や社会民主主義的コーポラティズムなど、およそ個人を基礎とするリベラリズムとは異なる理念が戦後体制の構築に際しては大きな役割を果たしていた。すなわち、今日的な意味で「リベラル」ではない、集団包摂的な体制が戦後ヨーロッパのデモクラシーと呼ばれる体制だった（網谷・上原・中田 2019）。

そこで、今日的な「リベラルな」デモクラシーへの変化は、いつ起こったのか、そしてそれは具体的にどのような変化をデモクラシーに加えたのか、という問いが浮かび上がる。この問いに対する自然な対象の一つは、これまで文化変容や脱物質主義化などのキーワード、そして「1968」という象徴的な年号とともに捉えられてきた変化であろう（野田 2010）。そこで、1970 年代を中心とする時期の変容を政治史的にとらえようというのが本書の狙いである。

2　本書の学術的な位置

現在のヨーロッパ戦後政治史の研究は、外交史・冷戦史とヨーロッパ統合史において活況を呈している（Ludlow 2006；Mourlon-Druol and Romero 2014；Patel and Kaiser 2018；Romano and Romero 2021；Warlouzet 2017；板橋 2022）。冷戦の終焉やヨーロッパ統合の加速という世界史的事象を念頭においた研究が研究者の関心を呼んでいるのは自然なことであろう。これに比べれば、本書が対象とするような「内政を中心とする戦後体制の変化」については、実証的な歴史研究が 1980 年代までに事実関係を明らかにしたものの、その後は歴史学的関心の外にある。もちろん、社会運動史的な研究やフェミニズム研究は着実に進展しているが、それが現在につながるような政治の変化や民主主義概念の変容をどのように伴っているのか、という政治学的な関心を伴う研究はあまり見られない。

関連する論点のなかで近年研究が進んだのは人権の歴史である。この分野は前世紀中ほとんど関心を引いていなかったが、近年続々と業績が生み出されている（Eckel 2014；Hoffmann 2011）。このなかでしばしば参照されるモインの著作（Moyn 2010）は 1970 年代に人権政治の突出性（sailence）の上昇という分水嶺を見る。本書は同書の問題提起を受けつつ、人権の国内での具体的な争点化や制度化をいくつかの章であつかっている。

ただし、結論を先取りして言うならば、本書の結果浮かび上がったのは、この時期の変化の多義性である。すなわち、「新しい政治（new politics）」や脱物質主義といった、ある特定のキーワードで表現されるような変化が生じていたというよりも、多様な、時に矛盾する方向が同時に起きていた、という方が実情に近い。そして党派的に見ても、変化は左翼・進歩派勢力の側のみではなく、右翼・保守派勢力の側においても起きていた。さまざまな社会的な変化が、政治的な変容として構造化されるには、むしろさらに後の時期を待たねばならないのではないか、というのが暫定的な見通しである。このような「割り切れなさ」をそれとして提示し、しかし同時に現代的な視点から分析しているのが本書の歴史分析としての貢献である。

それに加えて、導入部で述べたように、本書はリベラル・デモクラシー概念の再検討に対しても一定の寄与をなすものであると考える。「ポピュリズム」「立憲主義」概念のやや安直な使用は、現代政治分析におけるリベラル・デモクラシー概念の曖昧さに一因がある。本書は、21 世紀の用法における「リベラル・デモクラシー」の起源は意外に近くにあることを明らかにし、過去にあった理想像からの頽落を嘆くかのようなデモクラシー後退論には強い根拠があるわけではないことを示す（Merkel 2014；Blühdorn and Butzlaff 2018）。

3　本書の構成と内容

このような大きなテーマに対して、完全な見取り図を与えることは難しい。しかし本書はいくつかの多面的なスナップショットを提供することで、この時期に対する読者のより深い理解を促すものになることを期待している。

本書は大きく二つの部分に分かれる。前半の四つの章では、主にデモクラシーの変容やそれを主導する主体の動きが分析されている。第 1 章では、欧州議会に分析の焦点を絞り、「人権」というシンボルが共有されたのはいつ頃なのか、という問いが検討される。今でこそ人権はヨーロッパ共通の価値として EU によってもしばしば前面に押し出されるものだが、1970 年代まではどちらかといえば党派的かつアドホックに利用される論点だった。欧州議会決議の対象が地理的にグローバルな広がりを持つようになり、そして左右の共同提案としても文字通り「共通の」価値規範として用いられるのは1980年代以降だったのである。続く二つの章は、「人権」問題と強いつながりを持つものとして、ジェンダーにかかわる論点を分析の対象とする。第2章はイタリアのフェミニズム運動を扱う。中絶合法化という争点を分析の中心に据えて、中心的主体となる運動側における変化とともに、運動がもたらしたインパクトが狭い意味での「政治」の場面でどのように吸収されていったかが明らかにされる。第3章は、男女同権化問題を西ドイツを中心として扱う。そこでは戦後ヨーロッパが日本に比べて「遅れていた」ことを前提としつつ、それが変化していくなかでは、司法部門やECといった、非選出部門のインパクトが大きかったことが示される。第4章は地域主義運動を扱う。今でこそ分権化は左翼のシンボルであると思われていることも多いが、伝統的には平等を重視する左翼は集権化志向が強い場合が多く、その傾向がとりわけ強かったのがフランスであった。そのフランスにおいて、隣接するスペインにもまたがるバスク地域のアイデンティティを基礎とする運動が分析の対象とされる。ここでは、社会党政権の成立やスペイン民主化といった、一見すると運動の環境を好転させるかのような政治的変化が、運動にとっての挑戦となっていたことが明らかにされる。これらの分析は、社会的な変化を受けて生じた新たなアジェンダや運動がもたらした変化を考える上では、より広い政治的文脈のなかにそれを位置づけ、そして政治過程のなかで被る変容を考慮することが必要であることを示している。

後半では、このような社会変化やその政治的表現を「受け止める」側の態様が扱われる。第5章では西ドイツにおける保守勢力が、この時期にどのような思想的変化を遂げていったかが分析される。この時期に保守勢力は、1960年代までの復古的色彩を払拭した新たな運動へと変化を遂げた。「1968」という対抗すべきシンボルを前に、新たな争点に対応するポジションを固めつつ、再び凝集力を取り戻したのである。同時に、本章がこの再編過程のなかから現在の新右翼につながる潮流が現れたことを指摘しているのも、重要な論点であろう。第6章は、首相も務めたシャバン＝デルマスに焦点を絞って、フランスにおける中道勢力の変容が分析される。シャバン＝デルマスが首相就任後に行った1969年6月の「新しい社会」演説を導きの糸として、本章はこの自由主義的かつ進歩的な、現代的にいえば中道左派的ともいえるような構想が、どのように政治的に受容されたかを検討し、新しい、相対的にはより現代的な政治的課題の提示が、伝統的なイデオロギー的対立軸のなかでどのような反響を呼び起こしたかを明らかにする。この構想は政治的には挫折に終わるが、そのなかに著者は現在につながる自由主義化の道筋を見出している。第7章は、オランダにおいて、国の経済分析機関である中央計画局が、各政党の要望に基づいて各党の選挙綱領に基づいたマクロ経済予測を提示する、というユニークな慣行が定着する過程を明らかにする。興味深いのは、ある意味でテクノクラティックな慣行が、政党間競合の強まりとともに生じた点である。すなわち新左翼運動の浸透を背景に労働党が選挙での多数派獲得を目指す「分極化戦略」に転じ、政党間の相互批判が高まるなかで、自らの信頼性や政権担当能力を示す手段として、中央計画局による予測の戦術的利用が始まったのである。ここでは、社会変容をうけた「政治化」が、独立的専門機関の役割の拡大につながる政治力学が活写されている。このようなやや逆説的な動きも、1970年代の変化の一部であった。

最後の第8章では、このような変化を同時代の政治学者がどのように分析していたかを検討することで、社会変容が政治的な意味空間に与えた変化が分析される。対象とされるのは、当時新たに設立されたヨーロッパ政治研究コンソーシアム（ECPR：European Consortium for Political Research）の機関学術誌である。ECPRに集ったのは、アメリカ起源の現代政治学を吸収し、ヨーロッパ規模で活動する「新世代」の研究者たちであるが、彼らが同時代の変化に向ける視点はわれわれのものとは異なっていた。すなわち、ジェンダーや環境、脱物質主義といった後世の人間が想定するような論点は1970年代には注目されていなかった。同時代的に注目されていたのは「世代」や非伝統的な政治参加、といった論点である。新しい争点の登場が政治学研究の対象となり始めるのは、1980年代を待たねばならない。

このように、多様な政治的変化が現実に生じ、そしてそれを推進する勢力の結晶化がみられる一方で、それを受け止める側にもまた変化が生じていた。しかし現在に続くような新たな構想は時に当惑や混乱を持って迎えられ、同時代的の学知にとってもそれが何をもたらすのかは明らかになってはいなかった。「ミネルヴァの梟」を引き合いに出すのは容易なことであるが、まずは、この多様性や混乱をまずは真摯に見つめるべきであろう。

4　本書の成果と展望

このように本書は、人権、ジェンダー平等、地域分権化・自治といった、「デモクラシーの民主化」（Offe 2003）をめぐる論点が、1970年代以降に政治的アジェンダとして浮上してくるプロセスを検討した。これらは現在「リベラル・デモクラシー」の構成要素として、あるいはそれに密接にかかわるものとして位置づけられている。その起点が本書が分析した時期にあることは間違いない。ではそれらは相互にどのような連関を持ち、いつどのように政治的対抗のなかに構造化されていくのだろうか。

本書はまた、このような新たな論点の一部が、左右の主要勢力に共有されていくプロセスの一部をも明らかにした。これは、コンセンサスとしての「リベラル・デモクラシー」とその後退という語りに親和的な動向である。しかし同時に、自由や人権を強調するこの方向性に対する違和感や反発も、本書の分析からは浮かび上がってくる。左右のコンセンサス形成と、それに対する対向勢力の形成というダイナミクスは、上述の争点の構造化の過程とどのように結びつくであろうか。

そして本書のなかでは、裁判所、経済専門部局、超国家的国際組織といった、各国の政党デモクラシーの日常からは一定程度離れた、専門性に基づく統治を業とする組織が、この時期の政治的な革新のなかで姿をあらわし、影響力を高めてきたことも、いくつかの場面では重要な要因となっている。このような、非党派的統治機構の比重の増加が、「リベラル・デモクラシー」の定着に大きな役割を果たしたのだとすれば、「デモクラシーの民主化」として始まったプロジェクトが、デモクラシーの制約（constraint）の強化に帰結した、ということになるのだろうか。

このように本書は現在の「リベラル・デモクラシー」のいくつかの出発点を明らかにしたが、その作業を通じて新たな問いもまた生み出された。これは、デモクラシーという概念が本質的に論争的（essentially contested）であり、不断に定義しなおされるものである、という従来からの指摘をあらためて思い起こさせる。そのようにして生成された構築物を分析するためには、時に歴史的な層を一枚一枚はぎとりながら理解していくことも必要なのである。

＊本研究はJSPS基盤研究（B）18H00820による研究成果の一部である。また出版に際しては津田塾大学特別研究費（出版助成）による助成を受けた。記して謝意を表したい。

注

1）　ミュラー（2019）の制約された民主主義（constrained democracy）という概念化は、第二次大戦までのデモクラシー構想と戦後のそれの違いを明確にするという点では優れている。しかし本書の観点からは、同書においてもなお戦後体制のなかの連続性が強調されすぎている。制約された、という表現が真にあてはまるのは本書の対象時期以降ではないか。

参考文献

Blühdorn, Ingolf, and Felix Butzlaff（2018）“Rethinking Populism : Peak Democracy, Liquid Identity and the Performance of Sovereignty,” *European Journal of Social Theory*, 22（2）: 191–211.

Eckel, Jan（2014）*Die Ambivalenz des Guten : Menschenrechte in der internationalen Politik seit den 1940ern*, Göttingen : Vandenhoeck & Ruprecht.

Goldstein, Judith, Miles Kahler, Robert O. Keohane and Anne-Marie Slaughter（2000）“Introduction : Legalization and World Politics,” *International Organization*, 54（3）: 385–399.

Grimm, Dieter（2016）*Constitutionalism : Past, Present, and Future*, Oxford : Oxford University Press.

Hoffmann, Stefan-Ludwig, ed.（2011）*Human Rights in the Twentieth Century*, Cambridge : Cambridge University Press.

Isaac, Jeffrey C.（2017）“Is There Illiberal Democracy? A Problem with No Semantic Solution,” *Eurozine*, August 9, 2017.8.9, 〈www.eurozine.com/is-there-illiberal-democracy〉（最終アクセス日 2023 年 11 月 30 日）

Kelemen, R. Daniel（2018）“Hungary by now is no longer a democracy, says Rutgers’ R. Daniel Kelemen,” *Budapest Beacon*, 2018.3.8, 〈budapestbeacon.com/hungary-by-now-is-no-longer-a-democracy-says-rutgers-r-daniel-kelemen/〉（最終アクセス日 2023 年 11 月 30 日）

Keller, Helen, and Alec Stone Sweet, eds.（2008）*Europe of Rights : The Impact of the ECHR on National Legal Systems*, Oxford : Oxford University Press.

Ludlow, N. Piers（2006）*The European Community and the Crises of the 1960s : Negotiating the Gaullist challenge*, London : Routledge.

Merkel, Wolfgang（2014）“Is There a Crisis of Democracy?” *Democratic Theory*, 1（2）: 11

–25.

Mourlon-Druol, Emmanuel, and Federico Romero, eds.（2014）*International Summitry and Global Governance : The Rise of the G7 and the European Council, 1974–1991*, London : Routledge.

Moyn, Samuel（2010）*The Last Utopia : Human Rights in History*, Cambridge, MA : Harvard University Press.

Offe, Claus（2003）*Demokratisierung der Demokratie : Diagnosen und Reformvorschläge*, Frankfurt : Campus.

Patel, Kiran Klaus, and Kaiser, Wolfram（2018）*Multiple Connections in European Cooperation : International Organizations, Policy ideas, Practices and Transfers, 1967–1992*, Abingdon : Routledge.

Rittberger, Berthold and Frank Schimmelfennig（2006）“Explaining the Constitutionalization of the European Union,” *Journal of European Public Policy*, 13（8）: 1148–1167.

Romano, Angela, and Frederico Romero（2021）*European Socialist Regimes' Fateful Engagement with the West : National Strategies in the Long 1970s*, Abingdon : Routledge.

Warlouzet, Laurent（2017）*Governing Europe in a Globalizing World : Neoliberalism and its Alternatives Following the 1973 Oil Crisis*, Abingdon : Routledge.

網谷龍介・上原良子・中田瑞穂編（2019）『戦後民主主義の青写真――ヨーロッパにおける統合とデモクラシー』ナカニシヤ出版。

板橋拓己（2022）『分断の克服　1989–1990――統一をめぐる西ドイツ外交の挑戦』中央公論新社。

野田昌吾（2010）「「一九六八年」研究序説――「一九六八年」の政治社会的インパクトの国際比較研究のための覚え書き」『法学雑誌』（大阪市立大学）、57（1）：1–51。

東島雅昌（2023）『民主主義を装う権威主義――世界化する選挙独裁とその論理』千倉書房。

ミュデ、カス／クリストバル・ロビラ・カルトワッセル（2018）『ポピュリズム――デモクラシーの友と敵』永井大輔、髙山裕二訳、白水社。

ミュラー、ヤン＝ヴェルナー（2017）『ポピュリズムとは何か』板橋拓己訳、法政大学出版局。

ミュラー、ヤン＝ヴェルナー（2019）『試される民主主義――20世紀ヨーロッパの政治思想（上・下）』板橋拓己、田口晃監訳、岩波書店。

レビツキー、スティーブン、ダニエル・ジブラット（2018）『民主主義の死に方――二極化する政治が招く独裁の道へ』濱野大道訳、新潮社。

第 1 章
欧州議会における党派性の変容と人権規範の発展

大内勇也

現代の国際関係において欧州連合（European Union： EU）が対外関係において人権を重視しているという理解は広く共有されている。この姿勢は特に 1990 年代以降、域外諸国と貿易や援助などに関する合意を結ぶ条件として人権基準を適用し始めたことで明確になったが（Wouters et al. 2020；King 1999）、その EU 人権外交の理念的基盤とされるのが人権の尊重を含む「欧州アイデンティティ」である（Williams 2004： chap. 7）。しかし、人権を重視する欧州という確立したイメージの一方で、EU の前身である欧州共同体（European Community： EC）の基礎となる 1957 年のローマ条約では経済統合を優先し意図的に人権に関する規定を除外した経緯があるため（Thomas 2006： 1193–1195）、「欧州アイデンティティ」としての人権はいつ形成されたのかが問題となってきた。

この問題について、既存研究は 1970 年代を EU 人権外交の起源と評価するが[1]、その転換点とされる出来事を詳細に見ると、当時の欧州の人権をめぐる議論が冷戦下における左右イデオロギー対立によって形作られていたことが指摘できる。そこで本章は、欧州議会（European Parliament）におけるイデオロギー的党派性と人権問題に対する姿勢を体系的に評価し直すことで、欧州共通外交の指針としての人権の起源を再検証する。

1　欧州アイデンティティとしての人権外交

人権外交制度化の経緯

EU 人権外交は主に欧州の集合的アイデンティティの実行として説明されるが、そのような EU の自己認識は様々な採択文書でも確認されてきた。欧州人権条約を採択した欧州評議会（Council of Europe）だけでなく、EC も 1960 年代から共通の価値として人権の重要性を確認し続けてきたのである。とりわけ 1973 年 12 月にコペンハーゲンの EC サミットで採択された欧州アイデンティティ宣言（Declaration on European Identity）では、代表民主主義、法の支配、社会正義、人権の尊重を欧州アイデンティティの基礎的要素となる原則として掲げ、その全てを防衛する決意を確認している（I. 2.）。そして、このような原則は対外的にも適用される基準とする方針が示された（III. 22.）。すなわち人権は、対内的には EC メンバー国が守るべき価値であり、対外的には EC 共通外交に適用される基準と見なされるようになったのである。

さらに、1986 年の欧州政治協力（European Political Cooperation）の枠組みでも人権宣言が採択され、人権侵害に対する懸念の表明は内政干渉とは考えられないと宣言している[2)]。また、1986 年に採択された単一欧州議定書の前文では、国際の平和と安全に貢献していくために、民主主義、法の遵守、人権の原則を示していくと言及している。そして現代の EU 人権外交誕生の転換点として、1992 年に調印された欧州連合条約（マーストリヒト条約）では、共通の外交政策の目的の一つを、「民主主義、法の支配、人権と基本的自由の尊重を発展させ強化すること」と規定し（J. 1 条 2）、開発協力についてもこの目的に貢献することが明記された（130 条 u）。この条約により人権は EU 外交を正式に拘束する基準となったのである。

EC 対外関係における人権

欧州アイデンティティとしての人権を論じる先行研究は、上記の諸文書よりも人権基準が実際に対外関係に適用された事例から、その形成過程を評価してきた。この点についてルカレッリは、価値から原則、あるいは原則から政策への転換は自動的に起きるものではないと指摘し、EU の分析では共有の価値や原則がどの程度立法や行動に影響を与えたのかに注意が向けられると述べている。また、EU の政治的アイデンティティは所与ではなく、特に外交政策を通して確認されるものだと説明している（Lucarelli 2006： 10, 12）。

このような視点で欧州アイデンティティ形成の端緒としてまず取り上げられるのが、EC メンバーシップの基準として人権や民主主義が適用されたことであった。すなわち、1960 年代のギリシャ、スペイン、ポルトガルの欧州経済共同体（European Economic Community： EEC）参加をめぐる論争である（Thomas 2006； de Angelis and Karamouzi 2016）。独裁体制国家との経済協力の是非という問題を通して、EC 諸国は共同体への参加基準を定義するようになり、そこで人権や民主主義が基礎的な要素となったといわれるのである（de Angelis and Karamouzi 2016： 440）。1960 年代の段階では、南欧諸国との合意締結の先送りという形で決着しており人権基準が適用されたといえる。しかし先行研究の欧州議会の分析を見ると、人権侵害を問題視して独裁国家との経済協力に反対しているのは左派であり、保守派は一貫して経済関係を重視し人権基準の適用に消極的な勢力として描かれている。

このような党派的な対立構図はラテンアメリカの軍事政権への対応でも同様である。例えば、1973 年以降のチリのピノチェト政権の人権侵害に対する欧州各国の対応は、やはり欧州アイデンティティの現れと見なされている（Christiaens 2018： 443）。しかしここでも、チリで弾圧対象となった共産主義者と欧州左派の連帯運動による批判と、保守政権のピノチェト体制の容認・支持という構図で描かれているのである。特に、1980 年代の英国保守党や西独キリスト教民主同盟の政権は、チリの人権問題に関する自国の左派前政権の政策を「現実的な」路線に変更し、安全保障や経済に関わる国益を優先させている（Livingstone 2018； Botta 2018）。南欧とラテンアメリカの独裁政権に対する人権批判を見る限り、1970 年代の欧州における人権の位置づけは、欧州共通の人権外交の始まりというよりは、「左派の人権」として主張されていたといえるだろう。

欧州アイデンティティとしての人権の転換点として、しばしば取り上げられるもう一つの事例が、欧州安全保障協力会議（Conference on Security and Cooperation in Europe：CSCE）における EC 外交である。欧州 9 カ国の主張により、この会議の成果であるヘルシンキ最終議定書に人権が盛り込まれたことが、欧州アイデンティティの実行化（operationalization）と見なされているのである。ヘーベルとレンツは、人権や民主主義をメンバーシップ基準として適用するアイデンティティ形成段階と、その規範を定式化し外交に転化させる段階であるアイデンティティの実行化とを区別している（Hebel and Lenz 2016：474）。そして、後者の段階に至った転換点として挙げられるのが 1973 年 7 月に始まった CSCE 交渉であった。この交渉過程で欧州諸国は、東側陣営諸国と米国の消極性を押し切る形で、最終議定書に人権を盛り込むことに成功したと評価されている（Thomas 2001：chap. 2）。その成果が、参加国相互の関係の指針となる「原則」としての人権規定であり、「第三バスケット」における、人の「より自由な移動と接触」の推進と、「あらゆる情報のより自由で広範な流布」の促進規定である。

しかし、これらの規定も欧州共通外交の指針として人権が持ち出されたとは言い難い面がある。オランダを例外として、欧州諸国は人権重視が東西緊張緩和に悪影響を与えることを懸念し、特に西ドイツとフランスは対ソ関係において人権を強調することに対する懐疑を繰り返し表明していた（Tulli 2022：49, 51）。具体的な規定についても例えば、「第三バスケット」では人権という言葉は一度も使われていない一方で、情報の自由は西欧からのプロパガンダを意図していたともいわれ（Hebel 2014）、移動の自由は西ドイツにとっては家族再統合の問題として重視されていた（Morgan 2018）。さらに、欧州議会に目を向けても、東側陣営諸国の人権問題に熱心であった英国保守会派のニコラス・ベセル（Nicholas Bethell）のように、その動機は反共主義に基づくものとも指摘されている（Gfeller 2014：407）。もちろん、欧州諸国の人権に対するこだわりは政治的手段という意味合いだけではなかったであろうが（Thomas 2001：43；Hebel and Lenz 2016：486）、上記の点を踏まえると欧州諸国の姿勢は一概に人権規範の実行化と評価することもできない。

残された課題と本章の意義

以上で確認してきたように先行研究は、特定のイデオロギー党派や国家による個別利益追及をも、欧州の集合的アイデンティティの現れと見なしており、現実の全体的傾向よりも過大に評価している可能性がある。そのため、マーストリヒト条約に至る流れとして、実際に欧州で人権規範が共有された時期やその過程については未だ十分に検証されていないともいえるだろう[3)]。

先行研究による人権外交の基盤としての欧州アイデンティティ評価の問題は以下の2点にまとめられるだろう。第一に、これらの研究はECにおける人権の位置づけの変化について個別局面を取り上げて評価しているが、そこで示されているのは関係国や各党派の個別利益の実現手段としての人権であり、集団で共有された目的とは言い難いことである。また関連した第二の点として、アイデンティティの評価基準が曖昧な点が指摘できる。この点、デ＝アンジェリスとカラムジはタイトルに「欧州共同体の民主的アイデンティティの歴史的起源」と記されている論文において、欧州アイデンティティとは何かという複雑な問題には踏み込まないと断った上で、具体的に「ヨーロッパ的なものは何か」という一般的な概念が次第に形成されていく過程を明らかにすると述べている（de Angelis and Karamouzi 2016：440）。一方、ヘーベルとレンツは集合的アイデンティティを一般的に、「集団の自己理解として定義され、集団の性質や目的を特定する、共有された構成的規範によって成り立つもの」としているが（Hebel and Lenz 2016：476）、検証事例としてはECSC交渉を取り上げるに止まっている。関係主体の多様な思惑を考慮すると、この事例だけから欧州アイデンティティの実行化の段階とすることは十分に説得的ではない。

そこで本章では、欧州の対外政策における人権の位置づけを、体系的な方法で再検証しその長期的な変化を明らかにしていくが、その意義は以下の点にある。第一に、欧州共通の人権外交指針となる人権の形成過程のより詳細な解釈を提示することである。EU 外交において人権が確立した地位を得た1990 年代と、その起源ともいわれる 1970 年代の間にある空白を埋め、その間の人権の位置づけの変化を明示的に示す。第二に、欧州人権規範の発展過程における人権を多面的に捉え直す。従来の研究は人権規範を特定の固定的価値として扱う傾向にあったが、本章では「誰が主張する人権か」、「どの国の人権問題か」という視点から欧州における人権問題の位置づけを整理し直し、人権をめぐる議論の性質の変化を長期的な傾向から明らかにする。第三に、欧州統合史の分析対象としての欧州議会の有効性を示すという、分析アプローチ的な観点からも意義があると考える（Gfeller 2014；Otjes et al. 2022）。従来の欧州統合研究は、主に欧州委員会や欧州理事会といった意思決定機関を分析対象としてきた。一方、欧州議会研究は、主な分析対象時期が立法権限を持つようになった 1990 年代以降となっている。しかし本章では、1980 年代以前の欧州議会も、欧州政治家間で共有された規範や認識を抽出し、EC や政府レベルの政策変化の構造的背景を示すという点で、有益な分析対象であることを示せるだろう。

2　分析方法――欧州議会における人権決議の変容

人権問題への姿勢に対する党派性の影響を検証するため、本章では欧州議会で採択された域外諸国の人権問題に対する決議内容を分析し、欧州議会で域外人権問題に対する姿勢がいつ共有されるようになったのかを明らかにする。繰り返し採択される決議内容の傾向によって、欧州議会における人権の重要性がどのように位置づけられてきたのかが評価できるだろう。

欧州議会

上記の観点から、欧州議会における人権の位置づけを明らかにするために、採択された人権決議の変遷を分析する。先行研究でも評価されているとおり、EC 人権外交についてはしばしば欧州議会が重要な役割を果たしてきた（Wouters 2020；Ferrari 2016：22）。そのため、欧州議会における域外人権問

表 1-1　欧州議会メンバーの変遷　1951-1990 年

年	議員数	加盟国
1951　共同議院として創設	78	6
1957　ローマ条約で欧州議会に	142	6
1973　デンマーク、アイルランド、英国加盟	198	9
1979　直接選挙制の導入	410	9
1981　ギリシャ加盟	434	10
1986　スペイン、ポルトガル加盟	518	12

Kreppel（2002), p. 86, Table. 4.3 を基に筆者修正

題に対する認識の変化が、欧州で共有された人権規範の評価基準としても有効であろう。

欧州議会は、1952 年に仏、西独、伊、ベルギー、オランダ、ルクセンブルクの 6 カ国で形成された欧州石炭鉄鋼共同体の共同議院（Common Assembly）を起源とし、その後、加盟国の増加などで議員数が変わり、1990 年時点で 12 カ国 518 人の議員で構成されていた。また、当初は各国の議会代表で構成されていたが、1979 年以降は直接選挙で選ばれた議員により構成されるようになっている（表 1-1）。なお、欧州議会は年間を通して、8 月以外、毎月会議が開催されている。決議採択は、EU 法とならない非立法決議については出席者の単純多数で議決されるが（Jacobs et al. 2019［1990］: 137）、人権決議のほとんどがこの方法で採択されている。

欧州議会はその設立以来、長らく立法権限のない諮問機関であった。現在のように、立法過程で欧州議会の同意が正式に必要となったのは、1993 年に発効したマーストリヒト条約における「共同決定手続（Co-decision Procedure)」の導入による。したがって、1990 年までを対象期間とする本章の分析においては、欧州議会は EC 政策に対して決定権のない諮問機関である[4)]。さらに、本章で扱う人権決議に限っていえば、議会発議の非立法決議がほとんどであり、これらは議会の意思表明という性格が強い[5)]。

このような欧州議会の決議を分析対象とするのは以下の理由による。第一に、各党派の人権に対する姿勢を直接的に観察することができる。立法権限のない議会における決議は、欧州委員会、欧州理事会、及び各国政府が様々

な制約を受けながら妥協的な政策決定をするのと比べ、制約の少ない意思表明である。イデオロギー的党派性と人権に対する姿勢の関係を分析する本章にとって、この点は有利な特徴である[6)]。第二に、欧州議会における人権決議を分析することで、長期的に、多様な、繰り返される意思表明を観察できる。決議採択という繰り返し行われる行為を分析対象とすることで、欧州における人権の位置づけの変化をより客観的に示せるだろう。以上の点から、欧州議会における人権決議を分析対象とすることが本章の問題関心に照らし有効だと考えられるのである。

調査方法

本章では、当時の国際関係における人権への言及が冷戦下における東西対立で相手側陣営を非難するために用いられていたことに留意し、左右イデオロギー対立の軸を念頭に、どの会派がどの地域の人権問題を対象として人権決議に参加しているのかを調査する。この分類に基づく人権決議の時系列変化を見ることで、党派性の変化と人権の位置づけの変化の関係性を見出せるだろう。

本書の調査方法は以下のとおりである。欧州議会の公開資料をもとに[7)]、1970〜90年に欧州議会で採択された決議のうち、①「人権（human rights）」という言葉を含む「人権決議」をカウントし[8)]、②「人権決議」で対象となっている域外国を地域ごとに分類・カウントし[9)]、そして③「人権決議」に対して決議案を提出した政治会派をそれぞれカウントした。

なお近年の研究は、欧州議会における党派性を評価するために、点呼投票（roll call vote）での各会派メンバーの投票行動の凝集性（cohesion）を分析対象としている（Raunio and Wagner 2020；Hix et al. 2007）。それにもかかわらず、本章で各会派の姿勢を確認するために決議案提出を対象とするのは以下の理由による。第一に、1990年までの人権決議に関する点呼投票は極めて少なく、党派性の傾向を評価することが困難である。一般的に欧州議会における採決では各メンバーの投票行動は必ずしも記録されていないが、さらにその一部である人権決議に絞って点呼投票決議を取り上げた場合、欧州議会の人権に対する認識を十分に捉えることができない。第二に、より重要な理由として、決議案の提出は採決の投票行動に比べて、より積極的な人権問題への関心の表明といえる。したがって、各会派の人権問題に対する姿勢を評価する上ではより適切な対象といえるだろう。

3　人権決議の変遷

以下では、上記の方法で分類・カウントした決議を分析し、欧州議会における人権の位置づけを明らかにする。具体的にはまず人権決議の全体的傾向、対象地域の変化を確認し、その後、次節から各会派の人権決議案の提出行動に分けて解釈していく。

全体的傾向

欧州議会決議における人権決議数と欧州議会決議全体に占める人権決議の割合の変遷を見ると（図 1-1）、まず 1970 年代後半以降に決議数が増加し始めていることが確認される。1971～1972 年では人権決議が 0 となっているように、1970 年代前半はほとんど人権決議が採択されていない。また年間の人権決議数は 1970 年代末まで 10 に満たないが、1 年を通してほぼ毎月議会が開催されていることを踏まえるならばこの数は少ないといえるだろう。一方、1970 年代後半から始まる増加傾向は、1980 年代後半以降に加速している。つまり、欧州議会における人権の重要性が増し始めたのは 1970 年代後半以降であり、さらに人権に対する言及が一般的になるのは 1980 年代後半以降である。この期間を通して増加傾向は二つの段階を経ていたといえるだろう。

この変化傾向が欧州議会における人権の重要性の増加を反映していることは、欧州議会の全決議に占める人権決議の割合が 1981 年の一時的減少を除きほぼ一貫して増加していることからも確かめられる。1970 年代初頭に 0 の年もある人権決議の割合は、1980 年代半ばに 10% に至り、1989 年には 15 %となっている。このことから、この期間に人権は確かに欧州議会における

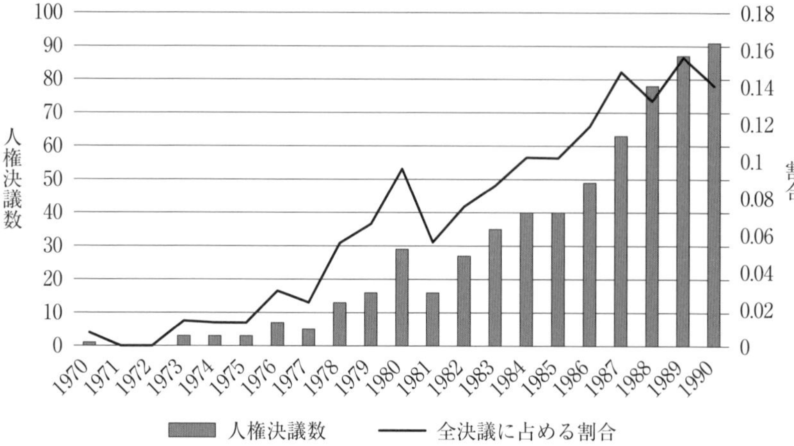

図 1-1　欧州議会決議における人権決議数と割合

筆者作成

政治課題として重要になったといえる。

これらの変化を見る限り 1970 年代は、先行研究でしばしば言及されるような、人権の「飛躍」の時期とはいえない。すでに確認したように、欧州議会の非立法決議は出席者の過半数で議決され、また拘束力もないため、採択実現はそれほど難しくはない。増加傾向が始まっているものの、この時期の決議数の少なさは、欧州議会における人権問題への関心が依然としてそれほど高くなかったことを示している。

したがって例えば、1960 年代の南欧独裁政権の人権問題に対する非難などは個別的な動きだったと考えられる。また、1970 年代のチリの軍事政権に対する非難や、ヘルシンキ最終議定書に至るまでの CSCE 交渉も全体の傾向とは対応しておらず、これらの出来事が欧州議会における人権問題への一般的な認識変化を直接的に反映していたとはいえない[10]。

対象地域

次に、採択された人権決議を対象地域別に見ると、全体傾向として特に 1980 年代以降、全地域で増加していることが分かる（図 1-2）。1970 年代に

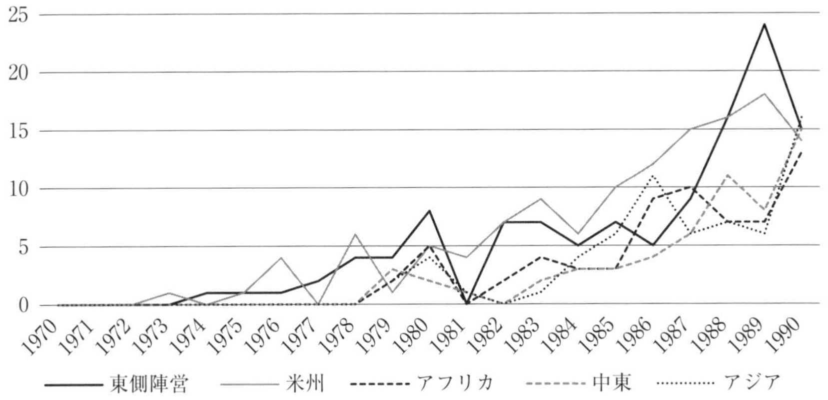

図 1-2　人権決議の地域別採択数

筆者作成

おいては、東側陣営諸国と米州が主な対象となっているが、依然としてその数は少ない。1980 年代以降もその 2 地域が決議数の多い対象地域となっているが、特に東側陣営諸国に対する決議は 1980 年代後半以降、各国体制が不安定化したことに伴い急増しており、現実の状況に対応した変化と捉えられる。一方、米州については、1970 年代以降に南米の軍事独裁政権による人権侵害が決議対象となっているが、1980 年代以降は、中米諸国における内戦下の人権問題が加わり増加傾向が強まっている。南米の主な軍事政権誕生の時期は 1964 年のブラジル、1973 年のチリとウルグアイ、1976 年のアルゼンチンとなっており、また軍事政権初期においてより深刻な人権侵害が発生していることを考慮すると、欧州議会の反応はむしろ遅いといえる。

なおこれらの 2 地域以外を対象とする人権決議数が増加したことで 1980 年代後半以降、対象地域の偏りが小さくなっている。特に、1990 年には冷戦終結と民主化の進展により東側陣営諸国と米州に対する決議の実数・割合がともに減り、対照的にアジア、アフリカ、中東を対象とした人権決議が増加している。これらの地域に対する人権決議では政治的自由や拷問といった自由権に関わる問題が主に取り上げられる一方で、貧困や飢饉などの社会権に関する決議もあり、人権問題が多様化している。また、EC と途上国間で締結された経済開発協力に関するロメ協定を根拠に、援助条件として人権問題が言及される点にも特徴がある。

これらの決議対象地域の変化は、欧州議会における域外の人権問題に対する関心が全地域へと普遍化したことを示している。1992年にマーストリヒト条約の採択により人権外交が法的に規定されたことを踏まえてこの変遷を解釈するならば、欧州共通外交の基盤となる人権規範の共有は、法的に確認される直前の時期に急速に実体化したことになる。この傾向からも、先行研究が挙げていた転換点とは異なる時期に人権規範の適用が促進したことが確認される。

4　人権決議における党派性の変容

前節では、欧州議会における人権決議の変遷を追うことで、1980年代後半以降に決議数や対象地域の点で人権の域外適用の普遍化が進んだことが確認された。これにより、先行研究が取り上げてきた事例は象徴的ではあれ、例外的で個別的な人権規範の適用例であったと解釈できる。それでは、それらの事例を特徴づけていた域外人権問題をめぐる党派性はこの間どのように変化したのであろうか。以下では、各会派の人権決議に対する姿勢を確認することでこの点を評価する。

欧州議会の議員は、政治会派（political groups）と呼ばれる主に政治イデオロギーに基づいた集団としてまとまっている。そして、左右イデオロギー的な党派対立はこの会派間の対立として現れる。欧州議会メンバーの行動は自らの選出国よりも所属会派によって規定されているといわれており、実際、会派メンバーから出る決議案の多くは会派名義で出され、投票行動における各会派の凝集性も高い（Hix et al. 2007；Hix and Lord 1997；Kreppel 2002）。

欧州議会における各会派の勢力構図は主に中道左右の二大会派、すなわち社会主義会派とキリスト教民主主義会派によって50～70%の議席が占められており、それに加えて小会派が複数存在するという状況である。本章で取り上げる会派は、人権決議の議論に参加している主要7会派で[11]、これに無会派を加えた合計8の属性によって分類した。すなわち、①共産主義連合会派（Communist）[12]、②レインボー会派（Rainbow）[13]、③社会主義会派（Socialist)、④自由主義会派（Liberal)、⑤キリスト教民主主義会派である欧州人民党会派（European People's Party)[14]、⑥欧州民主連合（European Democratic Alliance)[15]、⑦欧州保守会派（Conservative)[16]、⑧無会派（Non-Attached（Individuals)）である。

なお、人権決議には各会派の決議案に基づくもののほかに、欧州議会内の各委員会から提出される報告書の採択決議も含まれるが、以下では本章の関心に基づき各会派からの決議案のみを対象としてカウントしていく。具体的には、欧州議会で採択された人権決議に対して決議草案を提出していた会派をカウントし、各会派の人権問題に対する関心の強さを確認する[17]。

全体傾向

会派別の決議案提出について全体傾向を見ると、まず、1980年代以降は二大会派である社会主義会派とキリスト教民主主義会派が多くの決議案を提出していることが分かるが、時系列的な変化はほぼ全会派で同じ傾向を示している（図1-3)。とりわけ顕著な傾向は、1980年代後半以降に全会派が決議案を急増させていることであり、欧州議会における人権決議の増加は全会派の人権に対する関心の高まりを反映していたといえるだろう。

中道・右派による東側陣営諸国に対する決議案の増加

1980年代後半の欧州議会における人権決議の増加を解釈する上で重要なのは、各会派がどの地域の人権問題に関心を持っていたのかということである。この点を確かめるために、決議案が増加した1980年代に絞って、主要会派の決議案対象地域を示した（図1-4)。これらグラフで示されているのは、1980年代後半からキリスト教民主、保守、そしてリベラルが東側陣営に対する人権決議案を特に増加させていることである。一方、社会と共産も同じ期間に東側陣営諸国に対する決議案を増加させているが、最も多い対象は米州であり、両会派が依然として主に左派が弾圧対象となっていた米州諸国の人権侵害により強い関心を持っていたことが分かる。

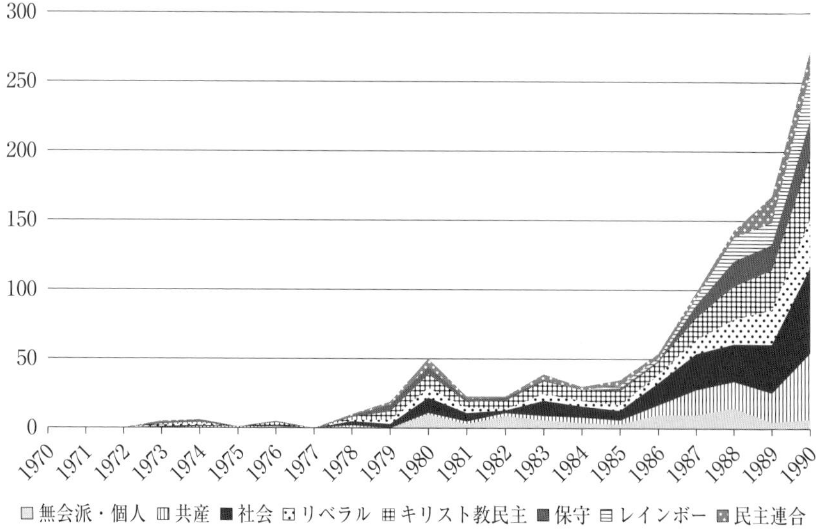

図 1-3　政治会派別の決議案提出数

筆者作成

対象地域の全体傾向ですでに示したように（図 1-2）、1980 年代後半の人権決議の増加要因の一つは、東側陣営諸国に対する決議の増加であった。このことは、当時の東側諸国における体制不安定化と民主化の急速な進展に全会派が反応した自然な結果ともいえる。一方、この時期を党派性に着目して見るならば、東側諸国の人権問題に特に関心を強めたのが中道及び保守派であり、他地域と比べて人権決議数をより押し上げる働きをしている。

しかし、保守派が東側陣営諸国に対する非難を強めたことが人権決議の増加要因だとするならば、依然として党派性に規定された人権問題への言及であり、共通の人権基準が形成されたとはいえないだろう。そこで、以下ではより直接的に人権決議をめぐる欧州議会の党派性の変容を検証する。

超党派的決議の増加

欧州議会の人権決議採択は、しばしばイデオロギー的な左右党派対立が顕在化する議題であり、1970～80 年代においても党派対立の構図は繰り返し

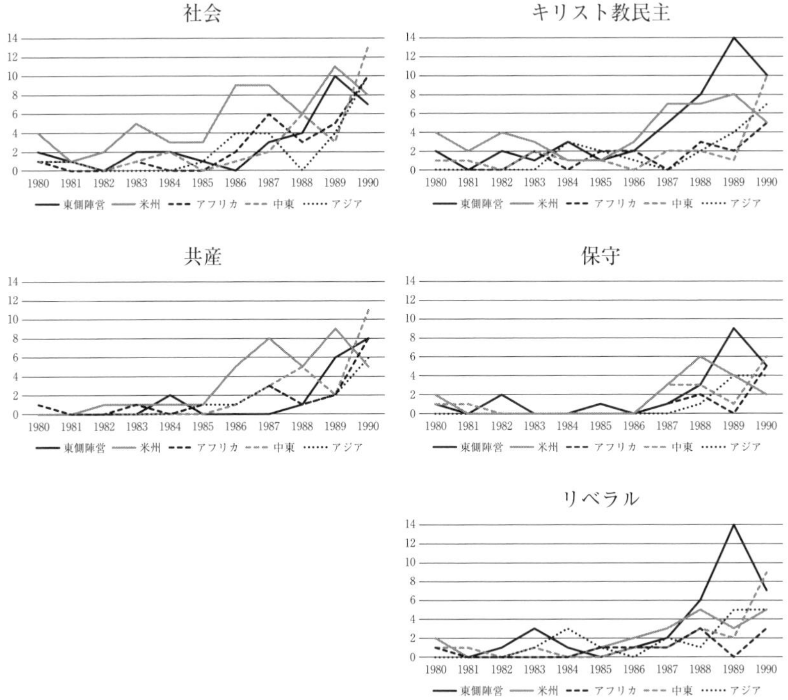

図 1-4　政治会派別の人権決議案対象地域

筆者作成

現れている。例えば 1980 年 10 月には、CSCE の再検討会議（follow-up meeting）であるマドリード会議報告書の採択決議をめぐって、イタリア共産会派のセルジオ・カミッロ・セグレ（Sergio Camillo Segre）が、報告書は東側諸国ばかり批判しており、トルコなど西側の人権問題を取り上げておらず内容が偏っていると非難している[18]。冷戦下において、自陣営国の人権問題に対する沈黙は対立陣営国側からの典型的な非難の的であり、対象国の人権状況にかかわらず党派性に起因する反応であった。

他の例としてはエルサルバドルの人権問題をめぐる議論も挙げられる。エルサルバドルの内戦に関する欧州議会の論争は、社会・共産会派が米国に支援された右派政権を非難し、キリスト教民主・保守がソ連に支援された左派ゲリラを非難するという構図が長らく続いていた。例えば、1982 年 3 月に社会主義会派によって提出された決議案は、エルサルバドル政府を支援する米国批判や実施前の選挙に対する政府の不正非難を含んでいたため、英国保守会派のリチャード・シモンズ（Richard J. Simmonds）とオランダのキリスト教民主主義会派のウィレム・ベルゲール（Willem J. Vergeer）がこれに反対し対立が生じている。最終的に、社会主義会派は決議案の修正を拒否し、保守とキリスト教民主の反対を押し切って決議採択している[19]。

共同決議案への参加会派の増加

このような対立の基本構図から、欧州議会の議員はより多くの会派が参加した決議を超党派の実現として好意的に受け止めていた。例えば、1977年5月に共産以外の当時の全会派（社会、キリスト教民主、リベラル、保守、進歩）が欧州議会政治委員会の人権報告書の採択決議を支持した際に、報告者である英国リベラル会派のラッセル・ジョンソン（Russell Johnston）は、「左派が右翼独裁政権だけを非難し、右派が共産主義独裁だけを非難した悪しき時代はほとんど終わったように見える」と述べている[20]。この評価は当時の現実を反映してはいないが、人権決議の参加会派数で超党派的な性質が評価されていたことを示している。

したがって以下の分析ではまず、欧州議会における党派性の変化を検証するために共同決議への参加会派数に基づいた評価を行う。すなわち、ある人権決議に対していくつの会派が共同提案者となっているかで分類し、参加会派数ごとに共同決議の増減を確認する。そして、決議案への参加会派が多いほど党派性が低い決議、すなわち超党派的決議と見なす。

本章では、党派性の変容について大まかな傾向を見るために、便宜的に採択決議を参加会派数別に以下のとおり分類する。すなわち、共同決議案への参加会派数が、①1及び2、②3及び4、③5以上である。この分類は以下の理由に基づいている。まず、2会派までの分類はイデオロギーの近い党派の組み合わせを想定している。例えば、共産と社会、保守とキリスト教民主という組み合わせは実際に多いが、このような組み合わせは党派的には一つの陣営に属していると見なせる。逆に、本章で扱う無会派も含めた8会派の

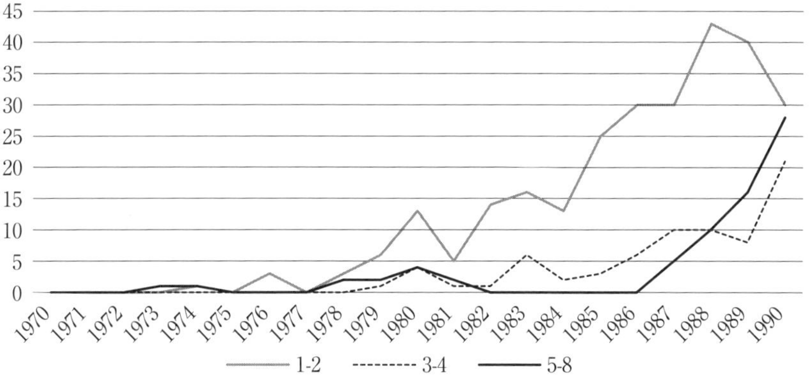

図 1–5　参加会派数別の共同決議案数の変遷

筆者作成

半分より多い５会派以上の共同決議は超党派的な決議と見なせる。この場合、必然的に参加会派が多様となり、どのような組み合わせであれ、超党派的な性格になると解釈できるためである。この二つの基準から中間的な位置づけとなるのが、３及び４会派参加の場合である。

この分類に基づいて時系列の変化を確認すると、最も顕著な変化は、1980年代後半以降、５会派以上参加の決議が急増していることである（図 1–5）。これとは対照的に、それまで最も多かった１・２会派による決議は 1987 年をピークに減少している。全体的には、それまで１・２会派で提出されていた決議に他の会派もより参加するようになったことで、３・４会派決議と５会派以上決議に置き換わったと考えられる。つまり、1980 年代後半以降、特に党派性の低下が進んだといえる。

また、イデオロギー的な左右対立の中心的会派である４会派（共産、社会、キリスト教民主、保守）の共同決議案への参加を確認すると、全会派について 1980 年代末から５会派以上の決議への参加が最も多くなっている（図 1–6）。とりわけ社会主義会派については、それまで１・２会派で決議案を最も多く提出し、欧州議会における人権決議採択を主導してきたにもかかわらず、その数を減らしている。対照的に、社会主義会派の３・４及び５会派以上の共同決議が１・２会派決議を上回ったのは象徴的な変化である。

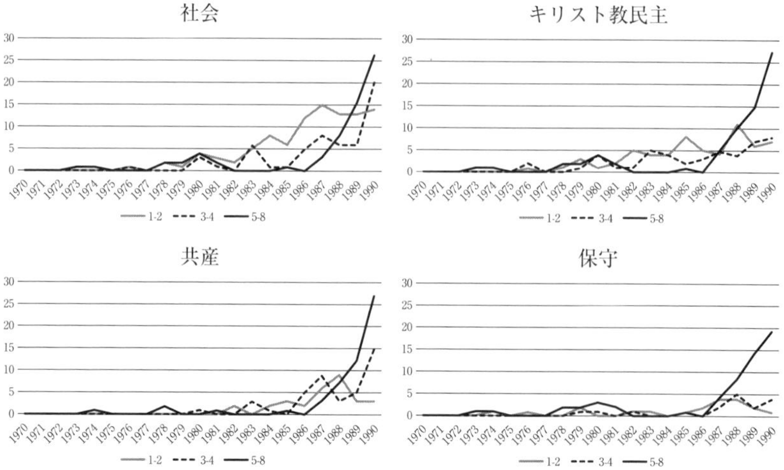

図 1-6　左右主要会派の共同決議案への参加

筆者作成

左右イデオロギーを跨いだ共同決議の増加

さらに、この 4 会派をイデオロギー的な左（共産、社会）と右（キリスト教民主、保守）に割り振り、左右を跨いだ組み合わせ（例えば、共産・保守や共産・社会・キリスト教民主など）を超党派決議としてカウントすると、これらの決議も 1980 年代後半から急増している（図 1-7）。この変化は、人権決議全体の増加が 1970 年後半以降一貫して進んできたのと比べると、1980 年代後半に増加に転じるまでは比較的少数に止まったまま推移している。このような変化の特徴からも、党派性の低下が 1980 年代後半以降に進行したことが読み取れる。この変化を示す例として例えば、先に挙げたイタリア共産会派代表のセグレは 1988 年の時点で対ルーマニアの 8 会派共同決議に参加した際に、ルーマニア政府による人権侵害を厳しく非難し、党派的な主張よりも人権侵害の実態を問題にしている[21]。

このような共同決議採択は、しばしば各会派が積極的に妥協を目指した結果であった。つまり、超党派決議の増加が意味しているのは、各会派が党派的な立場を堅持することよりも欧州議会として一致した立場を示すことをより重視するようになっていたということである。

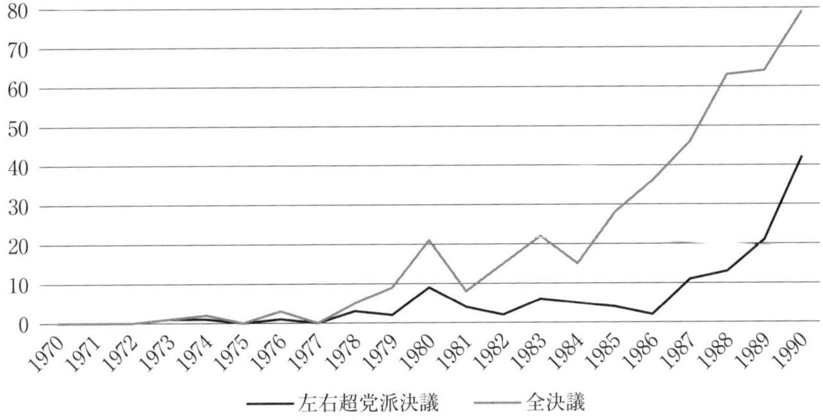

図 1-7　左右超党派の共同決議数

筆者作成

例えば上で挙げたエルサルバドルについて、1989 年 11 月に採択された 6 会派による共同決議では[22]、超党派決議であること自体が重視されていた。この決議は政府側の部隊によりイエズス会司祭らが殺害された事件に関するものであったが、1980 年の決議とは対照的に責任の所在に対する言及が控えられた妥協的な文言となっていた。この決議に対して、西独キリスト教民主主義のマレーネ・レンツ（Marlene Lenz）は、「一致した立場を示すことが責任所在の追求よりも重要」として妥協案を支持している。一方、西独社会主義会派のヤニス・サケラリオウ（Jannis Sakellariou）も、「共同決議を満場一致で採択し、エルサルバドルの平和に向けた第一歩にしよう」と呼びかけており、ポルトガル共産会派のジョアキム・ミランダ・ダ・シルヴァ（Joaquim Miranda da Silva）も共同決議に対する支持を表明している[23]。

欧州議会として一致した立場を示すことの重要性は 1980 年代後半以降、議員による妥協案の受け入れ理由としてしばしば強調されるようになっていた[24]。それ以前なら自会派の望む決議を対立会派の合意を得ることなく押し切っていたような場合でも、共同決議であることがより重視されるようになっていたのである。もちろん、全ての決議で党派性が解消されていたわけではないが[25]、このような変化が域外の人権問題に対する欧州共通の人権規範の発展を示すものといえるだろう。
本章は、欧州共通外交の指針としての人権規範がいつ形成されたのかという問題に対して、党派性の変化に着目し、欧州議会の人権決議の変遷を分析することで答える試みであった。そしてまず明らかになったことは、欧州議会における人権決議は1980年代後半に特に増加したということである。さらにこの時期以降、人権決議の対象地域の偏りが解消されたことから、1980年代後半に欧州における人権の域外適用が普遍化したといえるだろう。
また、この人権決議増加の要因として全会派の決議案提出の増加があったが、特に中道・保守の東側陣営に対する人権決議案の増加が確認された。右派が人権という議題を受け入れたことは、欧州における人権規範が共有されるようになった一つの表れであった。しかしより重要な変化として超党派的な人権決議が増加しており、これは人権をめぐる政治における党派性の低下を意味していた。
先行研究においてEU人権外交の基盤とされる「欧州アイデンティティ」としての人権は、実際にいつ形成されたのかは、体系的には検証されてこなかった。欧州議会の人権決議を対象とした本章の分析結果から評価するならば、対象地域の偏りがなくなり、右派が人権に対する関心を強め、かつ超党派的に人権問題が共有されるようになった、1980年代末がその時期といえるだろう。このことは1992年のマーストリヒト条約で正式に規定されたEU人権外交の理念は、実際には1980年代に後半に急速に実体化したものであったことを意味する。
本章は、近年の人権の歴史研究があまり注意を払わなくなっていた、人権問題をめぐる論争の党派性に着目し、欧州共通外交の指針としての人権がいつ形成されたのかを示す試みであった。しかし、議会決議の全体的な変化を明らかにすることを優先したため、依然として残された課題もある。特に、なぜ1980年代後半に人権をめぐる党派性が急速に解消したのかについては十分に分析できなかった。この時期に冷戦構造が急速に変化していことも踏まえ、欧州における党派性の変化と人権規範の発展の関係をより詳細に分析する必要があるだろう。また、欧州議会における人権の位置づけと、ECの制度・政策の関係もさらに検証する必要がある。欧州議会と欧州委員会及び欧州理事会の間で人権をめぐってどのような相互作用があったのかなど、ECの他機関との関係についてもより丁寧に調査する必要があるだろう。

注

1）近年の国際人権の歴史研究では一般的に、1970年代は国際人権の「飛躍（breakthrough）」の時期といわれる（Eckel and Moyn 2014）。

2）ただし、この宣言自体はECの方針としては極めて曖昧な内容であった（King 1999：316）。

3）そもそも人権がヨーロッパの本質的価値であるという語り自体が神話だという主張も存在する（Smismans 2010）。

4）単一欧州議定書の「協力手続（cooperation procedure）」により欧州議会は立法手続きへの関与を深め、立法過程で欧州委員会の草案について２回の読会が手続として規定された。しかしながら、この手続きは立法過程において欧州議会の同意を常に必要とするわけではない。

5）さらに、欧州議会は出席率が低いため、二大会派である社会主義会派やキリスト教民主主義会派の支持が得られれば決議採択は比較的容易となる。そのため、南アフリカのアパルトヘイトに関する決議で制裁の規定をめぐって対立した両会派が、それぞれ自らの決議を可決させるということも起きている。

6）欧州議会における党派対立は、EU共通の外交政策を長期的な観点から理解する上で良い指標になるといわれる（Otjes et al. 2023：1793–1794）。

7）*Official Journal of the European Communities*（*OJEC*）. 決議についてはC Series（Information and Notes）を、議事録についてはAnnex, Debates of the European Parliamentを利用。

8）本章は基本的に英語資料を用いているが、1973年の英国加盟以前はフランス語の決議文をもとに“droits de l'homme”をカウント対象としている。

なお、この人権決議のカウント方法は分析の一貫性を維持するために設定したが、実際には欧州議会における人権の扱いを過小評価している。というのも、1983年11月以降、採択決議の分類として議題「人権」という項目が記載されるようになっているが、ここに含まれる決議でも「人権」という言葉が入っていないものは除外しているためである。その数は、1983年の３件から1988年の34件まで増加傾向にあり、1980年代後半には人権決議の総数に対して大きな割合となっている。

9）地域区分は、①東側諸国（ワルシャワ条約機構加盟国から米州のキューバ、アジアのモンゴルとベトナムを除く）、②米州（米国含む）、③中東、④アフリカ、⑤アジアとしている。なお、域内として分析対象から外れる西側欧州諸国としては、欧州評議会の加盟国が分類されている。

10）また、ECの制度的変更との関係もここからは明らかでない。例えば、1973年の欧州アイデンティティ宣言や、1979年の欧州議会議員初の直接選挙は全体の変化傾向に直接影響を与えたようには見えない。なお一般的に、欧州議会の議員の投票行動は選挙にも影響されないといわれる（Hix et al. 2007：26–29）。

11）下記のほかに、極右会派の欧州右派（European Right）と混成会派（Technical Group

of Independents）が存在しているが、分析対象期間の人権決議案の提出が合計で2～3件のみだったため、分析対象から除外した。

12） 1989年に、欧州左派連合（European United Left）と統一左派（Left Unity）に分裂しているが、共産主義会派として合算している。

13） 1984年結成。緑の党と地域主義政党の連合。1989年に分裂するが、1999年に再統合。本章では分裂期もレインボー会派として合算している。

14） 本章では以下、キリスト教民主主義会派として言及する。

15） 1984年まで欧州進歩民主会派と称していた、フランスのド・ゴール派が起源の会派。

16） 英国保守党が起源の会派。この期間、欧州保守から欧州民主会派（European Democrats）へと改名。

17） なお、共同決議については各会派の提出としてそれぞれカウントしているため、決議案の合計数は採択決議数を上回っている。

18） *OJEC*, No. 261. October 1980, 118–9.

19） *OJEC*, No. 282. March 1982, 170–6.

20） *OJEC*, No. 217. May 1977, 140.

21） *OJEC*, No. 367, July 1988, 251.

22） 参加会派は共産、社会、レインボー、リベラル、キリスト教民主、保守の6会派。

23） *OJEC*, No. 383, November 1989, 248–53.

24） 例えば、イタリア共産会派のレンツォ・トリヴェッリ（Renzo Trivelli）の対ソ連・アルメニアの6会派共同決議に対する発言（*OJEC*, No. 373, January 1989, 250）。また、西独社会主義会派のバルバラ・シモンズ（Barbara Simons）による対東独の7会派共同決議における発言（*OJEC*, No. 280, September 1989, 218–9）。

25） 例えば、南アフリカのアパルトヘイト体制に対する制裁決議については、保守とキリスト教民主は一貫して反対し党派的な対立構造が継続していた。しかしこの問題についても、例えば、1989年4月に英国社会主義会派のゴードン・アダム（Gordon Adam）の対南ア決議について、英国保守会派のマイケル・ウェルシュ（Michael J. Welsh）が「超党派的なアプローチに敬意」を示して棄権しているように、妥協案の模索が見られる（*OJEC*, No. 377, April 1989, 234–4）。

参考文献

Botta, Felix A. Jiménez（2018）"The Foreign Policy of State Terrorism：West Germany, the Military Juntas in Chile and Argentina and the Latin American Refugee Crisis of the 1970s," *Contemporary European History*, 27（4）：627–650.

Christiaens, Kim（2018）"European Reconfigurations of Transnational Activism：Solidarity and Human Rights Campaigns on Behalf of Chile During the 1970s and 1980s," *International Review of Social History*, 63（3）：413–448.

de Angelis, Emma, and Eirini Karamouzi（2016）"Enlargement and the Historical Origins of the European Community's Democratic Identity, 1961–1978," *Contemporary European History*, 25（3）：439–458.

Eckel, Jan, and Samuel Moyn, eds.（2014）*The Breakthrough：Human Rights in the 1970s*, Philadelphia；University of Pennsylvania Press.

Ferrari, Lorenzo（2016）*Sometimes Speaking with a Single Voice：The European Community*

as an International Actor, 1969‒1979, Bruxelles ; P.I.E Peter Lang.
Gfeller, Aurélie Élisa（2014）“Champion of Human Rights : The European Parliament and the Helsinki Process,” *Journal of Contemporary History*. 49（2）, 390‒409.
Hebel, Kai（2014）“Propaganda Tools and Idealistic Goals : Britain and the Cold War Politics of Human Rights in the CSCE, 1972‒1973,” in Mariager et. al. eds., *Human Rights in Europe During the Cold War* : 113‒135.
Hebel, Kai, and Tobias Lenz（2016）“The Identity/Policy Nexus in European Foreign Policy,” *Journal of European Public Policy*, 23（4）: 473‒491.
Hix, Simon, and Christopher Lord（1997）*Political Parties in the European Union*, New York ; St. Martin’s Press.
Hix, Simon, Abdul G. Noury, and Gérard Roland（2007）*Democratic Politics in the European Parliament*, Cambridge ; Cambridge University Press.
Jacobs, Francis, and Richard Corbett with Michael Shackleton（2019［1990］）*The European Parliament*, New York ; Routledge.
King, Toby（1999）“Human Rights in European Foreign Policy : Success or Failure for Post-modern Diplomacy?” *European Journal of International Law*, 10（2）: 313‒337.
Kreppel, Amie（2002）*The European Parliament and Supranational Party System : A Study in Institutional Development*, Cambridge ; Cambridge University Press.
Livingstone, Grace（2018）*Britain and the Dictatorships of Argentina and Chile, 1973‒82 : Foreign Policy, Corporations and Social Movements*, Cham ; Palgrave Macmillan.
Lorenzini, Sara, Umberto Tulli, and Ilaria Zamburlini, eds.（2022）*The Human Rights Breakthrough of the 1970s : The European Community and International Relations*, London ; Bloomsbury Academic.
Lucarelli, Sonia（2006）“Introduction : Values and Principles in European Union Foreign Policy,” in Lucarelli and Manners, *Values and Principles in European Union Foreign Policy* : 1‒19.
Lucarelli, Sonia, and Ian Manners eds.（2006）*Values and Principles in European Union Foreign Policy*, New York : Routledge.
Mariager, Rasmus, Karl Molin, and Kjersti Brathagen, eds.（2014）*Human Rights in Europe during the Cold War*, New York : Routledge.
Morgan, Michael Cotey（2018）*The Final Act : The Helsinki Accords and the Transformation of the Cold War*, Princeton ; Princeton University Press.
Otjes, Simon, Harmen van der Veer, and Wolfgang Wagner（2022）“Party Ideologies and European Foreign Policy. Examining the Transnational Foreign Policy Space,” *Journal of European Public Policy*, 30（9）: 1793‒1819.
Raunio, Tapio, and Wolfgang Wagner（2020）“Contestation over Development Policy in the European Parliament,” *JCMS : Journal of Common Market Studies*, 59（1）: 20‒36.
Smismans, Stijn（2010）“The European Union’s Fundamental Rights Myth,” *JCMS : Journal of Common Market Studies*, 48（1）: 45‒66.
Thomas, Daniel C.（2001）*The Helsinki Effect : International Norms, Human Rights, and the Demise of Communism*, Princeton ; Princeton University Press.
Thomas, Daniel C.（2006）“Constitutionalization through Enlargement : The Contested

Origins of the EU's Democratic Identity," *Journal of European Public Policy*, 13 (8) : 1190 –1210.

Tulli, Umberto (2022) "A Reluctant Promoter : The EC, CSCE, and Human Rights in East-West Relations," in Lorenzini, et al., eds. *The Human Rights Breakthrough of the 1970s* : 45–62.

Williams, Andrew (2004) *EU Human Rights Policies : A Study in Irony*, New York ; Oxford University Press.

Wouters, Jan (2020) "From an Economic Community to a Union of Values : The Emergence of the EU's Commitment to Human Rights," in Wouters et al. *The European Union and Human Rights* : 11–38.

Wouters, Jan, Manfred Nowak, Anna-Luise Chané, Nicolas Hachez, eds. (2020) *The European Union and Human Rights : Law and Policy*, Oxford ; Oxford University Press.

第２章
1970年代イタリアのフェミニズム

中絶合法化運動を中心に

八十田博人

本章は、イタリアの1970年代のフェミニズム運動を政治史でどのように位置づけるべきかについて考察するものである。特に中絶合法化の過程で女性自身が政策形成に関わってくる過程に注目する。むろん、この時代のフェミニズム運動の論点は中絶合法化だけに留まらない。しかし、中絶法は、これに先行した離婚法と同様に、議会が国民投票を回避しつつ立法しながら、成立後に行われた国民投票でカトリック保守派による廃止提案が否決されることで、ようやく制度的に確定するという、この時代の中核的な争点であった。しかも、離婚と異なり、女性に偏った負担を強いる中絶は、保守層に留まらない男性一般の消極性を前に、女性の政治的な自立を問うものであった。さらに、イタリアにおいて中絶は、その後も論争点であり続け、21世紀の現在でも、かつての極右に起源を持つ政党「イタリアの同胞」が率いる右派政権の成立により再び争点化している。

しかし、初期は活動家自身の当事者意識も強かった社会運動研究において、客観的な歴史研究は近年ようやく形を整えつつあると言ってよく、イタリアのフェミニズム運動もその例外ではない（Rossi-Doria 2010）。わが国においても、研究成果の増加はもちろん、過去のフェミニズム史研究の古典とも言っていい文献が再刊されたり（もろさわ 2021）、活動家自身も新たな視点から歴史を問い直している（北原 2017）のは、そうした傾向を物語っているといえるだろう。

1　中絶合法化の時代背景

本章が扱う1970年代は、1968年前後からの社会運動のグローバル化が本格的に始動した時期で、その影響がやがて冷戦構造を崩していくことになったという歴史観が近年強まってきている（益田・齋藤・三宅 2022）。フェミニズム運動は、それぞれの社会の構造的な女性差別を問題としながら、国際的な思潮の影響を受け、ヨーロッパにおいては特に米国での思想や運動にも影響されながら発展していったことも周知のことである（西田・梅崎 2015）。

1970年代は、ヨーロッパの政治史から見ると、広義のリベラル勢力が成長した時期と見ることができる。全体的には社会民主主義や、ソ連と距離をおいたユーロコミュニズムの勢力が優勢ともいえるなかで、保守系でもフランスのジスカール・デスタン大統領のようなリベラル寄りの勢力が伸び、反原発・反戦を基盤とする緑などの環境政党の登場や、議会外の新左翼と連動したリバータリアン的な小政党の活躍も見ることができる。当然、フェミニズム運動も、こうした政治運動とシンクロしつつ、独自の動きも取ったのであるが、当時政策決定の中枢にいた女性は少なく、フェミニズム運動の影響は限定的で、観察もやさしくなく、その政治史的な位置づけは、いまだ模索中といってよい。

戦後イタリア共和制の課題

イタリアは、戦後に世俗的な共和制を樹立し、優位政党であるキリスト教民主党（DC）も教会とは一定の距離を取りながら、その憲法から社会風習に至るまで保守的なカトリックの家族観を抱き続けてきた。1970年の離婚法から1978年の中絶法制定に至る世俗化・リベラル化の過程は一見、この時代の他の欧米諸国と共振しているように思える。しかし、1970年から導入された国民投票が、カトリック保守派により両法の廃止提案に利用され、それが圧倒的多数で否決されることによって論争の決着をみなければいけないほど、伝統的な価値観に立つ人々の抵抗は強かったのである（Lussana 2014）。

この時代にようやく、ファシズム期に成立した1942年家族法が夫婦の平等を掲げた新法に改正（1975年）されたり、妻だけに適用される姦通罪が廃止（同年）されることを見ても、イタリアのフェミニズムが直面した課題は、他国に比べても重かったといえる（Fondazione Nilde Iotti 2018）。それはイタリアのフェミニズム運動に、例えば家事労働に賃金を求める主張（ダラ・コスタ 1991）など、独特の展開を与えた。

フェミニズム運動史研究の難しさ

しかし、この時代のフェミニズム運動を政治史から探ることは難しい。この時代のイタリアの新聞各紙を読んでみても、フェミニスト運動組織の動向は何らかの形で事件化（裁判や、警官と衝突するような大規模なデモ）しない限り、よく分からない。一方、個々の運動組織内部の研究は蓄積されているが、フェミニズム運動の全体像はつかみにくく、外の社会との関わりも、分かりにくい。また、女性自身の身体への認識の変化を問うフェミニズム研究者たちの研究は貴重であるが、イタリア政治史のなかでそれをどのように位置づけるかという関心には、なかなか解答が得られない。

もちろん、本章は、社会運動史研究に関わる様々な困難な事情、例えば史料の取り方の難しさも意識しているが、まずはイタリアのフェミニズム史研究の成果を手掛かりにしながら、この時代の政治史のなかにフェミニズム運動をどう位置づけるかという問題を考えてみたい。言うまでもなく、フェミニズム運動は多様な組織からなり、イデオロギー的にはカトリック左派から新左翼に及ぶ多様な思潮と結びつき、イタリア特有の都市ごとに違うカルチャーの影響による地域差も少なくない。しかし、これらのイタリアのフェミニズム運動が全体として、女性の権利拡大だけでなく、イタリアの政治と社会における言説の文法を変えていったことを明らかにする作業の手始めとしたい。

1970年代イタリア政治の新たな可能性——離婚法の成立

1970年代前半のイタリアの社会運動の成果として特に重要なのは、離婚法の成立である。言うまでもなく、離婚は女性だけでなく、両性に関わる問題である。しかし、この問題には、戦後の共和制下で維持されたカトリックの伝統と世俗の価値観の衝突、新たに導入された国民投票の政治的な利用など、後の中絶合法化の議論を考えるのに重要な問題が含まれている。

イタリア共和国憲法は、1946年の体制選択国民投票で君主制を廃止し、同時に選出された制憲議会で、反ファシズムで共闘していたキリスト教民主党（DC）、社会党（PSI）、共産党（PCI）を中心に議論と妥協のうえに制定されたものである。その妥協のなかに、ムッソリーニのもとで成立した国家とカトリック教会の和解によるラテラノ協約の精神を残した第7条（世俗世界での国家と精神世界での教会の役割の相互承認）と、他国の憲法ではあまり見ない家族の権利について定めた第29条から第31条がある。

カトリックの伝統的な教義からすれば、離婚は認められない。しかし、実は教会には、結婚無効を宣言する権限がある。離婚法制定を求める議論においては、教会で行う教会婚では無効宣言によって事実上は離婚が可能であるのに、市町村役所で宣誓するなどの世俗婚ではそれが認められていないのは、法の下での平等に反するという立論が可能であった（Cavarero 2014）。議会においては、社会党や共産党の左派政党の法案を、世俗右派政党の自由党が修正する形で離婚法の成案を得た。冷戦期において、議会第2党ながらずっと野党に留まった共産党と異なり、社会党や自由党はDCを中心とする中道左派政権の与党である。

議会外では、1955年に自由党から分かれたリバータリアン小政党である急進党（Partito Radicale, PR）のリーダー、マルコ・パンネッラ（Marco Pannella）が、同法の採決を渋る保守派に対抗して、ハンガーストライキをして議会での採決を急がせた。この小政党は、フェミニズム組織と協力してこの時代に他党に見られないユニークな活動を行い、都市部で一定の支持を得ていた。

キリスト教民主党内にも世俗化に共鳴する政治家がいなかったわけでない

が、カトリック教会と直接的な対立は避けたいのが大勢であった。となると、DCと連立を組む世俗諸政党と共産党が右から左まで世俗化を進めるなかで、DC以外で伝統的な価値観を守ろうとする政党は、長く政権の外に置かれた極右のネオ・ファシスト政党「イタリア社会運動」(MSI) のみになってしまう。しかも、この時代、中道左派政権の行き詰まりから、DCが議決でMSIの閣外協力を得ることもあり、選挙でも支持を拡大し、議会審議でのMSIの重要性は増しつつあった。

同党書記長のアルミランテが、もし離婚を合法化するならば、国家と教会の関係を定めたラテラノ協約の改正が必要であると主張したように、離婚法はカトリック教会に精神世界での優位を認めた共和国憲法の原則を崩すものではないか、という保守派の懸念は強かった (Lussana 2014)。そのため、議会で離婚法が成立しても、その後にカトリック保守派が興した離婚法廃止の国民投票によって、反対多数（つまり離婚法維持）の世論を再確認しなければならなくなったのである。

これに対し、世俗派は左右のイデオロギーを超えて離婚法維持で団結しただけでなく、カトリック左派でも教会系の新聞『アッヴェニーレ』の元編集長で、かつてDCの機関誌『イル・ポポロ』の記者もしていたラニエーロ・ラ＝ヴァッレ (Raniero La Valle) のように、離婚法廃止に反対した者もいた。この対立図式は、後に中絶合法化の過程でも繰り返される。

2 「1968年」以降のイタリア・フェミニズム運動

「1968年」の社会運動の高揚は、イタリアに限らず、欧米各国で見られたもので、様々なフェミニスト組織が生まれたのも、この流れのなかであることは間違いない。しかし、イタリアにはすでに左右の政党と関係が深い、伝統的な女性組織が存在し、その役割も軽視できない。例えば、1945年創立の左派系のイタリア女性連合 (Unione donne italiane, UDI) の活動がある (Rodano 2010)。ただし、1960年代末から1970年代初めにかけても、女性労働の多くはまだ繊維・被服、商業に集中しており、「女性労働者」という意識は労組でも弱かった。そのため、当時は男女の賃金格差の議論も進んでいない。まずUDIが女性の労働条件に配慮する法律として着手したのは、1958年の内職法を改正した内職保護法（1973年12月18日法律877号）であり、同法の制定に向けては、左派が強い中部のエミリア＝ロマーニャ、トスカーナ両州のUDIのメンバーが活躍した（Beccalli 1985）。

多様なフェミニズム運動組織

こうした政党の影響の強い組織以外の、世界的に「第二波フェミニズム」として語られる、この時代の新しい女性組織のなかでは、ミラノの「家父長的権威主義の脱神話化」（Demistificazione autoritarismo patriarcale, Demau）（活動期間：1966〜73年）が、この時代のイタリアで最も先駆的な組織である（Calabrò e Grasso 2004）。ほかに、ローマおよびラツィオ州には、マルクス主義的な思想傾向を持つ「イタリア女性解放戦線」（Fronte italiano di liberazione femminile）（1970年結成）がある[1]。また、「女性解放運動」（Movimento di liberazione della donna, MLD）（1970年結成）は、急進党と連携し、1970年代に影響力が大きかった組織であり、中絶合法化と幼稚園設置要求から出発し、男性にも組織を開放していた。

このほかにも、クセノポンの古典から命名された「アナバシス（敵中進軍）」（Anabasi）（活動期間：1970〜75年）もミラノの組織である。一方、「男性は女性のモデルではない」と主張する最も急進的な組織「女性叛乱」（Rivolta Femminile）（1970年結成）は、ミラノ、ローマで活動していた。イタリア全土に広がった学生運動の起点となった北部のトレントでは、「砕けた輪」（Cerchio spezzato）（1971年結成）が結成された。ヴェネト州を中心とする「フェミニスト闘争」（Lotta Femminista）（活動期間：1972〜74年）は、「家事労働に賃金を」という主張で知られたが、これには、他のフェミニストからの批判も多かった。

「コレクティヴ」における女性の「自己認識」活動

1970年代前半のフェミニズム運動の拠点となったのは、女性たちが各地で自主的に作った数々の「コレクティヴ」(イタリア語ではcollettivo、共同体)である。おそらく、現代の日本語の語感では、「サークル」と呼んだほうが実態を理解しやすいだろう。ただし、イタリア語には英語のサークルに相当する「チルコロ」(circolo)という語もあり、これには「同好会」のニュアンスもある一方、もっと真剣な価値意識を共有する場所というニュアンスは不足しているので、以下では日本人が運動組織を想像しやすい英語の「コレクティヴ」を用いることにする。コレクティヴの名称の多くはそれが置かれた、都市のなかの一街区の名前を取ったものが多い。

この時代にコレクティヴがフェミニズム運動の拠点となった事情は、北部の工業都市トリノの「ロンブローゾ通りのコレクティヴ」(Collettivo di Via Lombroso)の成立過程を見るとよく分かる。この時代の労働運動の主たる関心は依然として男性にあり、女性よりも、1960年代の高度成長期に北部に流入した南部出身者に関心が集まっていた。既存の左派政党や労組が十分に対応できずにいた彼らには、新興の最左派勢力、いわゆる「議会外左翼」がその勢力拡大のために関心を示した。工業都市トリノの19世紀末からの伝統ともいえる、北部男性の南部男性や女性に対する優位が続くなかで、女性こそがこの時代の労働者アイデンティティの危機を救ったのだとブレイクは述べている(Bracke 2014)。

しかし、議会外左翼の有力組織「闘争継続」(Lotta Continua)のトリノ支部ですら、男性中心主義的であり、これを問題視した女性活動家たちが抗議し、トリノに限らず、全国的に女性がこの組織から離れていった。女性たちには、階級闘争に還元できないテーマを語る場が必要であり、「闘争継続」などの組織に参加していた女性たちが、労働運動よりもセクシュアリティに重点を置いた雑誌*Io sono curiosa*(『わたしは好奇心いっぱい』)を創刊し、「トリノ・フェミニスト・コレクティヴ」(Collettivo femmnista torinese)が結成された。同様に男性優位の組織だった同性愛運動組織FUORI!(Fronte Unitario Omosessuale Rivoluzionario Italiano、イタリア革命的同性愛者統一戦線)(1971年にトリノで結成)を嫌気して離れた女性運動家たちもこれに加わり、1974年に「ロンブローゾ通りのコレクティヴ」と改称し、イタリアで最も影響力の強いコレクティヴの一つとなったのである。

こうして、この時代には各地のコレクティヴがフェミニズム運動の拠点となっていくが、その活動のキーワードは、1960年代後半からアメリカのフェミニズム運動で始まった「コンシャスネス・レイジング（意識改革）」（Consciousness-Raising, CR）の影響を受けた「自己認識」（autocoscienza）であり、具体的には、読書や議論を通じた女性のセクシュアリティに関する知識の増進である。とりわけ、先進的なフェミニズム運動が展開されていたアメリカや、精神分析を踏まえたフェミニズムの哲学的考察が進んでいたフランスの文献の翻訳が多く読まれた。こうして、フェミニズムの思想は、職場や政治空間でなく、私的空間で急進化していくことになるのである。ベッレは、この過程を「フェミニズムは広場ではなく、女たちの部屋で始まった」と述べている（Bellè 2021 : 53）。

フェミニズム運動がこのような過程をたどる理由の一つの説明として、活動家男性にも見られた無理解があり、ブレイクは、議会外左翼（新左翼）のマオイスト（毛沢東主義者）の女性大学講師の証言を引いている（Bracke 2014 : 135-136）。この女性は大学に職を持つ研究者であり、その意味でこの時代のオフィスにおける補助的な女性労働者のイメージ「コピー機の天使」ではなかったが、自分の中絶の際に、ともに中絶合法化運動をしていた議会外左翼組織の活動家であるパートナーが無理解だったことに憤慨している。

フェミニズム運動が生んだ文化

ミラノの代表的なコレクティヴ「ケルビーニ通りのコレクティヴ」（Collettivo di via Cherbini）（1970～75年）では、学生、教師、労働者、組合員などが集まり、ここを拠点に、さらに女性が運営する「女の書店」（Libreria delle donne）や、空き施設を占拠、改装した「女の家」（Casa delle donne）も作られた[2)]。「女の家」はミラノだけでなく、ローマなど各地にも作られた[3)]。ほかにも、この時代の社会運動組織でよく行われた「自由ラジオ」活動のほか、出版社、雑誌、劇団を組織するものあった。

数々のフェミニスト雑誌が生まれたのも、この時期であり、代表的なミラノの『ソットソープラ（乱転）――イタリア・フェミニスト諸組織の経験』

（Sottosopra. Esperienze dei gruppi femministi in Italia）（1973～76年、年刊に近い不定期刊）は、主たるテーマとして、セクシャリティ、売春、フェミニズムと階級闘争の関係、共産党や議会外勢力への批判、家族と労働における女性の条件、性の解放、リプロダクション管理（避妊、中絶）などを取り上げている[4)]。

また、上述のミラノの組織「アナバシス」の雑誌『ドンナ・エ・ベッロ（女は美しい）』（Donna è bello）は、アメリカの急進的フェミニスト、キャシー・サラチャイルド（Kathie Sarachild）が書いた、女性の意識改革の手引きとなる文書「急進的フェミニストの意識改革計画」（A Program for Radical Feminist Consciousness-Raising）（1968年）の翻訳を掲載している。

一方、ローマでは、上述の「イタリア女性解放戦線」の機関誌『クワルト・モンド（第4の世界）』（Quarto mondo）（1971～72年）、共産党女性担当中執のアドリアーナ・セローニが創刊した『ドンネ・エ・ポリティカ（女と政治）』（Donne e politica）（1969年～）[5)]のほか、『エッフェ（F）』（Effe）、『ディフェレンツェ（差異）』（Differenze）等がある。フィレンツェには『ローザ（バラ色）』（Rosa）があった。

ただし、このような女性の意識改革とそれに基づく実践を中心とする活動は、イタリア全土で可能だったわけではなく、伝統的な南部ではコレクティヴのような組織の展開は難しかった。イタリア南部の「強い女性」（日本でいえば「かかあ天下」）のイメージは、実は家庭に閉じ込められ、公的な生活から疎外された女性の地位を象徴していた。しかし、ブレイクによれば、近年の研究は、南部においても、1970年代の社会・政治運動の中心に女性がいたことを明らかにしている（Bracke 2014：112-113）。それは、むしろ南部で各種の公的サービスが不足していたために、子どものケア、私教育、生活物資の分配等の分野で改善を求める社会運動のなかにフェミニズムの思想や実践が見られるという。

女性自身による身体の管理とそれへの反発

コレクティヴから発展した、より実践的な活動としては、1974年に始まる「自主コンサルタント」(consultori autogestiti) がある。これは、特に女性の身体・健康問題の相談(特に若年層)に応じるもので、こうした情報提供の機会が作られた背景には、1971年まで避妊情報提供も非合法だった事情がある。

イタリアでは、1973年時点で保健省の調査で年間85万人、UNESCOの調査で120万人が中絶を行っていた。中絶合法化を進める運動に先鞭をつけたのは、上述の「女性解放運動」(MLD) であり、1971年にシモーヌ・ド・ボーヴォワールら343人のフランス女性が署名した公開文書「私たちも中絶した、有罪だ」から刺激を受けて、急進党と協力し、中絶を禁じる刑法第10章第2部廃止の中絶法案を提案し、人民イニシアティブによる法案提出の署名活動を始めた。社会党も別の角度から中絶の正常化法案を作成した。

やはりフランスからの影響を受けたこととして、強姦され中絶した16歳の女子高生マリー=クレール・シュヴァリエに対するボビニー少年裁判所での1972年の無罪判決があった。同地では、被告側弁護士を務めたジゼル・アリミやボーヴォワールなどの支援者によって、現行法の不当性を明らかにする公開審判も行われた。

1973年にはイタリアでも、上述の「フェミニスト闘争」の活動家ジリオラ・ピエロボン (Gigliola Pierobon) が1967年、17歳のときに中絶した(後に別の男性と結婚し、裁判当時は一児の母だった) ことを告白したことで訴えられたが、米国やフランスからの応援を含むフェミニスト運動家たちが傍聴に詰めかけたパドヴァ地裁での判決は、有罪ながら刑罰を受けない「司法的恩赦」となった。この裁判で「フェミニスト闘争」は、中絶禁止の不当性を明らかにすべく、保健相、教育相、中絶問題の専門家、中絶法起草中の議員、中絶経験者とその家族など、広範な証人召喚を求めたが、裁判所は事件に無関係だとして拒否し、問題の一般化を避け、あくまで個別事件として処理しようとした[6]。

被告側弁護士は、中絶禁止は憲法違反だと主張し、傍聴席で叫んだ3人のフェミニストが退廷を命じられたが、運動家たちはこの後、裁判所前の広場で座り込みも行っている。しかし、この裁判を報じる当時の新聞記事はまだ事件報道の性格が強く、いわばキワモノ扱いであった。しかし、歴史家でジャーナリストのガッランテ＝ガッローネのように、急ぎ法改正を説く論説もあった[7]。

同時期に上述のMLDは活動を積極化し、中絶経験者の女性やそれを支援した男女が街頭で告白したり、急進党と議会外でデモを行った。この年にMLD及び急進党の女性活動家アデーレ・ファッチョ（Adele Faccio）とエンマ・ボニーノ（Emma Bonino）がローマに「イタリア避妊・中絶センター」（Centro italiano per la sterilizzazione e l'aborto, CISA）を開設している。このセンターは、妊娠12週間までの中絶を希望する女性たちを集め、中絶が合法化されたロンドンやジュネーヴに向けてツアーを組み、高額で中絶を請け負う闇営業の医師よりも安価で安全な中絶の機会を提供した。ボニーノはカーマン法(吸引法)による中絶を受け、比較的ダメージは少なかったが、当時は洗剤や金具を用いる危険な方法も横行していた。2人はMLDに加入した直後に、この組織と活動をともにしていた急進党に入党しており、両者の関係は密接だった（Bonino 2011）。

しかし、警察・司法当局の追及も激しくなり、1974年には、トレントの産婦人科医レンツォ・ゾルツィ（Renzo Zorzi）のカルテが押収され、それに基づき263人（うち217人がゾルツィのもとで中絶を行った）の女性患者が中絶を行っていたことが告発された。これに抗議して、フランスの例にならってイタリア全土の中絶経験女性2500人の署名が公開された。しかし、DCが極めて強い保守的な土地柄もあり、地元のフェミニスト組織「トレントのコレクティヴ」は、裁判の政治化を避けた（Bellè 2021：141–150）。

1975年1月には、MSIの上院議員でジャーナリストのジョルジョ・ピザノ（Giorgio Pisanò）が編集長を務める週刊誌『カンディード』（Candido）がフィレンツェでの中絶を報じ、翌年にはフィレンツェ地検が、上述のファッチョとボニーノを中絶幇助罪で逮捕し、収監した。ファッチオの逮捕は、ローマ市内のアドリアーノ劇場で集会中に行われた。ボニーノを担当した検事のカルロ・カジーニ（Carlo Casini）は、急進党のジャンフランコ・スパダッチャも逮捕した。後に、カジーニはDCの下院議員、欧州議会議員となり、中絶法廃止国民投票を進めたカトリック保守派の「生命のための運動」（Movimento per la Vita）（1980年結成）のリーダーとなる。

しかし、これらの厳しすぎる法適用には世論で批判的な声が高まり、隠れた中絶で命の危険もある現実を踏まえて、同年2月に憲法裁判所は、中絶を有罪とするファシズム時代に制定された刑法546条について、すでに存在する妊婦と、まだ人となっていない胚を平等には扱えないとして、中絶が認められる理由は、従来の妊婦の身体的な危険性だけでなく「心理的に危険な場合」も含むべきとする、一部違憲の判断を示し、中絶非犯罪化の可能性を開いた[8)]。同時期に急進党は、刑法546条を廃止する国民投票を求める80万人分の署名を集めている。

3　制度化と女性自身による運動へ――転機となった1975年

1975年は国連により「国際女性年」(当時の日本での呼称は「国際婦人年」)とされ、「国連女性の10年」も開始されたため、女性の権利への関心は世界的に高まっていた。しかし、ここまで挙げてきたイタリア北中部の運動組織やコレクティヴ、雑誌の多くは、1975年ごろまでに活動が下火になっている。

コレクティヴの限界

この時期に組織内で何が起こっていたかについて、カラブロとグラッソが挙げる理由は、コレクティヴに見られた「自己認識」活動の限界である。女性自身の意識改革は、組織全体としての知識量の限界もあり、メンバーそれぞれが自己認識を深めるなかで相互の見解に矛盾も生じた。そして時間の経過により、メンバーの人間関係を厭うたり、新しい世代に対して古くからの活動家が警戒して保守的になってしまうなどの問題も生じた(Calabrò e Grasso 2004: 40–41)。組織としての団結が緩み、政治への接点が弱いなかでは、その活動に限界があったことは想像に難くない。女性同士の集まりは自己愛は高まるが、「大衆」として動くことはできず、発信力を欠いたとする、同時代の女性活動家からの厳しい批判もある(Neppi e Ragalia 1978: 35–41)。

コレクティヴのなかには、中絶合法化のための法案審議にも反発するものもあった。上述の1970年結成のフェミニスト組織「女性叛乱」は、カリスマ的なフェミニストの美術評論家カルラ・ロンツィ（Carla Lonzi）[9]を擁する団体だが、女性はセクシャリティでもマタニティでも自由が欠如しており、両者を結合するのは男性による女性の植民地化であり、中絶は女性の自由に属するものではないと「中絶自由化」という概念にも反発していた。この団体の文書は、中絶は女性に対する暴力であり、旧法も今後作られる新法も女性に対して暴力的であり、「男は女を中絶を禁止する法の前に立たせたが、今度は中絶を禁止しない法の前に立たせる」と書いている（Ribero 1999）。

一方で、コレクティヴを経ずにすぐ、実践的な運動に関わっていった女性も少なくなく、また、そうした女性にもフェミニズム運動は間接的に影響を与えていた。急進党とMLDに参加していたイーザ・ディドミツィオという活動家は、保守的な南部からミラノに出てきてタイピストとして身を立てたものの、結婚後間もなく離婚し、中絶合法化の署名活動への参加を機にMLDや急進党に加わった。彼女はコレクティヴには通わず、急進党でも男女差別はあったが、上述のフェミニスト雑誌『エッフェ』を読んで女性の役割や戦い方を知ったので、コレクティヴでなくとも、運動組織などの自分が成長できる場所は必要だと語っている（Lilli e Valentini 1979：302–305）。

左派地方政権の成立と制度化の兆し

1975年を境とするイタリア政界の大きな変化は、中央政界でのベルリングェル書記長率いる共産党の躍進と、地方重要都市での左派政権の成立である。ローマでは、戦後一貫してキリスト教民主党（DC）が中央政界と同様に、社会党、共和党、社会民主党などと連立を組み、市長職を独占していたが、1976年に独立左派の市長当選により、共産党、社会党、社会民主党による左派政権が成立、1979年からは共産党の市長となり、1985年にDCに政権交代するまで、この体制が続く。一方、ミラノはもともと社会党の牙城であり、戦後は社会党や社会民主党が市長職を占め、DCなどと連立を組んでいたが、1975年以降は社会党が市長職を維持しつつも、連立相手はDCに代わって共産党や社会民主党のほか、新左翼起源のプロレタリア民主党

（DP）も参加し、やはり1985年にDCに政権交代するまで、この体制が続いた。トリノでも1975年から1985年まで、ナポリでも1975年から1983年まで共産党の市長となっている。

議会外左翼が政党化したプロレタリア民主党が選挙では惨敗する一方で、共産党のような制度内の左派政党に変革を期待できるようになった。議会外左翼の運動組織の代表的存在だった上述の「闘争継続」も1976年11月の全国大会で事実上解散している。このような伝統的な政党の復権は、議論全体が制度化にシフトしていくことを意味する（Bracke 2014：110–111）。

とりわけ、この時代に制度化が進んだのは、前節で触れた女性の身体に関する「コンサルタント」の公設化である。ただし、公設の「家族（のための）コンサルタント」（consultori per la familia）は、家族計画や子どものケアも含みつつ、男女の性的な健康の相談に応じるものとして設定された。これは、避妊を含む女性が必要とする具体的な性的知識を与える公認の場を設けたい左派政党と、性関係に一定の秩序をもたらし得ると期待したDCが妥協してできたものであり、1975年7月24日法律405号として成立した（Bracke 2014：112–113）。

しかし、家族に向けて制度設計されたコンサルタントは女性の自助を助けるものではないので、フェミニズム運動組織は満足せず、もっと女性の自助を助けるクリニックを作り、それを公的に助成するべきであると主張した。この声を一部活かす形で左派が強いラツィオ州議会はコンサルタントのクリニックの運営に労組や女性団体などの社会団体が関われるように立法した。この運営をできるだけ女性団体の意向を反映するように、共産党に近いUDIは働きかけた（Bracke 2014：112–113）。ただし、こうした運用でも解決できない事例も多いので、一部のフェミニストのコレクティヴは、これと別に自主コンサルタントのクリニックを運営し続けた。

南部の中心都市ナポリや、ここを州都とするカンパーニア州も左派政権となり、女性活動家たちもこれらに期待を寄せたが、この時代でも、南部の保守的なカトリックの文化的なヘゲモニーを打破するのは困難だったようである。

女性の政治的自立と二重の組織参加

さらに、この時期に北中部においては、女性主導のデモが行われ、実践的な活動で女性の役割が一段と向上したことが証言に現れている。ステッリフェーリがインタビューしたローマの議会外左翼「労働者前衛」(Avanguardia operaia, AO）の女性活動家カルラ・カポーニは、1975年12月6日にローマで行われた、初めて女性だけで組織した中絶合法化を求めるデモの記憶を語っている（Stelliferi 2015：10–12)。この証言には、現場の写真も添えられており、女性活動家がAOのメガフォンを使って声を挙げている。このようなフェミニズム組織と他の社会運動組織や政党のメンバーを兼ねる活動家は珍しくなかった。この日のデモでは、議会外左翼「闘争継続」の男性活動家が女性たちの行進の流れに入ろうとして、フェミニスト組織の活動家と揉めたが、警官に排除されている[10)]。

中絶合法化運動は、様々なフェミニズム運動組織と世俗政党が協力して数々のデモや集会を通じて大きな力となり、特に女性が主体的に広場に出て活動する場面が増えた。ローマの多くのフェミニズム運動組織と、議会外左翼の「闘争継続」、「労働者前衛」、プロレタリア統一党は1975年6月に共同で、ローマ中絶・避妊自由化委員会（Comitato romano per la liberalizzazione dell'aborto e della contraccezione, CRAC）を結成している。CRACはローマで大規模なデモを何度も行った。

この時期には、男性優位が続いていた労組活動においても、女性独自の活動が表れてくる。従来、労組では、女性が男性に比べて劣位の役割に追いやられているのは、経営者側の責任であるとして、自分たちの問題ではないと考える傾向があった。当時の工場労働では、労働者の健康問題に関する文書のイラストに男性しか描かれていないようなこともあった。こうした環境下で1975年6月にミラノの労組が「女性労働者の健康について」という会議を主催したのは、当時としては画期的なことであった（Frisone 2020：90–92)。ようやく女性労働者の問題が労働政策の重要なテーマとして可視化されたのである。

さらに、この時期から、大学も「1968年」に次ぐ学生運動の高揚期「1977

年」に向けて動き出す。1976年には、ローマ大学の医学部と文学部で中絶合法化運動の学生コレクティヴが複数生まれ、1978年3月8日にはローマ大学で女性の役割をテーマとしたパントマイムが上演された。会場となった化学科教室は15日間、学生たちに占拠された。こうした身体的な表現も、この時代の活動には増えてくる。

4　中絶合法化法案の議会審議

憲法裁判所の判決により法制化が不可避となった中絶合法化も、この問題で国内最大最強の拒否権プレーヤーであるカトリック教会を前に、その後の法案審議は、フェミニズム団体の声はほとんど反映されないまま、もっぱら教会との妥協を探ることに注力するようになる。しかし、この背後には、チリのアジェンデ左派政権崩壊により、左派単独政権の可能性を非現実的と強く意識した共産党が、極左・極右テロなどの社会不安の多い時代に、カトリック勢力との「歴史的合意」を進めていたことがあることを忘れてはいけない。

各党の初期対応

最初の中絶合法化法案は、離婚法の提案者であった社会党のローリス・フォルトゥーナ下院議員が1972年に提出し、クラクシ（後の首相)、マンチーニ、ロンバルディなど党内の有力政治家たちが共同提案者として名を連ねている。しかし、この法案に議会第2党で最大の世俗政党でもある共産党は直ちに賛同せず、教会との対話を求めていた。当時進行中だったベルリングェル書記長によるカトリック勢力と共産党の「歴史的妥協」路線において、DCとの対立激化は望まれず、また、離婚法での党内分裂を繰り返すことを避けたかったのである（Scirè 2008：41–43)。

こうした動きに釘を刺すように、カトリック教会は、「イタリアの現状を前に」（1974年9月19日)、「中絶に関する宣言」（1974年11月18日）と相次いで、中絶反対を明言する文書を発表した。ただし、カトリック教会でも、内部に意見の隔たりはあり、合法化に向けて世俗政党との対話を試みる者もいた（Scirè 2008： 62-82）。

しかし、上述のように、1975年にファシズム時代の家族法の改正法が、自由党の棄権、DCとMSIの反対にもかかわらず可決されたのは、世俗左派の勝利といえたが、これに基づく、上述の公的な「家族コンサルタント」の設置などは、多分に妥協的な内容だった。

憲法裁判決と国民投票の回避

1975年2月に憲法裁判所で刑法の一部違憲が判決されると、各党の法案作成が相次ぎ、社民党、共産党、共和党、自由党、DCと主要政党のほぼすべてから示されたが、いずれも完全な自由化は無理と考えた、非犯罪化と条件の緩和を軸とするもので、それでも教会は最も慎重な内容のDC案も批判した。教会との関係悪化、党内分裂を恐れたDCのモーロ首相は、議会に審議を委ね、政府の中立を宣言した。議員たちは既存法規を廃止できる国民投票では中絶の非犯罪化しか行えず、中絶についての法規が存在しなくなるので、むしろ法制化したほうがよいと主張した（Scirè 2008： 84-97）。

しかし、急進党は、各党による統一案の模索を、DCと共産党が手を組み、女性の自己決定をなくす陰謀ととらえ、独自案の作成に動いた。しかし、小党ゆえ議会での採択は覚束なく、急進党の最後の望みは、議会外で署名活動を盛んにし、国民投票にかけることであった。これに対し、共産党のベルリングェル書記長はすべての民主主義勢力による合意を訴え、カトリック左派でも上述のラ＝ヴァッレのように合意による解決を目指す動きもあった。

一方、カトリック教会の中絶反対の意思は堅く、1976年1月には教皇庁の教理聖省が婚前性行為について否定的な不動の姿勢を示した[11]。カトリックの立場を代弁するマッツォラ議員（DC）の言葉を借りれば、「女性の自由意志による中絶を認めることは、女性の体の一部ではない別の生命体の存在を否定することになる」[12]。このような教会の頑なな態度に反発するフェミニスト団体もあり、同年2月にはミラノの大聖堂（ドゥオーモ）に入り占拠しようとして、警官と衝突も起きた[13]。

急進党は1975年2月2日に刑法の中絶有罪規定の廃止国民投票を提案し、70万人の署名を提出し、同年7月に破棄院（最高裁判所）が署名の有効性を確認していた。これにより各党は国民投票を回避すべく、法案作成を急いだが、憲法裁判所が同年12月に国民投票案を合憲と判断したことを受けて、レオーネ大統領により国民投票の実施日が1976年6月13日に決定された。しかし、投票実施を回避すべく各党が動き、大統領による議会両院の解散が決定されるのである。この解散により、同年6月には議会選挙が行われることになり、国民投票の実施は1978年6月に延期された。なお、この後、破棄院はすでに違憲判断が出ていた刑法553条（中絶の扇動・宣伝の禁止）は国民投票の対象から除き、部分的な違憲に留まっていた刑法546条（中絶の禁止）のみを対象とした。

1976年以降の法案審議

1976年の議会選挙は、共産党が史上最高の得票率（下院34.37%、上院33.83%）を得て下院（定数630）で前回から49議席増の228議席、上院（定数315）で25議席増の116議席を獲得した一方で、DCは第1党ではあるものの、支持率は横ばい（下院38.71%、上院38.8%）で、下院は4議席減の262議席、上院は変わらず135議席に留まった。さらに、DCに近い共和党、社会民主党、自由党の中道3党を加えても両院とも過半数には届かず、これらに社会党を加えれば5党で過半数とはなるが、もはや社会党もDCと必ず連立を組む保証はなく、極右のMSIも議席を減らした結果、DCと共産党との対話は必須となった。

中絶問題について注目された動向は、急進党が下院で4議席を獲得し、この党の当選者に上述のCISAを設立した中絶合法化運動のフェミニスト、ファッチョとボニーノが含まれていたことと、ラ＝ヴァッレなど中絶合法化に前向きなカトリック勢力の7人の候補が上院で共産党の候補者名簿内の独立左派として当選したことである。

フェミニストの意見が最も色濃く反映されたのは、MLDとともに中絶合法化運動を進めてきた急進党案で、他の政党の法案と同様に、第7議会（会期：1976年7月5日から1979年6月19日まで）の初日に当たる7月5日に提出されている。この法案は進歩的な内容で、未成年者でも保護者の同意は不要で、あらかじめ政府と契約した医療機関には条件を満たした申請から8日以内に中絶を行う義務があり、費用も公的に保証されるという内容であった（Partito radicale 1979）。ただし、この法案でも、あらかじめ良心による拒否を届けている医者が中絶を行わないことは認められ、本人の同意のない中絶実施は医師に4年から8年の禁錮、妊娠90日以上経過の中絶は医師、本人とも罰金が科される。しかし、主要政党にこの案への支持が広がることはなかった。したがって、フェミニストの見解が直接的に法案に活かされることは少なかったといえる。

このほかに、議会外左翼諸派が結党した小党であるプロレタリア民主党（DP）（当時は下院のみ6議席）が提出した、より急進的な法案もあった。ただし、女性の自らの身体に関する決定の自由を広範に承認して、事実上中絶を無期限にする想定を含む、フェミニストから見てもあまりに前衛的な内容であり、議会で可決する見込みもないのに、自党の革新的な思想の宣伝に走っているのではないか、と疑われていた（Stelliferi 2015：158–159）。

これらの法案とは別に、左派系の女性団体UDIは、共産党に法案推進の圧力をかけ、世俗政党で最大の議席を持つ同党の姿勢を決定づけたと、両者で役員を務めたロダーノは誇っている（Rodano 2010）。当時フェミニスト組織にいた活動家たちの証言によれば、大きなデモでフェミニスト運動組織とUDIがともに行動することはあっても、日常的にはUDIは他のフェミニスト運動組織と盛んに交流したわけではなく、近い関係にある共産党への働きかけを中心としていた（Stelliferi 2015：171–173）。

議会の保健・法務合同委員会は、保健委員長のデル・ペンニーノ（共和党）と、法務委員長のジョヴァンニ・ベルリングェル（共産党、エンリーコ・ベルリングェル書記長の弟）が共同議長となり、各党案を調整した統一案の作成に動いた。まず、中絶は出産のコントロール（自由化）が目的ではなく、妊婦の身体的・心理的健康上の危険を回避するためのものと定義された。妊娠90日までは認可された医療機関及び公立総合病院で中絶できるが、医師は「良心による理由」により、つまりはカトリック信仰を理由に中絶実施を拒否することができるとした。自分の意志で中絶できるのは16歳以上で、それ以下の場合は、胎児の父親と自身の保護者ないし親権者の同意が必要で、これらの同意が得られない場合は、医師に判断が委ねられた。医師は同意なく中絶を希望ないし実施した女性の氏名を明らかにすることは禁止（違反した場合は4年以上8年以下の禁錮）され、さらに妊婦の同意なく中絶し、死亡した場合は2倍の罰とされた。さらに法が定める以外の理由で中絶した場合は本人も医師も罰せられる（6か月以上3年以下の禁錮）。

合意案の内容が明らかにされると、DCのピッコリ議員団長はすぐに慎重な姿勢を示した。中絶の自由化は闇の中絶による悲劇を劇的に変えるものではなく、責任ある父性・母性の問題は随意の受精胚の抹殺によっては解決できず、社会的予防によってしか解決しないとした。DCは単に中絶の実施だけに留まらず、実施前の手続きにも「良心による理由」を広げようとした。実際に当時の医師の72%が合法化に反対という調査もあり、保守層の抵抗は激しかった[14)]。

合意案には、女性の中絶を助けていたCRACも、中絶を合法化しても、女性の自己決定は認めない内容だとして反対した。フェミニスト雑誌の『エッフェ』は「インチキ法案」だと書いている。さらに「ケルビーニ通りのコレクティヴ」は、病院での大量中絶は文化の勝利ではない、新しい女性の行動に規制は無用であると述べている（Ribero 199：280–281）。

一方、急進党は76年11月に、プロレタリア民主党が提出した、救急車や医師でないコンサルタントのクリニックでも中絶でき、中絶施術中に信頼できる人物を同伴できる、とする修正案を委員会で共産党、共和党、DCの議員が退けたことに反発し、「体制側の諸政党による妥協」には与しないとして、ボニーノが委員を辞任している[15)]。

法務・保健合同委員会で審議された世俗派（共産党、社会党、共和党、社会民主党、自由党、独立左派、プロレタリア民主党）の統一案（委員会多数派案）は同年12月に本会議での逐条審議に入った。急進党は、統一案に修正動議を立て続けに提出したが、ことごとく否決されている[16)]。例えば、統一案の第14条については、苦痛の多い方法が避けられるように、女性が望む適切な方法での中絶が行われるように提案したが、多数派は、女性だけに方法決定を委ねるのは、その結果について医師の法的責任が重すぎ、最新技術の利用は大学等との協力を定めた条文で保証されると反論して、これを退けた。また、急進党とは逆に規制強化を意図した極右のMSIの修正動議もすべて否決されている。

最終的に急進党の下院議員4人はフェミニストたちの意見が反映されていないとして統一法案に反対した。下院では1977年1月21日に、定数630のうち出席者607、投票者606（過半数は304）で、賛成310、反対296、棄権1の僅差で可決された。

しかし、上院では同年6月7日に、逐条審議に入らないというDCのルイージ・カッラーロ議員提出の動議が156対154の2票差で可決されてしまった。世俗派の合計は161票になるはずだったために、衝撃は大きかった。投票方式が電気スイッチ方式でなく白黒2色の玉での投票が選択されていたことも大きく、賛否の色を取り違えた議員がいた可能性もあったが、秘密投票であるために投票者の意図は分からず、世俗派各党では他党・他派に対する疑念が広がった。カトリックの独立左派を疑う声もあったが、彼らは法案作成の中心にあったため、その可能性は低く、DCと連立を組んだことのある世俗4党の一部で、DCと共産党による妥協への不満が示されたのではないかと観測された[17]。

フェミニスト団体は、この議決に抗議するデモを行い、主催者発表で2万人がローマの広場に集まった。共産党に近いUDIは議会での速やかな再審議を訴えたが、急進党に近いMLDは議会に失望し、国民投票を求めた。急進党とMLDの両方に関わるボニーノは、集会で次のように自己批判した。「これは私たちの失敗でもある。最近、UDI以外の女性運動は中絶に無関心になっていた。私たちはやるべきことはみなやったと思っていた。私たちは恥ずべき不効率な法案を支持したいとは思わなかったし、議会や制度に十分な数の人を送らなかった。これは間違いだった」[18]。

修正された上院案を下院で再審議することには、下院の世俗派からも異論があった。上院で、この法案の取りまとめに大きく貢献したのが、上述のカトリック系独立左派のラ＝ヴァッレである。ラ＝ヴァッレがDCを批判する意図で法案不成立は「結果的に闇の集団的な中絶を合法化することになり、

DC は特定政党と特定団体の恩顧関係を許している」と述べると、中絶ツアーを斡旋していた急進党と CISA が自分たちへの批判と受け取り、反発した。

合意の決め手となったのは、下院案にあった個人主義的な「市民的権利」の主張を緩和し、「良心による理由」により、つまりはカトリック信仰を理由に、医療機関が中絶実施を拒否することを容認したことである。しかし、DC はこの時点でもなお、中絶実施の判断を複数の医師の判断に委ねることで制限しようとした。カトリック教会の文化雑誌『チヴィルタ・カットーリカ（カトリック文明）』は、ラ＝ヴァッレを激しく批判した。しかし、世俗各派により、法案は再び議会審議に入り、上院で統一案が可決されたのは 1978 年 5 月 18 日であった。ミラノの新聞『コッリエーレ・デッラ・セーラ』は、「苦渋の選択」と見出しを打って報じ、もっと早く国民の多数の悲痛な声を政党は聞くべきではなかったかと問うている。

5　1980 年代以降に残された課題

法制化後も続くサボタージュ

イタリアでは確かに 1978 年に中絶は合法化された。ただし、上述のように、この 1978 年法律 194 号は、「良心による理由」により、つまりはカトリック信仰を理由に、医療機関が中絶を行うことを拒否することを容認している。そのため、同法の施行後も、保守的な南部などを中心に、事実上、地域社会や医療機関が中絶を拒否したり、実施を難しくするサボタージュが続き、違法だった時期と同様に、隠れて、あるいは外国など遠隔地で中絶を受けざるを得ない女性も多く残された（Boneschi 1998）。

成立した法律の実行のサボタージュは、中絶合法化に限ったことではなかった。欧州各国で労働における男女平等について 1990 年代に調査した柴山恵美子がインタビューした、UDI で活躍し、左翼民主党（共産党の後身）の欧州議会議員を務めたマリサ・ロダーノは、1977 年制定の男女平等待遇法制定によっても、女性労働者の地位は大きく変わらなかったと語っている。

むしろ、法律で母性保護や女性労働の保護が強化されたことで、採用面接で結婚や出産の予定を聴くなどの形で採用差別は続いていたという（柴山 1993：65-67）。こうした現実は、1991年のポジティブ・アクション法の成立直後に明らかになったものも少なくないとしている。ロダーノが評価できる点として挙げているパートタイム労働の規制も、女性労働者がもっぱらパートタイムの補助的な労働に追いやられるという危惧から、制定されたものであった（Frisone 2020：97-98）。

変化したものと変わらないもの

多くのコレクティヴの活動が下火になり、女性だけで広場でデモを行うようになった1975年前後は、この時代のフェミニズム運動の転機となったことは間違いなさそうである。これはコレクティブでの学習が実践に活かされたと発展史的な視点で語れる面もあるが、もっと行動主義的なアプローチも現れていて、むしろコレクティヴ的な活動を古いと感じるような人々も少なくなかったことも考慮しなければならない。

しかし、非現実的な思考に沈潜した傾向のあるコレクティヴも、多様な組織が一つになれず、政治的な影響力も限定的だったフェミニズム運動組織も、政策決定過程に深く関わることはできなかった。それ自体は対テロの治安対策など広範な政策分野での共産党とDCの協議を可能にした「歴史的妥協」路線は、皮肉にもフェミニストの声を十分に活かせず、教会への妥協的態度に終始した結果をもたらしたともいえる。

1978年には初の女性閣僚となるティーナ・アンセルミ（DC）の就任、1979年には初の女性下院議長のニルデ・ヨッティ（共産党）の就任を見るが、まだこの時代、女性議員の数は少なく、意外なことにこの後も1990年代に入るまで大きな伸びは見られない。決定過程の中枢に女性が少ないことはまだ大きな障害であった。これは必ずしもイタリアに限ったことではないが、イタリアの場合、この遅滞にカトリックの価値観が大きく影響しており、それが今日でもイタリア社会における女性の地位に重く圧し掛かっていることは確認されるべきであろう。

右派が再燃させる中絶問題

最後に、この論文が扱うテーマが、現在でもアクチュアリティを持っていることを示す、エピソードを記しておきたい。2023年9月25日に行われたイタリアの議会両院選挙では、右派政党「イタリアの同胞」が第1党となった結果、同党のメローニ党首がイタリア初の女性首相となり、11年ぶりに右派のみで構成される連立政権が成立した。この選挙戦のなかで、中絶合法化運動の活動家だった、上述のボニーノ（その後、EU委員、外相を歴任、現在は左派小党「＋ヨーロッパ」の上院議員）が、メローニ首相誕生への懸念を語っていた。メローニは、カトリック保守派に近い発言が目立ち、中絶を合法化した1978年法律194号は維持するが、「中絶を望まない女性の自由」も守るべきと述べており、これは中絶の実行を難しくする施策を採るのではないか、と警戒感を示したのである[19)]。

選挙中の報道でも、イタリアに先立って1970年代に中絶を合法化したフランスのテレビ局A2はこの問題に敏感で、メローニ政権成立で生じ得る懸念として、イタリアの地方を取材したルポを放送していた。同局が取材した中部のマルケ州は、かつては左派の牙城であったが、2020年に「イタリアの同胞」のフランチェスコ・アクァローリが率いる右派連合に政権交代した後、中絶できる期間が全国基準の妊娠9週間から7週間に短縮されているのである[20)]。

かつて、イタリアでは穏健な右派政党が育たないと言ったグリエルモ・フェッレーロの至言は、本章が扱った時代の関心に合わせれば、リベラルな価値観を有した政党が大きくなれないと言い換えることができると思うが、フェミニズムをめぐる問題群に、世俗国家になりきれない共和国イタリアの政治の特性を読み解くカギがあると思われる。

注

1）　ローマとラツィオの1970年代から今日までのフェミニズム運動を解説するサイトHerstoryによる短い解説。http://www.herstory.it/fronte-italiano-di-liberazione-femminile

2）　ミラノの「女の家」の現在の活動状況については、https://www.casadonnemilano.it

3）　Angela Azzaro, “L’odio di Raggi per la Casa delle donne”, *Il Riformista*, 11 marzo 2021,

https : //www.ilriformista.it/lodio-di-raggi-per-la-casa-delle-donne-202442/
「女の家」には現在では存続が難しくなったものもあり、ローマでは五つ星運動の女性市長ラッジ（任：2016～21 年）が任期終了直前に建物を他の用途に代えようとして議論を呼んだ。

4）　イタリア女性図書館による、この雑誌の解説は、https : //bibliotecadelledonne.women.it/rivista/sottosopra/

5）　上述の「Herstory」サイトによる短い解説。http : //www.herstory.it/donne-e-politica

6）　*Il Tempo*, 6 giugno 1973.

7）　*La Stampa*, 7 giugno 1973.

8）　憲法裁判所の過去の判決はすべて同裁判所のホームページで検索可能だが、同裁判所の重要判決を収めた、Tania Groppi, *Le grande decisioni della Corte Costituzionale Italiana, Editoriale Scientifica*, 2010, pp. 101–103 などにも収められている。

9）　カルラ・ロンツィは今日、イタリア・フェミニズム運動の古典的文書となった 2 編の論文を書いている。このうち、「ヘーゲルに唾しよう」（1970 年）では、労働を女性に課し、闘争に励む男の歴史を描くヘーゲル的歴史解釈を拒否し、人間性の革新は女性性にあるとする。また、「クリトリス的女性とヴァギナ的女性」（1971 年）では、ヴァギナを通じての快楽は家父長制の快楽であり、クリトリスこそ中心的機能である」と説いた。このような観念が「女性叛乱」の中絶合法化に対する冷ややかな視点につながっている（Cavarero e Restaino, 2002）。

10）　*Il Tempo*, 7 dicembre 1975.

11）　*Corriere della Sera*, 17 gennaio 1976.

12）　*Il Tempo*, 13 gennaio 1976.

13）　*Corriere della Sera*, 18 gennaio 1976.

14）　*Il Tempo*, 27 novembre 1976.

15）　*Il Tempo*, 25 novembre 1976.

16）　Atti parlamentari, Assemblea, 6 gannaio 1977.

17）　*Corriere della Sera*, 8 giugno 1977.

18）　*Il Tempo*, 8 giugno 1977.

19）　Alanews, “Aborto, Bonino : “Meloni non applicherà la legge 194, ci saranno più obiettori”, 2022.9.21, https : //youtu.be/DBrrYjOvzT0

20）　A2, “Italie : la région des Marches, un fief de la politique post-fasciste”, 2022.9.26, https : //www.francetvinfo.fr/monde/italie/elections-italiennes/italie-la-region-des-marches-un-fief-de-la-politique-post-fasciste_5382700.html

参考文献

Beccalli, Bianca（1985）“Le politiche del lavoro femminile in Italia : donne, sindacati e stato tra il 1974 e il 1984,” *Stato e Mercato*, 15–3（dicembre 1985）: 423–459

Bellè, Elisa（2021）*L'altra rivoluzione. Dal Sessantotto al femminismo*, Rosenberg & Sellier.

Boneschi, Maria（1998）*Santa pazienza. La storia delle donne italiane dal dopoguerra a oggi*, Mondadori.

Bonino, Emma（2011）*I doveri della libertà*, Laterza.

Bracke, Maud Anne（2014）*Women and the Reinvention of the Political, Femminism in Italy,*

1968–1983, Routledge.

Calabrò, Anna Rita e Laura Grasso（2004）*Dal movimento femminista al femminismo diffuso. Storie e percorsi a Milano dagli anni '60 agli anni '80*, Franco Angeli, Milano.

Cavarero, Adriana e Franco Restaino（a cura di）（2002）*Le filosofie femministe*, Mondadori.

Cavarero, Fiamma（2014）*L'Italia del divorzio. La battaglia fra Stato, Chiesa e gente comune 1946–74*, Carocci, Roma

Fondazione Nilde Iotti（a cura di）（2018）*L'Italia delle donne. Settant'anni di lotte e di conquiste*, Donzelli.

Frisone, Anna（2020）*Femminismo al lavoro. Come le donne cambiato il sindacato in Italia e in Francia（1968–1983）*, Viella.

Lilli, Lama e Chiara Valentini（1979）*Care compagne. Il femminismo nel PCI e nelle organizzazioni di massa*.

Lussana, Fiamma（2014）*L'Italia del divorzio 1946–1974. La battaglia fra Stato, Chiesa e gente comune*, Carocci.

Neppi, Antonella e Ida Ragalia（a cura di）（1978）*La pratica politica delle donne*, Sabriele Mazzotto

Partito radicale（1979）*La legge sull'aborto（Battaglie parlamentari radicale 1）*, Tipografia della Savelli.

Ribero, Aida（1999）*Una questione di libertà. Il femminismo degli anni settanta*, Rosenberg e Sellier.

Rodano, Marisa（2010）*Memorie di una che c'era. Una storia dell'Udi*, Il Saggiatore.

Rossi-Doria, Anna（2010）"Gli studi di storia politica delle donne sull'Italia repubblicana," *Contemporanea*, 13-3（luglio 2010）: 487–511.

Scirè, Giambattista（2008）L'aborto in Italia. Storia di una legge, Bruno Mondadori.

Stelliferi, Paola（2015）*Il femminismo a Roma negli anni Settanta : Percorsi, esperienze e memorie dei collettivi di quartiere*, Bononia University Press, Bologna.

北原みのり責任編集（2017）『日本のフェミニズム』河出書房新社。

柴山恵美子編（1993）『少子化と男女平等――欧州五か国にみる現状と課題』社会評論社。

ダラ・コスタ、ジョヴァンナ・フランカ（1991）『愛の労働』伊田久美子訳、インパクト出版会。

西田慎・梅崎透編著（2015）『グローバル・ヒストリーとしての「1968年」』ミネルヴァ書房。

益田実・齋藤嘉臣・三宅康之編著（2022）『デタントから新冷戦へ――グローバル化する世界と揺らぐ国際秩序』法律文化社。

もろさわようこ（2021）『新編　おんなの戦後史』河原千春編、ちくま文庫。

第3章
1970年代ヨーロッパにおける男女平等
ECと西ドイツの事例から

網谷龍介

1　ヨーロッパにおける男女平等の「遅れ」？

問題の所在

本章はヨーロッパにおけるジェンダーの問題を、男女平等という観点に絞ったうえで、歴史的なパースペクティヴを提示することで、今後の研究の基礎となる視座を拓くことを企図している。具体的にはドイツとEUを対象としつつ、労働における男女の平等待遇、そしてその基礎となる女性の稼得労働への就労にフォーカスして問題を浮かび上がらせたい。

現在でこそヨーロッパ諸国、あるいはEUは人権を旗印に掲げて、古典的な男女平等はもちろん、LGBTQI+と総称される多様な性的自己決定を推進する側に立っているが、ジェンダー平等の先進地としてのヨーロッパという自画像にはどの程度の歴史的根拠があるのだろうか。1940〜1950年代のヨーロッパの政治体制や政治社会は、戦間期との連続性の強い、現在からみれば「古い」ものだった（網谷・上原・中田 2019）。とすれば、ジェンダー平等に関しても、ヨーロッパの先進性という理解をいったん疑う必要がある。

実際、制度的な枠組に絞ればこのイメージに根拠はない。たとえばヨーロッパ現代史家マゾワー（Mark Mazower）は20世紀ヨーロッパの通史の中でこう述べている。

> 確かに憲法は、ジェンダーにかかわらずすべての市民の平等を規定していたかもしれない……妻が家庭の外での仕事を探すのを夫は禁じることができ、父親は子供に対する絶対的権力を保持していた。……フランスでは、女性の多くが自らの銀行口座を開設できなかった（マゾワー 2015 : 393）。

このほかにマゾワーは、イタリアにおいて、男性による女性へのレイプの後に、結婚することによって罪が帳消しとなる修復的婚姻規定が刑法上に存在していたことや、男性の不義が免責される一方で女性のそれは処罰の対象となっていたことなどを紹介している。

これは家制度の廃止を軸に、占領改革の中で最も大きな変化が民事法の領域において生じた日本からみたときに、奇異で遅れたものとして把握されていなければならないはずである。われわれの理解がそうなっていないのだとすれば、それは歴史的認識の欠落のゆえである。この点について、法社会学者の利谷信義（1995 : 36-37）は日本の家族法の「先取り性と柔軟性」を指摘している[1)]。個人の尊厳と男女平等の理念を受け入れたことにより、日本の家族法は内容面で当時の日本の現実より進んでいたばかりでなく、先進諸国と比較しても形式的には最も先端的なものであったと利谷は位置づける。そして、現実とのギャップを埋めるために家庭裁判所の存在を前提に多くの白紙条項が柔軟に利用されたことが指摘される。この両者の作用により、「男女の固定的役割分担が強固に組み込まれた産業社会の基礎単位としての家族は、戦後は日本においてもっとも典型的に成立していたのではないか」との評価が示され、これが「日本的現代家族」と呼ばれる。ここで第一に重要なのは日本とのヨーロッパの比較における位置づけである。それに加え、男女の不平等を伝統的な価値観の残存と等置するのではなく、社会条件の変化に伴って形をかえながら制度化されていくものとして捉える視点も本章では参考としていきたい。

研究動向

稼得労働を中心とした男女平等という論点は、ドイツ研究におけるジェンダー史やフェミニズム史の観点からは大きな注意が向けられてはいない[2)]。マイクロレヴェルの実践や心性、あるいは実質的な平等／差別が重視されるため、公式制度に焦点を絞ることはやや狭隘な問題設定とされるのかもしれない。政治家や政党を中心とした一般的な政治史研究においても、男女平等争点は必ずしも党派的対立の中心とならなかったこともあって、あまり取り上げられない。本章の関心に最も近いのは政策史的な観点からの研究だが、これらは社会政策や家族政策に注目することが多く、稼得労働は後景に退きがちである（Jacob 2019；Kolbe 2002）。

そのなかで、ルールの研究（Ruhl 1994）は、連邦省庁の史料などを中心にしつつ働く女性の位置づけが戦後期にどのようになされていたかを、多様なアクターの立場とともに描いている点で、最も重要である。このほかに制度にフォーカスしたモノグラフは複数あり、いずれも有益な研究である（Moeller 1993；Oertzen 1999；Sachse 2002）。

また戦後ドイツにおける女性の地位については、同時代の日本の法学者がつぶさに観察の目を向けていた。日本の戦後民主主義において、家制度の解体と市民生活の民主化が大きな課題とされたことを想起すれば当然のことである。本章はこれらの同時代的分析にも多くを負っている。

これとは別にヨーロッパ統合研究においては、ジェンダー争点やフェミニズムの視角を中核に据えた研究以外でも、政策研究としてジェンダー関連領域を取り上げるものが一定数存在する。これは、市場統合が核にあることから、ヨーロッパレヴェルでは経済的強者、とりわけ企業利益が過剰代表されるという想定が自然に成り立つところ、「弱い」「薄い」利益が一定の範囲ではむしろより強い影響力を行使している、という論点の検討に適しているからである（Ahrens 2019；Cichowski 2013；Jacquot and Vitale 2014；Mazey 1995）。ただし、統合史研究の分野におけるジェンダー政策史については、本格的な歴史学的研究はまだ存在しない。

本章が注目する、権利の次元での男女平等については比較政治学的な研究も必ずしも多いとはいえない[3)]。本章はこれらに比べてより具体的な問題に絞った過程追跡を提供する。

本章の視角と構成

このように、事実関係の整理も必ずしも一般化していない状況に鑑み、本章は男女の法的平等をめぐる戦後西ヨーロッパの状況を整理し、それをめぐる政治過程の素描を提供することを目的とする。そのなかでは、性別役割分業を前提とする男性稼ぎ手モデルや主婦婚が戦後本格化したものであることに留意する。そして、いったん定着したそのモデルを変容させた重要な要因の一つに司法部の役割の上昇があることを示す。さらにヨーロッパ固有の要因として、当時の EC が加盟国（西ドイツ）に与えた影響にも注目する（MacRae 2006；Warner 1984）。

以下ではまず第 2 節でジェンダー平等をめぐる状況と変化のタイミングを概観する。続いて第 3 節ではドイツ連邦共和国（以下、西ドイツ）におけるこの問題の政治過程を検討する。第 4 節では目を転じて EC 次元での男女平等の扱いにおける革新が司法部によりもたらされたことについて検討する。第 5 節ではこのような変化が西ドイツに与えたインパクトを検討し、第 6 節で議論を簡単にまとめる。

2　戦後西ヨーロッパにおける男女不平等

すでにエピソードとして紹介したように、第二次大戦後の西ヨーロッパは、男女平等という観点からみて必ずしも進んだ地域とはいえない。その点を明らかにするために、まずは国際比較指標を用いて視覚的に位置をとらえてみよう。

使用するのは、この数年で民主主義の測定に関するほぼデファクトスタンダートの位置を占めつつある V-Dem プロジェクトの指標である。そのなかに含まれている Women Political Empowerment Index を使用する。この指標は市民的自由（civil liberties）、市民社会への参加（civil society participa-

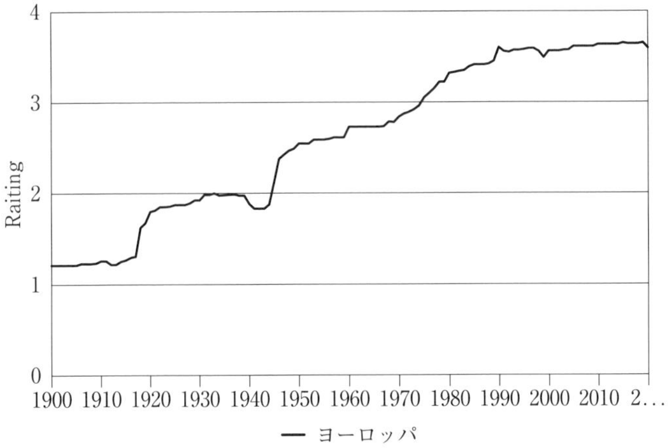

図3-1　市民的自由に関するジェンダー平等のヨーロッパ全体での推移

Highcharts.com | V-Dem data version 11.0

tion)、政治的参加（political participation）の3カテゴリーに下位区分されている。本章は、就業や家族に関する男女平等に注目しているため、この中の市民的自由指標を用いる。同指標は、自由移動、強制労働からの自由、所有権、裁判へのアクセスの四つの下位指標から構成される。

まずヨーロッパ全体の傾向を概観する(図3-1参照。以下、図はすべてV-Demウェブサイトのツールを利用して作成したhttps://v-dem.net/data_analysis/VariableGraph/)。市民的自由に関して男女平等が進展したのは、第一次大戦後である。次いで1940年代はじめに一時的に落ち込みをみせているが、1940年代後半に再び大きな進展がみられる。そして注目すべきは、ややゆるやかではあるものの、1970年頃から1990年頃まで、約20年かけて前の二波に匹敵する規模の上昇がみられることである。本章の注目するのはこの時期の前半である。

次に、いくつかの国を取り上げイメージを具体化していきたい。図3-2はジェンダー平等先進国とは想定されていない国を西欧からいくつか選び、日本とアメリカを加えて推移を描いたものである。まず強調しておくべきことは、1950年代に日本が西ドイツを除くヨーロッパ3か国やアメリカに明確に先行している点である。フランスやオランダに対しても日本が先行してい

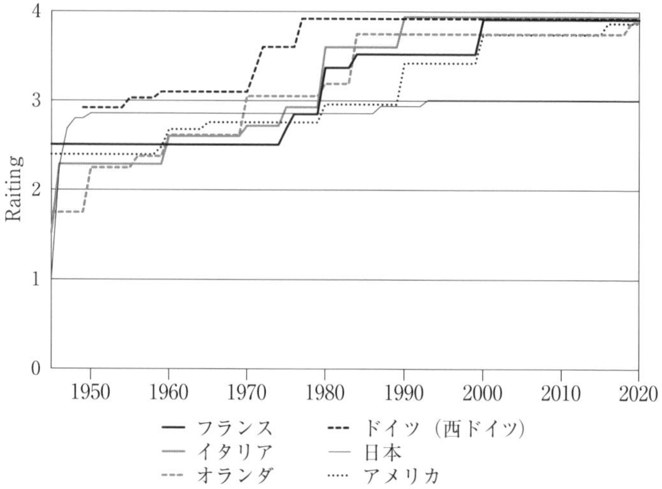

図 3-2　日本とアメリカおよび西欧 4 か国との比較

Highcharts.com | V-Dem data version 11.0

るのは意外な結果ではないだろうか。利谷の指摘はこの国際指標とも合致する。ただし同時に指摘すべきは、1970 年代以降、各国がタイミングこそ異なるものの一段階上の値を得るに至ったのに対して、日本は微増にとどまる点である。日本に男女平等に関する問題があるとして、その起源は 1970 年代以降のトレンドに追随しなかった点にある可能性が示唆される。

では、ヨーロッパ内の多様性はどうか。福祉国家類型論などを意識して 6 か国をとり、その値の推移をグラフ化したものが図 3-3 である。

ここからは、スウェーデンとイギリスが戦後初期の先行者であり、西ドイツがやや遅れてそれに続いていること、これに対してフランス、イタリア、オランダは後れをとっていることが確認できる。同時に、1970 年代から 80 年代にかけて多くの国が変化の時代を迎え、1990 年頃までに高い水準での収斂をみるようになったことがわかるだろう。ジェンダー平等に積極的なヨーロッパという像は、客観的にいえば高々 30 年程度の歴史しか持たないものである。

では、何がいつ頃変わったのだろうか、既存の研究の指摘を簡単にまとめ、論点を示しておこう。アレンは、戦後期にはまず家族や性別役割をめぐる復

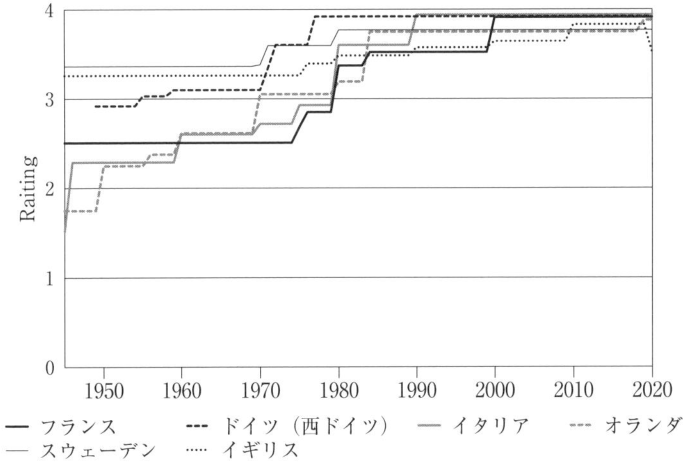

図3–3　ヨーロッパ6か国の比較

Highcharts.com | V-Dem data version 11.0

古の傾向がみられたと指摘する。独裁や戦争を経て、家族が称揚されたのである。ただし同時に、それが単なる過去への回帰ではないことも指摘されている。すなわち戦後期には、「母」というものが、生涯を通じたアイデンティティとしての位置づけから、時間を限定された、しかし集中的な注力を必要とする義務としての位置づけへの変化が進行したとされる（Allen 2005 : ch. 9）。

具体的には、家族法上の変化が戦後期に進む。子供の養育をめぐる家庭内の決定権に関して、それを家長たる夫に持たせる制度が少なからず存在していた。スカンディナヴィア諸国やイギリスではこのような制度はすでに廃止されていたが、西ドイツではこれが憲法裁判決により廃止されるのは1959年になってからである。ただし西ドイツは決して落伍していたわけではない。フランスで同種の規定が廃されるのは1970年、ベルギーでは1974年、イタリアでは1975年であるという（Glendon 1989）。

本章の主題との関係で興味深いのは、経済活動をめぐる役割規定である。フランスでは民法上家長制度が規定されていた。1938年の法改正により、夫婦間における保護・従属義務という規定は削除されたが、実質的な意味には乏しいものだった。というのも、1965年に廃止されるまで、たとえば家庭外で妻が就労するには夫の許可が必要であるという制度が、少なくとも残存していたのである。家長という規定それ自体が削除されるまでには、さらに5年を経た1970年の法改正を待たねばならなかった（Glendon 1989）。

夫婦の財産管理についても、男女の非対称は長く継続していた。西ドイツにおいては、19世紀末に制定された民法典が、夫婦は財産を分離して所有すると定める一方、その管理・利益享受の権利は夫が持つものとされていた。これは憲法の定める平等規定と矛盾するため、憲法は1953年までの改正をあらかじめ要請していたが、立法府はこれに応えなかった。婚姻中の価値増加分を共同財産とする「剰余共同制」により。一応の男女平等が達成するのは1957年である（Glendon 1989）。

以上の概観を通じて、ヨーロッパの状況が日本と比べても「遅れた」状況にあったこと、それが本格的に是正されるのは1970年代に入って以降であること、さらにその改革のプロセスはスムーズなものではなかったことが確認できるであろう。次節では西ドイツの事例に絞って、もうすこし細かい経緯を検討する。

3　西ドイツにおける改革の漸進的進行

伝統的規定の復活

日本と同様、戦後西ドイツにおいても多くの家族関係法制が改革を必要とし、現に改革された。ただし日本と異なるのは、それが戦後期に一挙に行われたのではない点である。

1900年に規定されたドイツ民法の規定は、1938年にナチ党政権の下で新ドイツ婚姻法によって改められた。ドイツが連合国の占領に服すと、1946年2月20日の連合国管理理事会法第16号がこの婚姻法を明示的に廃止し、婚姻の締結や離婚についての手続き的規定を定めた。そして、新たな法的規定が定められた。これは婚姻を国家的・民族政策的な制度としての位置づけから家族法的な契約という性格に戻すものであったが（太田・椿 1958：15）、婚姻中の夫婦の権利について定めるものではなく、旧民法の規定が維持されることになった。すなわち、ワイマール期にも以前維持されていた家父長制的規定は維持されていたのである。たとえば旧民法1354条は、夫に、共同の結婚生活にかかわる事項全般の決定権が与えられ、なかでも居所と住宅の決定は明示的に決定権を持つものとされていた。

オストナーによれば西ドイツの再建は「ナチでもなく東ドイツでもなく」を基本線に行われ、非社会主義的、保守的、コーポラティズム的性格を持ったという（Ostner 1992：88)、家族法にもこれはあてはまるとされる。そのため立法の修正は1949年の連邦共和国成立後の政府と議会に委ねられた。

基本法の負託と政治部門のバックラッシュ

これに対して、1949年に制定された連邦共和国基本法は第3条第2項において「男性と女性は平等の法的権利を有する」と男女の同権を定めていた。この規定の導入に際しては、左右の女性政治家の活動が寄与したことが知られている。ただしこれを即時適用することは法的に大きな困難を生むと考えられたため、基本法第117条第1項は、平等規定に反する立法は改正が行われるまでは従前の通り効力を有するとし、改正は1953年3月31日までに行わなければならないとされた（Rheinstein and Glendon 1978：519)。

しかしこの期間内に、基本法に合致する改正は行われなかった。1949年に成立したアデナウアー（Konrad Adenauer）政権はキリスト教民主同盟を中心に、保守・リベラル系諸政党の連合として成り立ったものだが、法務大臣ポストはリベラル系自由民主党のデーラーに与えられた。彼は家族法規定に特段の関心はなかったようであるが、1953年に設定された期限を前に彼のもとにあった法務省の1952年草案は鈴木禄弥（1954：23）によれば「大体においてきわめて進歩的」であった。しかしこれが内閣レヴェルに送付されると、この間激しいロビー活動を展開していたカトリック教会の影響が作用することになる。アデナウアーは、カトリック教会の意を汲んでより復古的な草案に変更させたものを議会審議にかけることとする。これに対しては、社民党や共産党が反対に回るのはもちろん、与党である自民党も抵抗した。

そのため、1953年に設定された期限の前に、基本法の要請に対応する立法を行うことはできなかったのである（Ruhl 1994）。

議会では、基本法の規定自体が、議会の独立を侵害する点で基本法に反しているという主張も示された。同条に基づいて婚姻法や家族法の本質的部分が廃止されて真空状態が生じたならば、法的安定性や権力分立という、より上位の原則に抵触し、それを回避するために裁判所が自ら新たな法を発見するのであれば、それは民主的法治国家における権力分立への抵触となるというものである。また憲法上の規定は政治的宣言にとどまるとの判断も通常裁判所下級審では示されていた（川井 1957：741）。

しかし、まず連邦通常裁判所は1953年7月14日にオルデンブルク高等裁判所からの上告に対して、期日をもって平等規定に反する民法条項は無効になるとの判断を示した。そのなかで連邦裁はこの判断を肯定する学説が多数あることを列挙して示すとともに、基本法の個別の文言を超えた超実定的な憲法原則に基づいて判断を下すことを1951年の判決で連邦憲法裁判所が肯定したこと、またそのような憲法原則の一部に民主主義が数えられ、権力分立への言及もみられるものの、分立の多様な形態があることが言及されていることを引用して、裁判所が空白状態を埋めることを肯定したのである（BGH, 14.07.1953–V ZR 97/52）。

さらに連邦憲法裁判所は1953年12月の判決において、基本法第3条第2項は、一般的な平等原理を具体化する真正の法規範であり、基本法の定めた経過期間をこえた場合、男女は結婚と家族の領域においても平等であると判示した。これにより生じた法の欠缺は裁判所が解釈によって埋めることとなった。問題を憲法裁判所に送付したフランクフルト高等裁判所OLGが、憲法117条第1項の規定は家族法や婚姻法について制憲者に与えられた限界をこえているとし、法の安定性の観点から効力を否定したのに対して、連邦憲法裁は効力を認めた。憲法を制定した議会評議会が特定の期日を定めていることに加え、第3条第2項は一般的ではあるものの直接に適用することが可能な真正の法規範であると認めたのである（BVerfGE 3, 225, 18.12.1953）。

1957年同権化法と司法のさらなる介入

これにより、旧法が憲法違反とされ、裁判所が固有の判断で問題を処理する期間が生まれた。1953年に大勝したアデナウアー政権はあらためて立法に取り掛かり、ようやく1957年に立法にこぎつけた。しかしその立法ですら連邦憲法裁判所の違憲判決に直面することになったのである（Ruhl 1994）。

実際、同改正は同権化要請に応ずるものであるが、その過程は過去との強い連続性の下に開始された。たとえば旧民法1354条は上述の通り、婚姻生活に関する夫の決定権を規定していた。そしてこの規定は、政府原案においては維持されていた。1952年10月23日付の政府の第一草案は、妻の意見を考慮することを命じつつも夫に婚姻上の共同生活全般に関する最終決定権限を持たせようとし、1953年12月18日付の第二草案も、家族の福祉に反しないという制約を前面に出しつつも、以前父親の権限を維持していた。そして原則として家族の保持者かつ扶養者であることは夫の機能であると位置づけることで、この規定は基本法に適合するものと主張された。この規定は議会審議のなかでようやく削除されたものであり、委員会では8対7、本会議では186対172（棄権6）での僅差の可決であった（太田・椿 1958：25–26）。

ただし、いくつかの事項については、依然として父親の決定権が残存していた。子の監護に関して父母の意見が異なったときに父親が決定権を持つことを初めて明示的に定め（民法1628条）、父の身が子の代理人となれるとした（民法1629条）。この法制化は、子の養育に際して両親の明確な決定が必要であること、そして夫と妻の間には生物学的・機能的相違があることによって根拠づけられた（Frank 1990）。これは上述のような旧民法1354条における夫の決定権や1626条で子の監護について夫の決定権があったものを改めたものであるが、男性の優越性というよりも、決定が難しい状況で国家が介入せざるを得ないことを回避したものとされる（Giesen 1978：528–529）。生物学的・機能的相違が、憲法上の平等規定にもかかわらず異なった取り扱いを維持するためのキーフレーズであった。

妻の稼得労働についても同様の連続性がみられる。旧民法1356条は夫に稼得活動義務を、妻に、夫の決定の下で家事を処理する義務を割り当てていいた。政府第一草案は、この分業は自然な職務分担から生じるので明文規定事態が不要であるとした。第二草案は、不要ではあるが重要性を考慮して明文で規定するという立場をとったうえで、妻が家事をその責任において行うこと、また婚姻及び家における義務と合致する限りにおいて稼得活動を行う権利を持つ旨を規定した。この規定がそのまま新法には取り入れられており、ここでは夫の同意がない限り妻が家庭外での稼得活動につけないことになっている。このような立場は学説の大多数が認めるところであったという（川井 1957：746）。その一方で、妻には「鍵の権利（Schlüsselgawalt）」があるとされ、妻の日常家事代理権が定められる一方、夫はそのような権利を持たないとされていた（太田・椿 1958：28–29）。これは「機能的な同権」の考え方から導かれる帰結である。

このように夫が家長として独占的に権限を持つという考えは否定されたものの、それにかわり憲法上の同権規定と合致するものとして、夫と妻の活動領域（機能）を明確に区分するという、新たな性別役割の定義が行われたのである。当時の学界においては、男女平等について何らの取り扱い差別が許されないとする立場、自然的・生物学的な相違に起因する機能的相違を考慮すべきでありそのことは西洋的文化の伝統に合致するという立場、そして婚姻と家族が国家秩序の特別な保護の下に立つと定めた基本法第 6 条を根拠として伝統的な婚姻・家族を維持しようとする立場の三つがあり、第一の立場は少数派であったという（川井 1957：741–742）。

この立法は連邦憲法裁判所の容れるところとはならなかった、1959 年 7 月 29 日の判決で、ドイツ連邦憲法裁判所はこの改正法を憲法違反であり無効と判示した（BVerfGE 10, 59 vom 29. Juli 1959）。裁判において法務省は、基本法第 3 条第 2 項の命ずる区別の禁止は、男女の客観的な生物学的または機能的な相違に鑑みた、異なる法的規律を許容していると主張した。加えて、同権化法の施行前に、連邦裁判所が父親の身に代理を認める旧法の規定を無効として両親がともに代理することが命じられていると解していたことは、立法に際しての制約とはならず、立法者のみが基本法の枠の中で価値基準を設定する権能を持つとした。さらに基本法第 6 条第 1 項がキリスト教的・西洋的な特徴を持つ婚姻と家族を守るものとして解され、この価値を実現するための立法を第3条第2項が妨げるものではないと主張した。

このような主張にもかかわらず裁判所は無効を判示した。これを根拠づけるために裁判所は基本法同条文の成立史を根拠としたほか、旧民法が無効になった1953年からの実務をも根拠とした。また1953年12月18日判決で憲法裁判所が、「客観的な生物学的または機能的相違」を基礎とした異なる取り扱いが許容され得るとしたことを政府が根拠としたことについては、そこで許容される取り扱いとは同権化の実現のための要請を当然の前提とするものに限られるとし、妊娠中の女性の取り扱いなどをあらためてその事例として取り上げた。加えて「客観的」な生物学的相違が決定的に影響を及ぼす場合にのみ限られるとするなど、適用範囲は限定されるべきことを明示した。さらに「家族の一体性」といった価値決定によって同権化の要請が後退すべきものではないともした。

なお、司法部門が一致してこのような立場をとっていたわけではない。連邦通常裁判所民事第四部は、離婚に関する婚姻法の解釈において、カトリック自然法的な立場に立ち、明文にない「婚姻の非解消性」という原則を貫こうとし、これが破られてよいのは婚姻を不可能とする極限状況に陥ったときのみである、という判断を示していた（ミュラー・フライエンフェルス 1978: 70–71）。

このような西ドイツ政府の姿勢は、同国が特段に家父長制的であったがゆえということではない。フランスにおいてはナポレオン法典以来、夫婦の共通財産について夫が管理権や処分権を持つのはもちろん、妻の固有財産についても夫に管理権が認められていた。この規定の改正は1938年に妻の無能力が廃止されたのを経て、ようやく1959年代末に具体化をみることになるが、当初提案された政府案は、夫婦の間に格差を設ける制度を温存していた。すなわち、法律専門家からなる民法典改正委員会の原案は、妻の固有財産に対する夫の管理権を温存していたのである。議会ではこの点を含めて激しい議論が交わされたが、1961年7月に妻の固有財産の管理権を妻に認める修正がようやく多数を得た（ただし共通財産は依然として夫が管理権と処分権を持つ）。しかしこの決定ですら、政府が法案を撤回したことによって一旦は無に帰したのである。結局1965年の法改正によりこの点は実現されることになる。この改正に際しても依然として共通財産制は維持されている。1965年7月13日の法律により夫婦財産制は改革された。夫婦のそれぞれが家事費用の負担を条件に自分の利得と賃金を受け取り自由に処分できるとされた。また同法において、フランスにおいても妻が夫の同意なしに職業に従事することが可能になった。ただし夫婦が共通財産に対してともに管理権を持つようになるのは、1985年改正を待たねばならなかった（松本 2019–2023）。

1970年代における「遅ればせの男女同権化」

このように、家族法の分野での男女平等が実現し始めるのは1970年代以降である。西ドイツの場合、1969年に成立したブラント（Willy Brandt）社会民主党・自由民主党政権の成立が強い追い風となった、同首相は「より多くの民主主義を」と施政方針演説（Bundestag Plenarprotokoll, 6/5, 28.10.1969, 20–34）で述べたことでも知られているが、同演説では婚姻法改正に取り組む意思も示していた。専門家委員会を設置しその勧告に基づいて、改革法を提案するというものである。その際ブラントは「世界観における相違が、治癒しがたいほどに破綻した婚姻のなかにある人々の困難を取り除くための解決策を探すうえでの妨げとなってはならない」（Ibid., 26）と述べ、キリスト教民主同盟／社会同盟をけん制した。

司法省に設けられた専門家委員会は1970年5月には提案を司法大臣に提出し、7月には司法省案が明らかにされた、これを踏まえて1971年9月には婚姻の効果、離婚、離婚の効果についての「婚姻法及び家族法改正のための第一法律草案」を、ついで1972年5月には家事事件に関する管轄と手続きについての「第二法律草案」を提出したが、法律化には至らなかった（宮井 1974：88）。政局が不安定化し1972年11月には繰り上げ総選挙が行われることとなったためである[4]。

1972年の選挙で与党は勝利し、野党との議席差を35議席に拡大してブラント政権が継続されることとなった。1973年4月にはあらためて婚姻法及び家族法の改正法案が提出された。この法案においては、依然として男女の同権を機能的平等とする立場が維持されつつ、主婦婚を前提として認められていた「鍵の権力」規定が廃止され、婚姻後の氏についても夫の氏が原則とされていたところ、夫婦いずれかの氏または複合氏を認めるなどの改正が提案されていた（宮井 1974：89, 93–94）。しかし審議には時間を要し、最終的には1976年6月に改正法は成立することとなった。法案提出時に担当大臣は「本法案の目的は、パートナーシップ原則に対応する婚姻法の制定である」（Bundestag Plenarprotokoll, 7/ 40, 8.6.1973, 2226）と述べたが、基本法制定後25年以上を経てようやく大きな変化が生まれたのである。ある日本の法学者は、「男女の「機能的平等」という立場をとりつつも、主婦婚を原則とすることがもはや時代遅れであるとの認識に立って、改正に踏み切ったといえるだろう」と評している（宮井 1977：129）。

この改正においては、男女で扱いの違いが残った稼得行為の扱いも改正された。1957年同権化法は、夫と妻の双方に家庭を維持する義務を課したものの、これにより改正された民法1356条第1項は「妻は家事を自らの責任において遂行する。婚姻と家庭における自らの義務と両立する限りにおいてのみ、妻は稼得労働につきうる」と、依然として妻がもっぱら家庭の維持をこととする旨を規定していた（旧1356条）。妻が稼得労働を行いうるのは、家庭維持の義務と両立限りでのものだった。これが1976年6月14日の家族法改正によって改められ、「夫婦の双方に稼得労働に就くことが認められる。稼得労働の選択やその遂行に際しては、夫婦のもう一方や家族の利益を考慮することとする」と明文で双方に家庭外での稼得労働を認めることになった。ある西ドイツの法学者は「今回初めて……いわゆる共働き婚への譲歩がなされた」と評している（ミュラー・フライエンフェルス 1978：65）。また1980年代のある概説書は、単独稼働婚、共稼ぎ婚、附加稼働婚の3種を区別しつつ、本改正によって法定のモデルを作ることが断念され、機能分担に関するルールの形成が夫婦に委ねられたと説明している（シュヴァーブ 1986：66–67）。

同権化の中の男性稼ぎ手モデル制度化

しかし興味深いのは、この段階でもなお別の形で従来の「主婦婚」の考え方が存続していることである。1979年には「母親」のみに育児休暇が追加されることとなった。これを立法したのもブラント政権と同様に社民党と自民党からなるシュミット（Helmut Schmidt）政権である。これは産後休暇に続いて4か月の母親休暇と部分的な所得補償を与えるものである。この法案は1979年1月にまず連邦参議院へ、次いで3月には連邦議会に政府案が提出された（Bundesrat Drucksache 4/79 ; Bundestag-Drucksache 08/2613, 5. 3. 1979）。連邦議会では5月10日に法案が賛成多数で議決され、連邦参議院も6月22日に連邦議会で議決された法案を承認することとなった（Bundesrat Plenarprotokoll, 22. 6. 1979, 162–167）。

ここで議論の焦点となった事項の一つは、女性の「選択の自由」、すなわち子どもを持ちながら働くか主婦となるかは（女性によって）自由に選択されるべきである、という論点である。育児休暇をめぐる問題は連邦議会で与党会派から子ども手当の拡充法案という形で提案された。同法案の審議は1978年9月20日の連邦議会本会議で始まったが、提案者の説明に対して野党キリスト教民主同盟の議員（Erna-Maria Geier）は、「就業している女性に関する母性保護という観点からは確かに絶対的な進歩といえるかもしれないが、同時にこれは、すでに子供を持ち子供の養育と家事のために職業活動を断念した女性たちを、絶対的に不利に陥らせるものである……われわれは女性の個人としての決定の自由についてのみ論じるべきではない……すべての女性に選択の自由を与えようではないか」と、法案を批判し、すべての女性を対象とする母性手当もしくは養育手当の支給を提案した（Bundestag Plenarprotokoll, 8/103, 20. 9. 1978, 8165）。ここでは「女性の選択の自由」という鍵概念が明確に前面に出されている。

一方、与党・政府側にはもう一つの論点があった。育児休暇を女性限定とするか否かである。閣議では7月28日にこの問題が議論され、母親に限定するという方針が合意されていた。子ども手当の拡充法案の連邦議会での議論に先立つ9月6日には、シュミット首相が、閣僚全員に対して公的発言においてその線を踏襲するようあらためて注意を喚起している（Kabinettsprotokolle der Budesregieung, 6. 9. 1978）。この点についての社民党議員からの質問に対して、政務次官は「利用可能な予算が相対的に少ないため、現状では母親休暇を両親休暇または養育手当にまで拡大する余裕はない」（Bundestag

Plenarprotokolle, 8/ 111, 19. 10. 1978, 8740）と説明している。しかし母親休暇の政府案審議開始後も、なおこの論点は継続していた。連邦参議院からは法案に対して、両親休暇導入の可能性を検討するよう意見が付された（Bundestag Drucksache, 8/2613, 8. 3. 1979, Anlage 2）。

このように、左右双方から変更の対案が出されるなかで結果として、現在の視点からは女性の就労に対してマイナスの効果を持つと評価されやすい、女性限定の休業制度の拡大が成立したのである（BGBl 1979, Nr. 32, 30.6.1979, 797-802）。与野党対立法案であったことから連邦議会での採決は記名で行われた。まず稼得労働を行っていない女性に家族手当を支給する条文を追加するキリ民党提案（Bundestag Drucksache 8/2828, 9. 5. 1979）が186対210で否決され（キリ民党からも2名の反対）、ついで法案全体が268対126で可決された。賛成には60名のキリ民党議員を含む一方、後にドイツ初めての女性州首相となるジモーニス（Heide Simonis）社民党議員が棄権に回っていることに、この法案の性格は表現されている。

連邦議会労働社会委員会では法案が支持されたものの、「母親または父親のどちらが子供の養育のために稼得活動を中断するか、あるいは両親がともに稼得活動を時間的に限定するかを自由に決定できること」が保障されるべきであるという内容を含む決議が付されていた（Bundestag Drucksache 8/2797, 2. 5. 1979, 3）。連邦参議院の最終審議においてもこの点が参照され合意が図られている。連邦参議院での最初の審議の後に閣議で改めて母親に限定することが確認されているように、与党内でも論争は残っていたのである（Kabinettsprotokolle der Budesregieung,14. 2. 1979）。

またすでにふれたように家事日休暇（Hausarbeitstag）規定は州レヴェル立法によって依然として存続していた、しかもこの規定は東ドイツにも共通して存在したものであることがさらに興味深い（Sachse 2002）。男女に別の役割を割り当てるための制度化は、この新しい段階においては、家族法上の規定とは別の次元で実現されることになったのである。そして1982年の政権交代によって、保守・中道政権が成立することにより、この「選択の自由」論が西ドイツの家族政策を特徴づけ、女性の就労を限定するための公的言説として維持されることになる（ベック＝ゲルンスハイム 1992：211-214）[5)]。

このように、男女の形式的平等の実現と、性別役割分業を法制的に支える社会政策の制度化がこの時期には共存していたのである。

4 ECレヴェルの展開と西ドイツへのインパクト

しかしこのような動きに対し、国内の社会的圧力以外からも、変容を迫る動きが生じていた。それはECにおける政策の進展である[6)]。

ヨーロッパ経済共同体を設立する1957年のローマ条約は労働条件と生活水準の向上という目的を掲げ、上方への調和化を目標として掲げた。とはいえ実際にはほとんどの社会政策的領域は加盟国権限にとどめられたが、例外として共同体の権限に含まれたのが男女賃金平等規定（119条）であり、そこで同じ仕事への賃金率は同一にすることが定められた。

この条文に基づく進展は1960年代まで全くみられなかったが、1970年代には徐々に動きがみられるようになる、1975年の国際女性年を前に、1974年1月7日の理事会では、男女平等化政策の推進がうたわれた。これをうけて1975年以降、いくつかの指令が制定される。すなわち1975年の男女同一賃金指令Directive 75/117、1976年の雇用や職業訓練へのアクセスなどにおける男女平等待遇指令Directive 76/20717、1978年の社会保障における男女平等待遇指令Directive 79/7である。

男女同一賃金指令は、条約119条が規定した同一労働同一賃金原則を発展させたものと解されている。黒岩洋子（2019：17–18）によれば、同一労働という条約上の文言を超えて、同一価値労働に対する同一賃金であることが明確にされた点や、性に基づくあらゆる差別の撤廃がこの原則の目的であると位置づけたことが重要である。第一の点はILO第100号条約などですでに示されていた理解であり、これによりECの規範水準がILO水準に引き上げられるという意味を持つ。第二の点により、この指令は広く賃金に関する性差別事案一般に適用可能となった。さらに、本指令においては、アメリカの1971年最高裁判決を嚆矢とする、間接差別を禁止する法理が取り入れられ、明文化されていることも重要である（同：59）。

これに加えて大きなインパクトを持ったのは欧州裁判所（ECJ：European

Court of Jusitice）の判決である。1976年に下されたいわゆるドゥフレンヌ判決（より詳細にはDefrenne II判決）は条約第119条の賃金平等規定が民間使用者へも適用されることを認めた（政府を義務づけるだけではない）。そのうえで、民間航空会社（サベナ航空）の女性客室乗務員の男性よりも低い定年は年金受給権の減少をもたらし条約違反だとしたのである。これは第一に、民間会社への条約適用（水平的直接効果）を肯定したという点で画期的であった。しかも第二に、これは原告客室乗務員と被告航空会社のいずれもベルギー籍であるという点で国内の事案であり、そのような案件にもEC法規範が適用されるという点に大きな意味があった。この画期的な判決は、名称から想像されるように一連の事件の一部であった。原告ドゥフレンヌ（Gabrielle Deferenne）は第一事件では、女性客室乗務員を航空乗務員用の年金制度から除外するベルギー王令の廃止訴訟を提起した。しかしECJは条約第119条は “pay” に適用されるものであって、社会保障は対象外であると、訴えを退ける。これを踏まえて給与差別と契約終了時の補償に絞ったのが第二事件であり、成功裏に1976年4月8日の判決をうけることとなった。

ドゥフレンヌ事件の法務官意見は1971年4月に示された。そのなかで法務官は、本件が第119条に関する最初の裁判例であることから、この119条の目的を明らかにすることが必要であるとし、同条が二重の目的を持つと論じた。すなわち社会的ダンピングの防止という経済的目的と並んで、ILO条約によって示した社会的原則を加盟国が受け入れたからこそ、第119条に関する合意が成り立ったのだと論じた。そして117条や118条とはことなり、単に政策の接近を目標として掲げているのではなく、加盟国に直接の義務を課しているのだとした、そのうえでこの二重の目的という性格から、本条の対象範囲の限定を行っていくのである。そして結果的には、一般的な枠組みからの退職年金は含まれないと主張した（ECLI：EU：C：1971：43）。5月に示された判決は、この法務官意見を引き継ぎ、この退職年金が第119条の “pay” には含まれないとすることで、問題を処理した。なお、委員会もこの点については同様の立場をとっていた（ECLI：EU：C：1971：55）。

ただし法務官意見では、第119条の直接効果の主張に重点がおかれていたことが重要である。男女の処遇平等という根本的な原則が厳格に遵守されるべきであるという立場をとるがゆえに、社会保障の領域にまで侵入するこの問題にまで対象を広げることで、「装飾物のために原則を犠牲にするリスクが多くの場合に生まれる」と論じている点である。

これに続くドゥフレンヌ第二事件では1963年2月から1966年2月までに支払われた給与額が同等の男性乗務員よりも少ないという主張をもとに差別が争われた。この問題を担当した法務官は、1962年から1972年まで10年間欧州裁判所の判事を務めたイタリア出身のトラブッキ（Alberto Trabucchi）であった。1962年春にフランス出身のルクール（Robert Lecourt）とトラブッキが判事に着任したことが判事の間の意見のバランスをかえ、有名な *Van Gend en Loos* 判決につながったことが知られている。トラブッキとルクールが覚書を執筆して直接効果擁護の論陣を張り、イタリア出身のもう一人の判事とベルギー出身の判事の同調を得て、4対3で西ドイツ、オランダ、ルクセンブルク出身の判事を押し切り判旨が決定されたのである（Rasmussen 2014：148–154）。

このトラブッキの法務官意見は1972年にパリで行われたEEC首脳会談において、社会的次元の強化が合意されたことへの言及で始まる。そのうえで、第一事件の法務官意見に示された立場をあらためて確認し、EEC条約第119条は1951年に調印されたILO第100号条約を「ヨーロッパ風に翻訳したもの」であると位置づけ、現在では第100号条約をすべての加盟国が批准していることを確認する。そして、国家への義務づけが明確かつ無条件になされており、実質的な裁量が加盟国に与えられていないのであれば直接効果があるという解釈を、「当裁判所の前例」であるとする。問題はこの直接効果の適用範囲である。トラブッキは、アイルランド政府から示された、もしこれが政府のみを縛るものであれば公務員と民間被用者の間に新たな差別が生じるという見解に言及しつつ、名宛人が国家であるような条項であっても、一定の条件の下においては、各国裁判所が守るべき個人の権利を構成すると論じた。そのうえで、同条はいかなる形であれ男女の待遇差別を禁止することにあり、その待遇が政府により定められたものであるかそうでないかにはかかわらないとし、第119条の直接効果に加え、私人間の雇用契約への適用（第三者効果）も認めるのである（ECLI：EU：C：1976：39）。

ここで注目されるのは、トラブッキが労働協約に言及している点である。民間雇用契約への適用があることを述べるなかでは、「集団労働協約や個人労働契約の締結が労働組合や個人に委ねられている領域においても」と、差別を含んだ労働協約が対象となることが明示的に述べられる。これは、問題となる雇用契約が、1963年3月にサベナ航空と労働組合が結んだ労働協約を前提としていたためである。

このようにトラブッキ意見は、ILO第100号条約や各国法における男女平等規定の浸透、さらにはパリ首脳会談での首脳声明などから男女平等は各国に定着した法的規範であり新しいものではないとの文脈を設定し、それはECが守るべき加盟国共通の法の一般原則に含まれる基本権とする。そこに彼自身が確立に寄与した直接効果論を組み合わせることで、第119条の直接効果と第三者適用を主張したのである。

これに対してイギリス政府とアイルランド政府は、第119条は十分に明確ではないとしたほか、その実際上の影響をあげ、直接効果を否定するよう求めた。ここで興味深いのは、欧州委員会が、直接効果を否定する意見書を提出していたことである。委員会は、この条文は加盟国政府を義務づける効果しか持たないものであり、加盟国政府公務員には男女平等禁止が直接に適用されるとしても、民間企業被用者には適用がないという立場をとっていたのである（ECLI：EU：C：1976：56）。

判決は、直接効果と第三者適用を肯定するものだった（Ibid.）。これに加えて委員会に対しては、加盟国に対する義務不履行制裁手続きを開始していなかったことを指摘し、そのことが「第119条の効果に関する正しくない印象を定着させることにつながった」と批判した（para. 73）。また、個別労働契約のみならず集団的労働協約にも適用があることも明示された（para. 39）。さらに本判決では、条文では明確ではなかった同一労働の解釈について、ILO第100号条約第2条に基づいて、「同一価値労働」を意味するものであることも明確化されていた（para. 20）。

これに続くドゥフレンヌⅢ事件では男女別退職年齢規定が問題とされ、欧州裁判所は第119条の適用範囲を否定した。これはすでに述べたような判断を組み合わせたものであった。第119条が直接効果を持つこと、基本権擁護がEC法の一般原則を構成し（para. 26)、性差別は禁止は基本権の一部をなすこと（para. 27)、そして第119条を拡張することで直接効果自体が危うくなることは回避すべきこと（para. 23)、である。

このように、ドゥフレンヌ判決をもたらしたのは、ヨーロッパ社会の変容トレンドを背景として、直接効果や基本権保障といった、いわば「出来立て」のEC法の原理を確保しようとする司法部門の積極的態度であった。ドゥフレンヌIIにおいて欧州委員会は慎重な立場をとっていたことも注目される。欧州裁判所は独自の判断で大きな一歩を踏み出したのである[7]。

なおこれに加えて、本訴訟がアメリカなどでよくみられる戦略的訴訟の結果という側面があることも注目される。この立役者となったのがヴォジェル＝ポルスキー（Éliane Vogel-Polsky）という法学者である[8]。彼女は第一次大戦後にベルギーに逃れてきたロシア系ユダヤ人の家庭に生まれる、1950年にブリュッセル自由大学で法学博士号を取得すると、社会党議員の事務所で働き始め、1953年に法廷弁護士としての資格を得て1969年まで活動する。その傍ら、1955年にブリュッセル自由大学に設立された労働研究機構で再び学び始め1958に労働の法と社会学のコースを修了すると、教えをうけた政治家が大臣として設立した全国労働法社会学研究センターで働くようになった。その後1975年に同大学の社会法講座担当となり3年後にテニュアを獲得する。彼女は早期からEC条約第119条に注目しており、自動執行的（直接効）であると1960年代末から主張していた。そしてその主張を具現化させるためのケースを探していたのである。そんなヴォジェル＝ポルスキにとってドゥフレンヌ氏の案件は好適であった。

彼女はこの後もジェンダー政策関係の専門家としてEUの政策コミュニティにおいて関与し続ける。これはEUにおいてしばしばみられる、「立場をかえて同じ人物が継続的に政策関与する」顕著な事例であるといえるだろう（網谷 2008)。また、三つの事件を通じて欧州裁判所の立場が確立されていく過程において、ドゥフレンヌ側は「前判決で確立された内容」を確認したうえで「本事件での新たな主張」を提示するものとなっており、いわば裁判所側と原告側の応答のなかで規範の射程が定まっていったかのようでもある。このようなEC法関係者のコミュニティないしはネットワークが、初期のEC法規範の確立に作用していたことは近年の研究が指摘する点でもある[9)]。

ここでECレヴェルに導入された「男女差別の禁止」に関するアプローチは大きな意味を持つことになる。西原博史（2003）の法学的な分析によれば、ECはこの後も権利志向アプローチに基づいた政策や判断を示すのに対して、西ドイツではながらく「平等志向アプローチ」と西原が呼ぶアプローチが中心であった。ここでいう平等とは「同じものは同じく、異なるものにはことなる」扱いをするという意味である。この点で欧州裁判所と西ドイツの裁判所の間には長らく緊張関係が存在していたが、1990年代以降、ドイツの裁判所側がECのアプローチに接近していったという。それによって男女平等化はさらに進展するのである。

5　ドイツへのインパクト

この判決に対するドイツ側の反応は、少なくとも表面に現れる限りでは鈍かった。ドイツ連邦議会では、与党である社民党の女性議員が、同判決のドイツに対するインパクトを1977年3月に質問している（Bundestag Drucksache, 8/206, 18.3.77, 16）。これに対する政府側の反応は、淡白なものであった。答弁に立った労働社会省政務次官は、ドゥフレンヌ判決はなんら新たな法的状態をドイツにもたらすものではないとの認識を示した。男女の同一労働同一賃金の原則は、ドイツにおいてすでに実現されているというのである。そして、基本法第3条及び経営組織法第75条により女性被用者の不利取り扱いは禁止されており、出訴が可能になっていることによってこの原則が厳格に守られていることは担保されていると答弁した。これに加えて、同次官は、この原則は労働協約においても実現されているとした。ただし、「下位の賃金グループの存在が、同価値の労働にもかかわらず女性に対して隠れた差別がなされることにつながっている」かについては様々な意見があるとし、この点についてはすでに行われた調査の結果を実践に移すことについて労使が話し合っていることを指摘した（Bundestag Protokoll, 8./21, 24. 3.1977, 1377–1378）。

ドイツにおける女性の稼得労働上の平等の問題が議会において論じられ始めたのは1962年である。社会民主党は、政府が職業、家庭、社会における女性の地位についての報告書を提示するよう求める議案を連邦議会に提出した（Bundestag Drucksache 4/837, 11.12.1962）。これに対して与党キリ民党議員団から修正提案が提示されたのち、1964年12月には報告書提出を要請する決議がなされた（Bundestag Drucksache, 4/2771, 9.12.1964）。

その後1966年7月には欧州議会議長から、同議会の6月29日付決議が通知された。その決議は、EEC条約第119条のすみやかな履行を要請するとともに、欧州委員会に毎年履行状況についての調査報告を行うよう求めるものだった（Bundestag Drucksache 5/817, 1.7.1966）。そのなかでは労使に対しても、労働協約の締結に際して、単に形式的にのみならず実質的にも男女の平等を確保するよう求め、業務の記述や基準を通じて男女の不平等な待遇がうまれないよう要請されていた。

このような背景の下、1964年12月決議をうけて女性の状況について初めての具体的な報告がなされたのが1966年9月であった。そのなかではEEC条約第119条の実行について、「男女同一待遇の段階的な実施という目的にあたっては、男女で異なる賃金グループを作ることや評価に際して異なる基準を用いること……そしてより一般的に性の相違を基礎として男女の待遇が異なることが労働協約、賃金表、賃金協定に持ち込まれることを回避しなければならない」（Bundestag Drucksache, 5/909, 14.9.1966, 81–82）とされていた。すなわち、基本的には労使が解決すべき問題とされていたのである。

ドイツにおいてはここに大きな障壁が存在することになる。それを示すのが1966年11月30日付の連邦議会労働委員会からの提案である。欧州議会からの通知を送付された同委員会は、問題を検討した結果、「社会パートナーの労働協約高権に介入することは許容されていないことがあきらかになった」とする。それゆえ提案された決議の内容は、社会パートナーに対し「この欧州議会のアピールを今後顧慮する」ことを、連邦政府に対しては「登録のためまたは全般的拘束力宣言付与のために政府に対して提出された労働協約について、基本法第3条との合致をチェックするとともに、懸念がある場合には、疑問のある条項についてその旨を社会パートナーに指摘し、変更するよう働きかける」こと、そして状況報告を2年ごとに行うことを求めるものだった（Bundestag Drucksache V/1177, 30.11.1966）。この提案は、反対1票のみで可決された（Bundestag Plenarprotokoll, 5/78, 8. 12.1966, 3621）。この段階では、いわゆる「協約自治（Tarifautonomie）」に基づいて、労使の自主的問題解決に委ねるほかないという認識が強かったことが示されている。

この決議に基づいた初めての報告は、1969年1月22日に提出されている（Bundestag Drucksache, 5/3782, 22.1.1969）。この報告では、「軽賃金グループ」が男女差別を内包しているという労働総同盟（DGB）の主張を紹介しつつ、そこに生じる賃金格差が実際の価値の差を表すものかどうかは断定できないとし、労働総同盟の主張を容れて検討委員会を作ることが提案されていた。2年後の1971年1月の報告書においても、軽賃金グループをめぐる労使の見解の相違が埋められていないことが報告されている（Bundestag Drucksache, 6/1702, 11.1.1971）。さらに1973年の報告書では、進展が小さいことが述べられつつも、あらためて「まず述べておくべきは、協約当事者の間で論争のある軽賃金グループ問題は、当事者自らが協約自治の枠の中においてのみ実効的かつ最終的に解決しうるということである」と、国家の関与する立法・行政・司法上の手段による解決が予定されていないことが示された。政府はまた、この問題に関する調査も進んでいないことに遺憾の意を示していた（Bundestag Drucksache, 7/90, 31.1.1973）。1972年選挙での勝利を受けて中道左派政権の地盤が確固たるものになった段階でも、この問題に関する姿勢はかわっていないのである。このアプローチでの取り組みは手詰まりに陥っていた（Bundestag Drucksache, 7/3267, 25.2.1975；8/547, 3.6.1977）。

そのなかで、1973年にはECレヴェルで条約第119条の実施のための男女同一賃金指令（Directive 75/117）の議論が始まる（Bundestag Drucksache, 7/1451, 14.12.1973）。これに対して連邦議会は、労働社会委員会での審議結果（Bundestag Drucksache, 7/2253, 11.6.1974）に基づく議決が全会一致で採択された。その中では指令の条約上の根拠を「共通市場の設立や機能に直接に作用する」領域での法の平準化を定めた第100条とすることによって、「EEC条約が要請するものではなく、望ましくもない労働法の領域における平準化措置をさらに可能にする」ことが懸念として示されるとともに、「第6条は、フランス法の状況を反映したものであり、さらには経営の監視のための国家行政による措置を要請している点で、ドイツの法体系、とりわけ協約自治とは両立しない」とされており、協約自治問題がいかに大きなハードルであったかが示されている。理事会での審議の結果、指令の条約上の根拠の変更は、他の加盟国の賛同を得られず失敗に終わった。しかし第4条から第6条は協約自治と両立する内容に修正することができたというのが連邦政府の自己評価であった（Bundestag Drucksache, 7/3267, 25.2.1975）。第6条には「各国の状況や法体系に沿って」という表現が盛り込まれている（OJ, L 45, 19. 2. 1975, 19）。

この1975年の男女同一賃金指令に加え、ECは1976年の雇用や職業訓練へのアクセスなどにおける男女平等待遇指令（Directive 76/207）、1978年の社会保障における男女平等待遇指令（Directive 79/7）を制定する。これらは西ドイツにも立法対応を迫るものだった。

これをうけて1980年8月には通称「労働法EC適応化法（Arbeitsrechtliches EG-Anpassungsgesetz)」と呼ばれる男女平等取り扱い方が制定された。その名称はこの規定の由来を示している。労働法においても、基本法第3条の定める男女平等規定の適用が問題となっていた。個々の労働契約が基本法のこの規定に拘束されるのかどうかという基本権の第三者効力の問題であった。この問題については連邦労働裁判所長官が早くからこれを肯定する見解を示していたものの、学説においては憲法学を中心に否定する見解が多かったという（村中 1983：49）。

1980年法の意義は立法によってこの問題を解決することにあった。民法611条に続いて611a条を追加し、男女の労働法上の差別取り扱いを禁止し、ごく限られた場合にのみ例外的に承認するものとしたほか、611b条は男女別の求人を禁止した。そして612条の改正においては、第3項で男女の差別待遇禁止が追加された。「同一の、または同一価値の労働に対して、被用者の性を理由として、より少ない支払いを契約してはならない」とされた（BGBl 1980, Nr. 48, 20.8.1980, 1308–1309）。これにより、採用を含めた個別的労働関係において、性を理由とするすべての差別が法律上否認されることとなった。従来は差別禁止の対象となっていなかった解約告知などにも対象が拡大されたことも指摘されている、とくに採用については契約自由原則が貫徹していたためその変化の意義は強調されている（村中 1983：51）。

他方で、男女の同一賃金規定に関しては課題も残されていた。1980年法の規定する同価値性の判断基準は、すでにそれ以前から論点となってはいたが本法では具体化されることはなく、政府の提案理由においても詳述は行われていない。男女同一賃金指令は第1条において「職務格付けシステムが賃金の決定に用いられる場合には、そのシステムは男女で同一の基準に基づかなければならず、性に基づいたいかなる差別も排除されるように作られなければならない」と明文で定めていたが、1980年法はこの軽作業賃金グループの問題には触れずに終わっていた（村中 1983：53）。

実際審議の過程では、より広範な反差別法の制定という論点も提示されていた。1979年5月の審議では与党の一翼を担う自由民主党の議員（Ingrid Matthäus-Maier）が、党の方針として反差別法制定を掲げていることを示し、「可能な限り早く、イギリスをモデルにいわゆる反差別法を制定するとともに……同権化委員会を設立する」ことを主張した（Bundestag Plenarprotokoll, 8/151, 10. 5. 1979, 12081）。11月にも同党議員（Friedrich Hölscher）が、政府提案に賛成しつつもさらなる措置として反差別法制定を要請していた（Bundestag Plenarprotokoll, 8/189, 11. 9. 1979, 14935）。これをうけて社民党議員（Elfriede Eilers）からも、適応法と反差別法の関係はどのようなものか、また今回のEC適応法ではなく、より時間を必要とする反差別法制定においてようやく同等取り扱いが実現された場合にはどのような結果がもたらされるか、という質問が提示された（Bundestag Drucksache, 8/3644, 8.2.1980, 83/84）。これに対して政府は、今回の法案はEC指令によって与えられた規定の実施に絞ることですみやかな成立を期したものであることを指摘し、EC指令の置換期限（1978年8月12日）がすでに徒過していることから、すでにEC委員会から政府あてに、欧州裁判所への訴訟可能性を示唆しつつ置換がいつ可能なのか問い合わせが来ていること、それゆえ反差別法によりさらに遅延することで訴訟のリスクがあることを指摘した（Bundestag Plenarprotokoll, 8/201, 13. 2. 1980, Anlage 32）。5月には閣議でも反差別法提案は行わないことが確認されている（Kabinettsprotokolle der Budesregierung, 7. 5. 1980）。

1980年の連邦議会選挙において政権連合は明確な勝利を収めた。シュミット首相を擁する社民党は0.3%のプラスにとどまったものの、自民党は2.7%の得票増となり、野党キリスト教民主同盟／社会同盟が4.1%減となったのである。与野党の議席数差は10から43に拡大した。これを追い風に1980年11月24日のシュミット首相の施政方針演説では、反差別法（Antidiskriminierungsgesetz）の制定の可能性が示唆された（Bundestag Plenarprotokoll, 9/5, 24. 11. 1980, 38）。シュミット首相は「生活の多くの領域において、女性の同権化はなお紙の上にとどまっている」と述べ、女性の家庭における貢献と職業における貢献が同様に高く評価されなければならないとして、「女性は職業生活におけるチャンスの改善を、企業、官庁、政党、団体における昇進可能性を必要としている。また家族の事情から職業労働を中断した女性は、再教育のためのオファーを必要としている」と具体的な問題領域を示唆して、「女性の状況が反差別法によって改善することができるかどうか検討したい」と述べた。ただし、同時に「我々は同権化を実際に実現することを支援するためにできることを実行したい。だが、多くの部分は社会が自らこれを達成しなければならない」としていることも注目される。ここでも政府は協約自治原則に配慮せざるを得なかったのである。

1980年の施政方針演説をうけて政府部内の検討は徐々に進められた。連邦青年・家庭・保健省と内務省の共同報告が10月の閣議では議論され、連邦議会調査委員会「女性と社会」は反差別法を不要としたことについても説明がなされた。具体的には基本権の第三者効や同権規範の監視と実行のための機関の設立の問題などが議論された。またシュミット首相は、11月に予定されている聴聞においては、団体や政党の担当部署ではなくそれぞれの団体の責任者に出席を求めることや、教会とユダヤ教信仰共同体、農業と手工業代表も加えるよう依頼した（Kabinettsprotokolle der Budesregierung, 7. 10. 1981）。翌1982年には、1月に上記の公開聴聞会が行われ、9月には閣議で具体的な措置が提案されるに至っている。ただしこの段階では、独立の監視機関の設置は断念されていた（Kabinettsprotokolle der Budesregierung, 29. 9. 1982）。

しかし1982年9月に自民党が政権を離脱し、10月に「潮流の転換」を掲げるコール（Helmut Kohl）新政権（キリスト教民主同盟／社会同盟と自民党の連合）が成立したことでこの動きは停止した。1983 年 3 月の選挙で与党は合計で 278 議席とほぼ現状維持に成功し、野党（社民党と緑の党）との議席差を 58 議席として政権基盤を安定化させた。こののちも連邦議会では緑の党による反差別法提案（Bundestag Drucksache 10/6137, 9.10.1986 ; Bundestag Drucksache 11 /3266, 7.11.1988）がなされるが実現には至らなかった。反差別立法が制定されるのは、1998 年 9 月選挙で社民党が 1972 年以来の第 1 党の座を獲得し、緑の党との連合によりシュレーダー（Gerhard Schröder）政権を樹立して以降である。そこでも独立の監視機関の設置を導いたのは EU 指令の実施という外圧であった（網谷 2006）。

6　小括と展望

本章は、不十分ではあるもの一つの研究アジェンダを提起することを試みたものである。本章が提示したのは以下のような論点である。これらの論点を踏まえた、ヨーロッパにおけるジェンダー平等化の政治史的過程の本格的な分析については他日を期すこととしたい。

(1) 政治史における 1970〜80 年代の転換の研究は大きな意味を持つ。それ以前の「戦後」と現在との直接的な連続性の想定には留保が付されるべきである。

(2) ヨーロッパでジェンダー平等化政策が進展するのも 1970 年代以降である。それまでは日本と比べても遅れていたのであり、その変化の過程は検討に値する。

(3) ジェンダー平等化の政治過程においては、裁判所を中心とする非選出勢力が重要な意味を持った。さらに EC レヴェルの政策展開にみられるように、特定の政策専門家の役割も重要となり得る。

(4) ジェンダー平等化は加盟国の内発的要因のみによるものではなく、EC レヴェルの政策展開の影響を強くうけている。これは裁判所や専門家の役割の重要性を導く。

注

1）利谷にこの旨の指摘があることは、文献とともに高橋裕氏にご教示いただいた。記して謝意を表したい。

2）家族史やジェンダー史に関してヨーロッパ大の比較の視座を含む歴史学的な概観としては Ginsborg（1995；2000）、Crane（2023）などを参照。戦後ドイツに関する近年の業績としては Hagemann, Karen, Donna Harsch and Friederike Brünhöfner（2019）、Heinemann and Steber（2021）、Notz（2004）、Paulus, Silies and Wolff（2012）などがある。本章の観点からは、「1968」に象徴される社会文化変容も依然として男性の歴史として描かれることに対する Hodenberg（2019）の批判も重要である。

3）西欧に関するまとまった比較分析としては、やや古い Glendon（1989）や Taylor Allen（2005）があり、近時の注目すべき世界規模の研究としては Htun and Weldon（2018）がある。

4）ブラント政権を支える与党は当初より 496 議席中 254 議席を占めるのみであり野党との議席差は 12 議席しかなかったのだが、同政権の最初の中心的政策課題である東側諸国との関係改善をめぐって社民党から 1 名、自民党 4 名の議員が野党へ鞍替えし（この時点で与党 249 対野党 247）、さらに自民党議員 2 名が不信任案賛成の意向を示したため 1972 年 4 月には首相をバルツェル（Rainer Barzel）に交代させる建設的不信任案が提出された。与党は大臣以外の議員を退席させ造反を防ぐ措置をとったものの、成立は確実かと思われたが、賛成は絶対多数 249 に満たない 247 にとどまり、不信任は失敗した。とはいえ与党が少数派に転落したため、繰り上げ選挙が実施されたものである。

5）なお、1975 年には大学入学資格を取得したもの女性の 75% が進学を希望していたが、1983 年にはそれが 53% に低下し、男性 70% と比べて大きな格差があることが報告されている（ベック＝ゲルンスハイム 1992：258, 註 35）。

6）多くの文献が参照しているのは Hoskyns（1996）である。政府間主義的な分析視角から執筆された Vleuten（2007）は、一次史料も利用しており有益な研究である。このほか Warner（1984）、Scheiwe（1994）、Sullerot（1974）などを参照した。

7）Beck（1978：113）が「予想外にも、この機会を捉え第 119 条に制約されない法的拘束力を与えたのは欧州裁判所だった」と述べ、Allott（1977：8）が「簡潔にして無謀であることは、欧州裁判所の確定した伝統となりつつある…同裁判所は、その結論にたどり着くために程度の違いこそあれ手強い障壁を乗り越えなければならなかった」とするように、この一歩は予期されたものではなかった。

8）以下は Gubin（2008）および Irigoien Domínguez（2022）を主に参照した。

9）Tas（2021a；2021b）は、近年公開された欧州裁判所の寄託文書に基づく歴史研究の初期段階の成果である。また法律家ネットワークの分析の代表的一例として Vauchez（2015）を参照。

参考文献

Allen, Ann Taylor（2005）*Feminism and Motherhood in Western Europe, 1890–1970. The Maternal Dilemma*, Basingstoke：Palgrave Macmillan.

Ahrens, Petra（2019）“The Birth, Life, and Death of Policy Instruments：35 Years of EU Gender Equality Policy Programmes,” *West European Politics*, 42（1）：45–66.

Allott, Philip（1977）. “The European Court Ordains Equal Pay for Women,” *Cambridge Law*

Journal, 36（1）: 7–10.

Beck, David（1978）“Equal Pay and the Implementation of Article 119 of the Treaty of Rome,” *Irish Jurist*, 13（1）: 112–131.

Cavaghan, Rosalind（2017）*Making gender Equality Happen : Knowledge, Change and Resistance in EU Gender Mainstreaming*, New York : Routledge.

Cichowski, Rachel A.（2013）“Legal Mobilization, Transnational Activism, and Gender Equality in the EU,” *Canadian Journal of Law and Society*, 28（2）: 209–227.

Crane, Jennifer（2023）“Agents of Change? Families, Welfare and Democracy in Mid-to-Late Twentieth-Century Europe,” *Contemporary European History*, 32（2）: 173–185.

Frank, Rainer（1990）“Family Law and the Federal Republic of Germany's Basic Law,” *International Journal of Law, Policy and the Family*, 4（2）: 214–234.

Giesen, Dieter（1978）“Sex Discrimination in Germany（W）,” *The Modern Law Review*, 41（5）: 526–543.

Ginsborg, Paul（1995）“Family, Civil Society and the State in Contemporary European History : Some Methodological Considerations,” *Contemporary European History*, 4（3）: 249–273.

Ginsborg, Paul（2000）“The Politics of the Family in Twentieth-Century Europe,” *Contemporary European History*, 9（3）: 411–444.

Glendon, Mary Ann（1989）*The Transformation of Family Law : State, Law and Family in the United States and Western Europe*, Chicago : University of Chicago Press.

Gubin, Éliane（2008）*Éliane Vogel-Polsky : A Woman of Conviction*, Brussels : Institute for the Equality of Women and Men..

Hagemann, Karen, Donna Harsch and Friederike Brünhöfner（2019）*Gendering Post-1945 German History : Entanglements*, New York : Berghahn.

Heinemann, Elizabeth D.（1999）*What Difference a Husband Make? : Women and Martial Status in Nazi and Postwar Germany*, Berkeley : University of California Press.

Heinemann, Isabel, and Martina Steber（2021）“Geschlecht und Demokratie : Deutungskämpfe um die Ordnung der Gesellschaft in der Bundesrepublik Deutschland,” *Vierteljahrshefte für Zeitgeschichte*, 69（4）: 669–678.

Hodenberg, Christina von（2019）“Writing Women's Agency into the History of the Federal Republic : “1968,” Historians, and Gender,” *Central European History*, 52（1）: 87–106.

Hoskyns, Catherine（1996）*Integrating Gender : Women, Law and Politics in the European Union*, London : Verso.

Htun, Mala, and S. Laurel Weldon（2018）*The Logics of Gender Justice : State Action on Women's Rights around the World*, Cambridge : Cambridge University Press.

Irigoien Domínguez, Alazne.（2022）“Éliane Vogel-Polsky, Advocate for a Social Europe : from Antidiscrimination Law to European Politics for Gender Equality,” *Research Papers in Law*, College of Europe, 1/2022

Jacob, Mark（2019）*Familienbilder : Sozialer Wandel, Wissenschaft und Familienpolitik in der BRD 1954–1982*, Wiesbaden : Springer VS.

Jacquot, Sophie, and Tommaso Vitale（2014）“Law as Weapon of the weak? A Comparative Analysis of Legal Mobilization by Roma and Women's Groups at the European Level,”

Journal of European Public Policy, 21 (4) : 587–604.
Kolbe, Wiebke (2002) *Elternschaft im Wohlfahrtsstaat : Schweden und die Bundesrepublik im Vergleich 1945–2000*, Frankfurt a. M. : Campus.
MacRae, Heather (2006) "Rescaling Gender Relations : The Influence of European Directives on the German Gender Regime," *Social Politics*, 13 (4) : 522–550.
Mazey, Sonia (1995) "The Development of Eu Equality Policies : Bureaucratic Expansion on Behalf of Women?" *Public Administration*, 73 (4) : 591–609.
Moeller, Robert G. (1993) *Protecting Motherhood : Women and the Family in the Politics of Postwar West Germany*, Berkeley : University of California Press.
Notz, Gisela (2004) "Die autonomen Frauenbewegungen der Siebzigerjahre. Entstehungsgeschichte-Organisationsformen-politische Konzepte," *Archiv für Sozialgeschichte*, 44 : 123–148.
Oertzen, Christine von (1999) *Teilzeitarbeit und die Lust am Zuverdienen : Geschlechterpolitik und gesellschaftlicher Wandel in Westdeutschland 1948–1969*, Göttingen : Vandenhoeck & Ruprecht..
Ostner, Ilona (1992) "Ideas, Institutions, Traditions : The Experience of West German Women, 1945–1990," *German Politics and Society*, 24/25 : 87–99.
Paulus, Julian, Eva-Maria Silies and Kerstin Wolff, eds. (2012) *Zeitgeschichte als Geschlechtergeschichte : Neue Perspektiven auf die Bundesrepublik*, Frankfurt a. M.: Campus.
Rasmussen, Morten (2014) "Revolutionizing European Law : A History of the Van Gend en Loos Judgment," *International Journal of Constitutional Law*, 12 (1) : 136–163.
Rheinstein, Max, and Mary Ann Glendon (1978) "West German Marriage and Family Law Reform," *The University of Chicago Law Review*, 45 (3) : 519–552.
Ruhl, Hans-Jörg (1994) *Verordnete Unterordnung : Berufstätige Frauen zwischen Wirtschaftswachstum und konservativer Ideologie in der Nachkriegszeit (1945–1963)*, München : Oldenbourg.
Sachse, Carola (2002) *Der Hausarbeitstag : Gerechtigkeit und Gleichberechtigung in Ost und West 1939–1994*, Götiingen : Wallstein.
Scheiwe, Kirsten (1994) "EC Law's Unequal Treatment of the Family : The Case Law of the European Court of Justice on Rules Prohibiting Discrimination on Grounds of Sex and Nationality," *Social & Legal Studies*, 3 (2) : 243–265.
Sullerot', Evelyne (1974) "Equality of Remuneration for Men and Women in the Member States of the EEC," Working Paper, International Labour Organization.
Tas, Sarah Nicole (2021a) "The Court of Justice in the Archives Project : Analysis of the Defrenne II Case (43/75)," *EUI Working Paper*, AEL 2021/09.
Tas, Sarah (2021b) "Defrenne v SABENA : A Landmark Case with Untapped Potential," *European Papers-A Journal on Law and Integration*, 6 (2) : 881–890.
Vauchez, Antoine (2015) *Brokering Europe : Euro-Lawyers and the Making of a Transnational Polity*, Cambridge : Cambridge University Press.
van der Vleuten, Anna (2007) *The Price of Gender Equality : Member States and Governance in the European Union*, Abingdon : Ashgate.
Warner, Harriet (1984) "EC Social Policy in Practice : Community Action on Behalf of

Women and Its Impact in the Member States," *Journal of Common Market Studies*, 23 (2)： 141-168.
網谷龍介（2006）「社会規範の「ヨーロッパ化」の政治過程――ドイツとオーストリアにおける反差別指令の国内法制化」『社会科学研究』57（2）：67-91。
網谷龍介（2008）「「社会モデル」言説の定着とその制度的基盤――EUレヴェル専門家ネットワークの機能」平島健司編『国境を越える政策実験・EU』東京大学出版会：61-94。
網谷龍介・上原良子・中田瑞穂編（2019）『戦後民主主義の青写真――ヨーロッパにおける統合とデモクラシー』ナカニシヤ出版。
太田武男・椿寿夫（1958）「西ドイツの男女同権法について（一）――その指標と立案過程の点描」『家庭裁判月報』10（9）：13-66。
川井健（1957）「東西ドイツにおける男女同権論の対立について（1）」『法学協会雑誌』73（6）：722-766。
黒岩洋子（2019）『EU性差別禁止法理の展開――形式的平等から実質的平等へ、さらに次のステージへ』日本評論社。
シュヴァーブ、D.（1986）『ドイツ家族法』鈴木禄弥訳、有斐閣。
鈴木禄弥（1954）「「男女同権」の西ドイツ的理解（1）」『法学雑誌』（大阪市立大学）1（1）：21-49。
利谷信義（1995）「家族間の変遷と家族法」『法律時報』65（12）：33-41。
西原博史（2003）『平等取扱の権利』成文堂。
ベック＝ゲルンスハイム、E.（1992）『出生率はなぜ下ったか――ドイツの場合』香川檀訳、勁草書房。
マゾワー、マーク（2015）『暗黒の大陸――ヨーロッパの20世紀』中田瑞穂・網谷龍介訳、未來社。
松本薫子（2019-2023）「婚姻法の再定位――フランス民法典の変遷から（1）～（完）」『立命館法学』383：307-361；384：223-276；385：277-336；389：255-321；391：268-306；395：285-313；404：408-468。
宮井忠夫（1974）「西ドイツにおける家族法の改正――破綻主義と男女同権を中心として」『ジュリスト』559：88-97。
宮井忠夫（1977）「西ドイツ家族法の改正について（下）」『ジュリスト』640：125-138。
ミュラー・フライエンフェルス、W.（1978）「20世紀におけるドイツ家族法の変遷――第二次大戦終結後を中心に」田村五郎訳、『比較法雑誌』12（1）：39-81。
村中孝史（1983）「西ドイツにおける職場の男女平等と立法的規制――1980年法を中心に」『労働法律旬報』1077：48-57。

第4章
ペリフェリーからの問い
フランスにおける地域主義の覚醒とバスク

上原良子

1 はじめに

ヨーロッパの地域主義運動[1]は、「地域主義のルネサンス」と呼ばれるように1960年代に各地域で再生し、70年代、80年代に活発な盛り上がりを見せた。1960年代は、経済成長著しい時代であったが、その一方で様々な新しい問題意識が芽生え、国家や戦後民主主義に対してその再検討が迫られた時代でもあった。そして1970年代以降、地域の多様性への承認を求める運動の一部には、北アイルランドやスペイン・バスク、コルシカ等のように、テロリズムといった暴力的手段による民主主義の実現を追求した地域もあった。今日でも、スコットランドやカタルーニャのように、独立を求める運動がしばしば再燃している。

ペリフェリー（周辺部）における地域主義は、なぜこの時代に活発化し、いかなる変革をせまったのであろうか[2]。本章では、フランスのバスク地方[3]の地域主義を取り上げ、これらの論点を考察すると同時に、激しい運動が展開された1970～80年代の特質を考察したい。

フランス領バスクに注目するその理由は三つある。第一は、国民国家ないし中央集権国家への問い直しである。バスクといえば、スペインに注目が集まるが、フランスにおいても分離主義＝独立や自治が掲げ武装闘争等の運動が繰り広げられた。スペインと比較すると穏やかではあるものの、自治や独立を要求する運動は、「単一にして不可分の共和国」を掲げるフランスにおいて国家の一体性のみならず、中央集権的な国家原理と激しく対立せざるをえない。当然、多文化主義そのものの承認は難しい状況である。

第二は、テロ等の暴力的手法による民主主義実現の是非をめぐる問題である。革命とレジスタンスを経験したフランスにおいて、PS（フランス社会党）は「暴力による民主主義」に一定の理解があった。しかし1981年の総選挙に勝利し、いったん政権党として国家の統治を担うようになると、この活動そのものの承認が困難となった。左翼政党としての大義・戦術と、国家の統治者としての立場との間で厳しいジレンマを突きつけられることになる。

第三は、時代の争点との交錯である。1960年代から1980年代は、地域主義にとって、脱植民地化、68年5月のgauchismeと呼ばれる左翼急進主義もしくはオルタナティブ左翼、経済危機、大統領選における左翼の勝利、スペインの民主主義への転換、さらにヨーロッパ統合の進展というように、今日のヨーロッパの形成に大きな影響を与えた事件が多層的に展開した。そこでバスク・ナショナリズム[4)]の分析を通じて、この「新しい社会運動」はいかにして戦後民主主義に接合もしくは対立したのか、さらにその境界線と限界はどこにあるのか、そして戦後民主主義はいかなる変容を遂げたのか、考察することができよう。

フランス・バスクについては、スペイン・バスクと比較すると、フランスにおける世論の関心も低く、無関心、もしくはあったとしてもテロの記憶が強く残っており、この運動が提示した主張や論争が充分に考慮されてこなかった[5)]。しかし近年、運動については当事者もしくは関係者による同時代史的な回顧の他、ようやく主要な運動の分析も発表されている[6)]。また本章では取り上げないが、選挙、言語・文化政策等の研究も行われている[7)]。

そこで本章では、主に以下の三つの論点を中心に分析を進める。

第一の論点は、フランス・バスクのナショナリズムから見た、戦後民主主義、さらには革命以来の伝統でもある中央集権的な国民国家をめぐる問いである。なぜなら運動の一部は過激化し、分離主義を掲げ、また「暴力による民主主義」を用いたことにより、戦後民主主義およびフランスの国家、さらに政党に対して受け入れ困難な要求を突きつけた。その要求は、文化・言語にとどまらず、バスク県の設置、自治、分離・独立を通じたスペイン・バスクとの一体化、ヨーロッパ統合への接合に及んだ。その手法も、平和的な集会・運動にとどまらず、テロ・暗殺も含まれていた。とりわけ「単一にして不可分の共和国」を掲げるフランスにとって、自治・独立は言うまでもなく、ナショナル・マイノリティ（少数民族等）による多文化主義や差異の権利すらその承認は容易ではない。

第二の論点は、左翼と地域主義との間の緊張関係である。地域主義そのものは左右どちらにも親和性を持つが、ここでは特に左翼との関係が中心となる。とはいえ、左翼も一枚岩ではない。特に1970年代、新生PSは支持を拡大し、1981年の大統領選に向かう時期でもある。フランスの組織政党としてPSは地域主義運動のイデオロギー、戦術に対し、いかに対応し、どこまで包摂できたのであろうか。同時に、68年世代の左翼急進主義との関係も見落とすことはできない。特に多くの地域主義は脱植民地化を背景に新しい社会運動の影響を強く受けたとされる。ではフランス・バスクの地域主義はこれらの多様な左翼といかなる関係にあったのか。特に、のちに大統領選に勝利するPSにとっては、「暴力による民主主義」や、スペインからの政治的避難民をめぐる問題は、左翼のイデオロギーおよび友党との国際的な関係をめぐる問題であると同時に、政権党として統治をめぐる問題にも直面する。

第三の論点は、スペインとの越境的関係構築と民主化支援という国際関係をめぐる問題である。フランスは、革命以来難民に対し庇護の地、「サンクチュアリ」の地であることを任じてきた。そのため、フランコ時代においては、バスクからの避難民（しばしばテロリストも含む）も庇護の対象として避難民の特別の位置を与えてきた。これは、テロリストであっても、圧政の犠牲者として民主主義のための闘いと位置づけられてきたからである。しかし、1975年にフランコが没し、民主化した後は、状況が大きく変化する。民主化したスペインにおける分離主義、テロリストをどのように位置づけるのか、極めて難しい選択を突きつけられる。しかもPSが大統領選に勝利した1981年、奇しくもスペインでも社会主義者が政権を獲得した。そのため、PSは第二の論点とあわせて、運動のロジックと統治のロジックとの間で板挟みとなる。

以上、バスクをめぐる三つの論点は、各々第二次世界大戦後のフランスが共有してきた民主主義と共和主義のあり方をめぐる問い直し、変容の中心にある問題といえる。以下、第2節においてバスク・バスクナショナリズムの誕生、第3節では68年が左翼に与えたインパクトとその変容、第4節ではPSとバスクの接近と対立について分析を試みる。

2 バスク・ナショナリズムの誕生

フランス・バスクの概要と歴史

バスクはピレネー山脈西側に位置し、スペインおよびフランスの国境で分断された地域である。スペイン・バスクに対する関心は高く、近年テロのイメージから脱皮し、美食の地としても有名である。その一方で、フランス・バスクについては、前出のように関心そのものが低く、イメージも不明瞭である。というのも、フランス側では、近年までバスクという語は、行政単位として用いられておらず、またその民族の分布図すら、行政単位と乖離していた。両国にまたがるバスクは、7領域（province）からなっており、そのうち北の3領域、ラブール（Labourd）、バス - ナヴァール（Basse-Navarre）、スール（Sule）がフランス領である（北バスクと呼ばれることもある）。工業化されたスペイン・バスクと異なり、社会経済的には、産業発展が乏しく、商業および観光業が盛んで都市化が進む沿岸部と、伝統的な農村社会が広がる山岳部とに区分できる（Urteaga 2004 : 3‒5）。

革命前のアンシャン・レジームにおいては、各領域は、王権による保護のもと、固有の法や都県を付与され、自由を享受してきた。しかしながら、革命下の1789年夏の新憲法発布とともに、王権・貴族の特権とともに、領域の自由の特権も廃止された。何よりジャコバン的な中央集権が採用され、行政単位としても、バス－ピレネー県に再編された。この県は地域の言語やエスニシティに対応しておらず、県内で異なる言語が併存するという状況が生まれた。19世紀末の第三共和制のバスク社会は、バスク語話者が多数で、カトリックの信仰が厚い社会であった。しかし共和主義のもとで国民統合が進められ、ライシテ（政教分離）に加え、20世紀の初頭のバスク語教育の禁止、宗教学校の閉鎖が強行され、宗教および言語の両面で、国家への敵意を植え付けた（Cassan 1997：105–106；Jacob 1994：1–38；Pierre 2010：31–35；Urteaga 2004：6–7）。

戦間期には、地域主義とカトリックを重んじる教権主義が結びついたバスク・ナショナリズム運動も誕生した。この第一世代の運動は、聖職者も加わり、カトリックの信仰と政治的分権化、バスク語の公用語化、バスク文化の擁護を訴えた。そのなかの一つアインツィナ（Aintzina）運動では、近代化されるフランス社会の「腐敗」や文明の「デカダンス」が危惧され、当時流行したデカダンス論の影響も見出される（Urteaga 2004：8–9）。総じて、戦間期の運動は、宗教と文化が結びついた復古主義的・保守主義的な運動という側面が強い。

とはいえ、20世紀前半、バスク社会では、緩やかにフランス化も進展し、沿岸部を中心にフランス語話者も拡大した。フランス語は産業社会へのパスポートともなっていた[8]。またカトリックの信仰とともに、戦間期よりキリスト教民主主義への支持も高く、第四共和制においてはMRP（人民共和運動）が支持を集めた。第二次世界大戦後、特に第五共和制においてはゴーリスムの中に、カトリックの信仰と伝統的文化の保護を見出し、主に山間部の農村地帯においては、ド・ゴール支持が広まり、フランスへの敵意も緩んでいった[9]。

1960s――地域ナショナリズムの台頭とエンバタ Enbata

①エンバタ発足と運動台頭の要因

1960年、バスクの若者がエスプレート村に集まり、新たな新聞を発行することとなった。新聞エンバタ（Embataバスク語で北西風の意。12月にはEnbataに改名）は、様々な危機に直面するバスク社会を憂い、危機への対処と、なによりバスクのナショナリズムを訴えた。そして1963年には500名あまりの集会を開催し、イチャス憲章を採択し運動の指針を定めた。この創設メンバーの多くは、バスクのブルジョワ出身で、地元に大学がなかったため、パリ、トゥールーズ、ボルドー大学に進学し、法学や医学、薬学等を学んだ(バスクのブルジョワ子弟の典型的な教育パターンであった)。特にパリのバスク人コミュニティの間では、バスク独自の文化・意識と共に、社会的カトリックへの関心が共有された。戦後は、パリとともにボルドーがバスクの学生コミュニティの二大拠点となり、バスクのブルジョワ・エリート層が輩出される。ここからバスク学生連盟が生まれ、1953年ごろにはエンバタと名付け、経済学や農村社会学に関心を持つようになっていた(1956年には本部をバイヨンヌのバスク博物館に移転させた)(Etcheverry-Ainchart 2013: 24–34; Jacob 1994: 130–133; Urteaga 2007: 16)。

このころ、ヨーロッパ各地で盛り上がった地域主義再生の背後には、共通する要因が指摘できる。まず1950年代の脱植民地化のインパクトが挙げられる。フランスでは、とりわけアルジェリア戦争の泥沼に直面し、若者は植民地主義を嫌悪するようになった。バスクでも、フランス政府はアルジェリアに対して独立ないし民族自決を認める一方、国内のバスクでは拒否したことに矛盾を感じていた。結局、「フランスの諸領域はパリの植民地に過ぎず、劣った存在である」と認識せざるをえなかったのである。この時期、「抑圧された人民」という言葉とともに、「国内植民地」や「「ナショナルな解放」という概念も繰り返し用いられ、新たな政治的アイデンティティとなっていた(Jacob 1994: 135, 136, 388; Urteaga 2004: 13)。

ついで経済危機も深刻であった。確かに1960年代はフランス全体で見ると「栄光の30年間」という高度経済成長の時代にあたる。しかしバスクにおいては、産業の近代化と農業の大規模化が進む一方で、旧来型の生産手段の近代化に失敗した鉄鋼業等の倒産が相次いだ。中小規模の企業や農家は緩やかながら深刻な低迷の危機に直面していたのである。また社会的にも、沿岸部の都市から地域の大都市、さらにパリへと人口流出が顕著であった。パリおよびフランス東部の経済成長の一方で、南東部は停滞し、観光業以外、将来を見通すことは困難となっていた。特に若年層はこの状況に危機感を強めた(Urteaga 2007: 15–16)。

さらに言語と文化についても、他地域同様大きな転換期を迎えていた。1960

年代初頭、バスク語話者は沿岸部を中心に急速に減少していた。特に教育や労働等、公的な世界では認められず、私生活、農村世界、高齢者の話し言葉となっていた（Urteaga 2007：13–14）。

さらにエンバタ支持者特有の状況も存在した。旧来からのバスク・ナショナリズム運動を受け継いでいたが、そこには、信仰を重んじる教権主義が色濃く残っていた。そのためフランスの革命や共和国に対する抵抗の記憶も継承され、フランス国家に対する抵抗や、新たな行政単位の設置（バスク県構想）や、政教分離に対する反発も根強かった（Jacob 1994：134；Itçaina 2007：138–142）。

またスペインのETA（バスク祖国と自由）の影響も無視できない。フランコの圧政を逃れて、スペインで暴力も辞さない独立運動を展開するETAの活動家は、戦間期末以来フランスに避難し、地域のヒーローとなっていた。これらの人々はバスク語や文学、ダンスを通じてバスク・ナショナリズムを伝えていた。さらに戦後のなかでも、1960年にETAのテロ活動開始以降の避難民のインパクトは強烈であった。フランス・バスクは、カンボジアのように活動家の「サンクチュアリ」となっており、反フランス活動を継続した。政府、住民ともに、フランスは避難民の庇護の地、聖域、アジールであることを任じ、人道的な支援として、住居・雇用等の支援を行った。結果、エンバタに若者は、ETAとの交流は日常的なものとなり、強く影響を受けた。また、ETAのリーダーも、エンバタに期待し、南北のバスク民族の全面的解放を語るようになった（Jacob 1994：135, 149；Urteaga 2007：12–13, 2004：12）。

その他、他地域のナショナル・マイノリティの影響も少なくない。後述のように、初期のメンバーは、1930年代にパリで就学中、他のマイノリティや人格主義の「新秩序（Ordre Nouveau）」の人々と交流を持ち、さらに第二次世界大戦後、ヨーロッパ連邦運動（MFE）のもとで、他の「国家なき民族」との交流を持つようになっていた。このMFEを通じてヨーロッパ連邦主義の影響や、特に「エスニック連邦主義」や「民族のヨーロッパ」を唱えるギ・エロー（Guy Héraud）の思想に影響を受けたとされる。エローは自らアオスタ渓谷の運動にも関与しており、マイノリティ問題は中央集権ではなく連邦主義的ヨーロッパでのみ解決可能、とする絶対的連邦主義を掲げていた[10]。

②1963年イチャシュ憲章（la Charte d'Itxassou）

この運動が政治運動へと脱皮したのは、前述のように1963年である。この年の「祖国バスクの日」に500名以上の代議士、市長、県議会議員、地域の代表が参加し、イチャシュ憲章を採択し、これがエンバタの思想的基盤となった。憲章によれば、バスクの人民の定義は「土地・言語・制度」による（人種ではない）。またnationとは「過去・現在の意思により形成」され、「その本質および歴史からなる民主主義」とされる。イチャシュの集会では、言語・経済・政治の三つのレポートが報告された。政治レポートではバスク「県」の設置と、バスク語の地位の保全を提案された。これらはあくまでフランスの憲法および法を遵守することが強調されている。またフランスとスペインの7領域を統合し、自律的なバスク地域を連邦的な統一ヨーロッパに接合することが提案された。運動の第一段階で「県」を設置し、第二段階で独立した（スペインとフランスの領域から成る）バスク国家の設立、そして連邦ヨーロッパへの接合が意識されていた。いわば独立移行期としての「県」の設置が重視されたと言える。また経済レポートではフランス・バスクの経済および文化の停滞、さらに農村部の人口減少および農業の低迷が危惧されていた。また観光もバスク文化に打撃を与える脅威として認識された。低迷する工業については、スペインとの接合が望まれた。これらの提案には、分離主義的なイメージを与えることがないように配慮されたが、投票で付議されなかったレポートには、より明確に「民族自決」や「国家（stateないしétat）が示唆されていたという。この連邦ヨーロッパについては、MFEやエローの「民族からなるヨーロッパ」の影響を受けていた[11]。

とはいえ、まだECにおける広域的な地域政策は実施されておらず、フランス・スペイン両地域にまたがる領域を統合し、ヨーロッパに接合するイメージは一般的ではなく、分離・独立として敵視される危険性はあった。メディアにおいても、*Le Monde*や左派の媒体は分離主義とは異なる新しい若者の運動と伝える一方、南西部で有力な*Sud-Ouest*は「イチャスにバスク県設置を要望する分離主義者集まる」と懐疑的に報じた。実際、フランス政府も、エンバタの運動を国家主権への脅威と認識し、懐疑的なまなざしが向けられることとなる（Jacob 1994：142–143, 146–147）。

この後、エンバタは大衆動員を目指し、政治ドクトリンの普及、住民の意識啓発、スペインからの避難民の支援を行った。最も力を入れたのは選挙であり、選挙に打って出た。しかしながら、1967年の国民議会選挙では約5%と振るわず、失敗に終わった（Jacob 1994：152–159；Urteaga 2007：24–25）。

エンバタの活動には、様々な制約も存在した。まずバスクのアイデンティティや言語教育を掲げながら、実際に使用する文書や手紙の言語はフランス語であった。すでにこの時代、沿岸部の都市部ではフランス文化に同化し、バスク語の使用は山間部の一部に限られていた。さらにバスクのアイデンティティを掲げながら、参加者のほとんどは純粋なバスク人ではなかった。むしろバスク人であることを人種で規定することは困難であった。というのも若い世代のバスクは非バスク語話者であるにとどまらず、両親もミックス（片方が非バスク系）が大半という状況であった[12]。

選挙における勝利は運動拡大において重要な目標であったものの、難題は強固な右派の支持基盤の存在であった。しかも山間部・農村部では左派嫌い、特に共産党への嫌悪が顕著であった。バスクの選挙区は、この時代、他地域よりも強烈なド・ゴールおよび中道支持であった（1974年にはジスカール・デスタンが支持された）。この時代、ド・ゴールはバスクの伝統と保守的な教権的政治文化の擁護者として人気が高かった（活動家と異なり、一般のバスク系の間ではフランスへの反発も低下していた）。さらに右派・保守派は、スペインからの避難民（その多くはETAの活動家）が流入する状況において、バスク・ナショナリストとは暴力を掲げ、神を否定する共産主義者、というプロパガンダ、イメージ戦術を展開した。その結果、バスクにおいて最も純粋で、言語・文化を守る山間部・農村部においては、政治的にフランス国家および右派を支持し、さらにバスク・ナショナリズムに強固に反対する、というねじれた状況が生まれていた（Etcheverry-Ainchart 2013：137–161；Jacob 1994：147–148）。

エンバタは、事実上、フランス・バスク初のナショナリズム運動の立ち上げに成功した。特に南からの避難民支持を通じて、それまで交流の乏しかったスペイン・バスクとの交流および一体性を掲げた。フランス・バスクにおけるアイデンティティ形成に大きく貢献したと言えよう。しかし、一般のバスク系の人々の支持を集めるには至らず、1968年以降、活動家の間でも運動は低迷し始める。選挙における失敗が決定打となり、1968年の急進左翼と武力闘争に魅了される潮流、また一方で、文化・言語運動に特化する潮流が現れ、運動は方向性を見失っていく（Urteaga 2007：16–26；2004：16）。

3　68年のインパクト――運動の過激化と左翼の変容

68――オルタナティブ左翼と地域主義

①68年の二重の衝撃

1968年の5月から6月にかけての、学生運動やストは、大きな衝撃を与えた。とはいえ、バスクの活動家達が、この運動に直接参加したという経験は多くはない。しかし、この運動に触発され、様々な急進的な左翼思想に傾倒、転向し、運動が流動化、変容し始めた。むしろバスクにとって大きな転換点となったのは、闘争の過激化であった。スペインでETAの活動家が警察に殺害され、これに報復するために、ETAがスペインの警察官を暗殺した。ここからバスクの闘争は過激化し、新しい段階に入った（Jacob 1994：162–163）。

フランスのバスクにおいても、左翼の様々な政党および運動が、バスクのナショナリズム運動の活動家を勧誘し、エンバタのみならず、ETAの活動家でも転向するものが増えていた。特に若い世代のなかでは、ナショナリズム運動よりも、むしろマルクス主義的な階級闘争を重視する左翼急進主義に傾倒する傾向が強まっていた。エンバタ内部でも、武力闘争へと過激化するもの、また左翼急進主義に転じるもの、さらに政治闘争を完全に放棄して文化活動に特化するもの等、運動に亀裂が生じ、運動は急速に失速した[13)]。

エンバタが低迷するなかで、若者の間で新しいバスク・ナショナリズム運動が多数登場した。これらは共通して、68年の運動の影響を受けていた。その代表がアマイア（Amaia）である。アマイアは、エンバタに対し「名望家の党」に成り下がり、自発的で組織力を欠くと批判し、秘密主義と階層的な組織を目指した。特に、参加した若者を将来のバスク国のカードル／中間管理職として育成することを重視した。その他、神学校を基盤とする運動、ETA の下部組織等も結成されたものの、ほとんどは、数年で消滅した（Jacob 1994：163–179；Urteaga 2004：16–17, 2007：36–41）。

②オルタナティブ左翼と統一社会党 Parti socialiste unifié（PSU）

1960 年代にはフランスのみならずヨーロッパの各地域で地域主義運動が活性化した。フランスでも、バスク以外に、ブルターニュ、オクシタニー、コルシカで運動が起こり、また他国でもカタロニア、北アルランド、パレスチナ等の民族解放運動が活発な活動を展開していた。

しかし既成政党等フランスの伝統的な左翼は、ジャコバン的な中央集権、かつ共和主義的な「単一にして不可分の共和国」を支持しているため、地域の多様性やマイノリティに対する理解を欠いていた。一方、新世代の 68 年に影響を受けたオルタナティブ左翼は、地域主義との接点を持ち、その包摂を試みた。そこには様々な要因が存在し、その多くは前出のバスクと共通している。第一にグラヴィエの『パリとフランス砂漠』に象徴されるように、国土の不均衡と国土開発の必要性を認識していた。特にブルターニュの地域主義はこれにいち早く取り組んだ。第二に経済社会の変化があった。この時期、大学進学率が急速に上昇し、農村や労働者の子弟も大学に進学するようになり、左翼のミリューを形成するようになっていた。彼らは、消費社会や都市化の展開を直接体験し、農村部やペリフェリーでの日常生活の激変を自ら体験していた。またバスクと同じく、脱植民地化、特にアルジェリア戦争の経験から、国内に適用し、「国内植民地」の解放を目指した。そして地域主義運動の活性化に伴い、ブルターニュやコルシカ、オクシタニーの運動の影響を強く受け、これを支持した。ジャコバン的な伝統的左翼と異なり、プルードン的な連邦主義的な原理や、自主管理の思想に影響を受けていたため、地域マイノリティの民族自決を支持することに抵抗は少なかった（Kernalegenn 2018：147–152）。

こうした運動・政党のなかで、最も地域主義に接近したのは統一社会党

（PSU）であった。PSU は植民地問題等で SFIO（PS の前身、旧社会党）主流派に反発し、新左翼系の学生の支持者を集めた政党で、ロカール（Michel Rocard）をリーダーとする政党であった[14]。もともと、統一社会党は当初は地域主義への関心は希薄であった。しかしその転換の契機となったのは、1966 年 11 月に開催されたコロック／シンポジウムであった。このコロックでは社会主義の再構築をめぐる多数の組織・クラブが参加し、党のイデオロギーを明確に、PCF（フランス共産党）や他の社会主義政党との差異化を図る重要な場であった。ロカールはここで「地方の脱植民地化」と題するレポートを発表し、グラヴィエや国内植民地論を継承し、フランスの地方の低開発を指摘し、分権化を通じた国土開発や、地方自治、都市行政の重要性を指摘した（Rocard 1966, 1981：131–138；Kernalegenn 2018：154）。

議論の場で、社会主義左翼連合（UGS）のバール（Jean Bars）が、ロカールの構想は、テクノクラシー的な分権化論にとどまっており、ブルターニュでの経験を踏まえ、地域レベルでの民主化や自主管理の重要性を説き、地域主義に対するデモクラシーの刷新が必要であることを提案した。統一社会党にとって、ブルターニュは重要な支持基盤の一つであり無視することはできなかった。ペリフェリーであるブルターニュの問題は、地域の問題を国土開発だけでなく、デモクラシーから考察する必要があった。そこでナショナル・マイノリティーという新しいアプローチを掲げ、他の左翼政党との差異化を図る重要な論点と位置づけ、中心的な課題として取り組まれるようになった（Kernalegenn 2018：154；Urteaga 2004：18–19）。

統一社会党は、左翼政党のなかで、いち早くこの問題に取り組んだが、党内でこの問題に熱心に取り組んだのはマオイストであった。特にオクシタニーとブルターニュに関心を持ち、「国内植民地」や「ナショナル・マイノリティ」「ナショナルな解放」という言葉はキーワードとなっていた。また革命的共産主義リーグも、オクシタニー、ブルターニュ、アルザス、コルシカで活動を展開した。党内では、1971 年にナショナル・マイノリティ委員会が設置され、翌年全国会議も開催され、フランスにおいて抑圧されている民族の自決や独立が議論され、1972 年の党大会では、ナショナル・マイノリティが革命運動において重要な役割を果たすことが指摘され、地域ナショナリズムと階級闘争の接合が試みられた。地域主義急進左翼というべき論理が構築され、問題を領域化し、また中央集権ではなくプルードン的な自主管理を援用し、重層的な空間における自治が構想された（Kernalegenn 2018：155–162）。

こうした統一社会党と地域主義への新しいアプローチは、フランスの地域主義に明るい展望をもたらした。そしてこの構想はのちに合流するPSに引き継がれることになる（Gilet 2019）。

1970s――避難民支援と運動の過激化・多様化

スペイン・バスクでは1968年以降ETAの武装闘争が過激化し、テロリストの多くは、「サンクチュアリ」と目されたフランス・バスクに逃亡し、避難民として庇護を受けた。バスクの避難民支援は、カトリック系のスカウトや赤十字、アムネスティ等が担い、警察や裁判所との交渉、生活支援も行った。低迷するエンバタの一部は過激化し、ETAとの関係を咎められ、1974年1月30日には政府はエンバタ解体の決定を下した（Etcheverry-Ainchart 2013：261–295；Pierre 2010：36；Urteaga 2004：18–19, 2007：30–31）。

エンバタ解体後、バスクナショナリズム運動は複雑化、多様化した。一部は社会主義へと傾倒し、ナショナルな解放とあわせて社会の解放も目指した。こうしたなかで、ブルターニュの運動に影響を受け、左派のグループ化を目指したのが、HAS（人民社会党）であった。HASは石油危機の中で深刻化するバスクの経済および社会状況を憂慮していた。そして暴力やテロを明白に否定した。1974年の大統領選では、ミッテラン支持を呼びかけ、PSとの連携を試みた。議会を通じた目標の実現を目指し、スペインの友党と合同し、EHAS（Euskal Herriko Alderdi Sozialistaバスク社会党）として合同の政党も形成した。その他、多様な運動が結成され、また過激な暴力や分離主義ではなく、選挙や「県」設置運動等も誕生した。しかしまだ選挙においても、また「県」設置という行政改革についても多数派となることはなかった（Cassan 1997：106–107；Urteaga 2007：55–61, 2004：20–21）。

こうした穏健路線の一方で、過激化し、非合法な地下組織も生まれた。なかでもIK（Iparretarrak北部人）は、武装闘争を行うと同時に、スペインとの関係を断ち切り、「北」優先の路線を掲げた。従来の運動では、ETA等の「南」が主であり、フランス側の「北」は二流、「鞄持ち」、という役割に甘んじてきた。そこで「北」の「隷属的なコピー」となることを避け、フランス・バスク固有のアイデンティティの表明を重視することを主張した[15]。IKは、1973年に初めてのテロ活動を行ったのち、勢力を拡大させた。選挙路線に失望した若者を引きつけ、過激化することで、フランス・バスクのナショナリズム運動の変質を促した。IKはフランス・バスクの国家を設立し、真の自立に近づくことを目的とした。そのためには、武力という手段を選択することを正統化し、地下活動を行った。そのほかにも、小規模の地下組織が生まれた（Moruzzi & Boulert 1988; Urteaga 2007: 49–51; 2004: 24–25）。

このように1980年代に入ると、武装闘争路線と、政党を通じた制度の改変を目指す改良主義的な政治運動路線とに分裂していった。武装闘争路線では、1983年以降、GAL（Groupe antiterroriste de libération 反テロリスト解放グループ）が暴力的な襲撃を続け、フランスバスク在住の27名におよぶ活動家／避難民が殺害された。GALは、スペイン警察との関連も指摘され、「汚い戦争」が繰り広げられた（Ibid.: 27）。一方、1980年代後半には、こうした武装闘争への嫌悪・反動から、政党の設立が相次ぎ、運動から政治への回帰が強まることになる。

4　1980s——権力についた社会党と「もう一つのターン」

大統領選にむけて——PSのバスクへの接近

大統領選挙での勝利を狙うPSは、もともと右派の地盤であったバスクにおける勢力拡大を目指した。PSは1969年に発足し、71年のエピネー大会でミッテランが第一書記に就任し、社共共同綱領を締結し、74年には統一社会党が合流し、大統領選での勝利を視野に入れるようになっていた。このころからPSは地域主義運動に興味を示し、特に社会主義系の運動と会談を持ち、党内にナショナル・マイノリティ委員会を設置した。PSがバスクのナショナリズム運動に興味を示した背景は大統領選挙への票獲得だけではなかった。PSの指導部の多くは、バスクの運動を左翼と見なし、キリスト教への影響の強さについても、1970年代より浸透していた共同体主義の延長線上で理解した。また後述のように、スペイン・バスクからの避難民の庇護および権利の付与についても、フランスは避難民を受け入れるべきであると主張していた。こうしてPSは、バスク「県」設置や文化・言語の問題への理解を深め、1989年12月には国民議会に対し、バスク「県」の設置および「差異の権利」の承認、非宗教のバスク語学校の設立の提案に及んだ。この議案は成立には至らなかったものの、その提案はミッテランをはじめとして、のちの首相、内相等の閣僚を担当することになるPSの主力メンバーによるものであった。さらに1981年の大統領選にむけて発表した「110の提案」においても、提案56として「バスク県の創設」が盛り込まれるに至った。これらにバスク問題への支持にあたっては、ミッテランの意向が強く働いていたという。こうしたPSの歩み寄りに対し、当初、バスクのナショナリズム運動のなかには懐疑的に受け取るものも少なくなかった。しかし国民議会での提案や「110の提案」にも盛り込まれるに至り、PSへの期待が高まり、1981年の大統領選挙第2回投票では、ミッテランを支持するよう、呼びかけるに至った[16)]。

バスク「県」設置――期待と失望

しかし大統領選挙に勝利した後、PS党内におけるバスク問題への関心は失速した。政権を獲得したPSは、バスク問題について野党時代とは全く異なる景色を見ることになる。バスクの情勢を見誤り、フランスにおけるバスクナショナリズム運動の本質とその問題点の理解が不足していたとも言える。そしてバスクでは、IKによる暴力的な活動が急速に活発化するようになる。ナショナリズム運動の内部では暴力の是非をめぐって分裂し、溝が深まっていた。

1982年1月、地方紙*Sud Ouest*において、内務相ドフェールの発言が掲載された。ドフェールによれば、バスクにおける状況は極めてデリケートな状況であり、解決策は県の創設では成し遂げらないと明言し、バスク県設置への「ノン」がつきつけられた。この発言は明らかに「フランスへの110の提案」と矛盾しており、当然バスクの活動家達の反発を招いた。現地の要望を受け、内務省を中心にバスク問題を検討する省間会議が開催され、今後の方向性が示された。バスク国発展理事会を設置し、経済・文化・社会問題に取り組むが、県設置については、長期的な可能性は排除しないものの、短期的な取り組みからは排除された（Cassan 1997：110–116）。

PSはなぜ選挙綱領にさえ取り上げた県設置を早々に断念したのであろうか。その背後には、まず現地の社会党の政治家／名望家の根強い反対が存在した。活動家以外のバスクの住民の多くは未だ県設置に関心がなく、県設置は分離主義＝フランスからの独立への第一歩、と見なしていた。もちろん、選挙区の変動等により、今後の地方政治の不安定化も否定できない。さらにPSが力を入れていた分権化とも矛盾していた。この分権化による行政・権力の再配置は地域の社会党にも穏健をもたらすことが予測されたが、県の設置はこの構想と大きく乖離することにもなる（Ibid.：116–122）。

そしてこの頃から政権党として、PSは現地の情勢の複雑さに直面した。後述のように、IKのテロに加え、分離主義の活動家を襲撃するGALが激しい暴力を展開していた。これに対し、スペイン政府は、フランス・バスクがテロリストの「サンクチュアリ」、後背基地であるとして批判を強め、廃止を強く要求していた。統治者となったPSもこれを無視できなくなっていた。次第にバスク県の設置は、ナショナリストの思想を強化する可能性、さらにスペイン・バスクが完全に自治を獲得した場合、フランスのバスク県が分離主義に傾き、両者の合併という可能性を予測した。フランスの上院のテロ報告においても、現地において過度の不安定さを招くため、県設置構想の最終的放棄が推奨された。1984年秋、ミッテランはアキテーヌ地方を訪問し、*Sud Ouest*紙のインタビューに応じた。バスク県構想については将来的な可能性を否定しなかったものの、自治や独立については明白に「ノン」と語った。バスクの運動はこれに抗議し、連邦主義の可能性を訴え、連邦的な統一ヨーロッパにおける県設置の有効性を訴えた（Ibid.：115–116, 119–122）。

民主化されたスペインにおけるテロリスト――庇護か追放か？

フランスでは、戦間期より、スペイン・バスクからの避難民を庇護し、避難民としての地位を付与してきた。この避難民にはテロリストも含まれているが、スペインの政治体制を非民主的と見なしていたからである。もともと避難民に対する庇護は、第一次世界大戦後、アルメニアやクルド等の難民で認識され、フランスも一部受け入れてきた。そして1951年7月28日のジュネーブ協定により避難民の定義が国際法のもとで定められた。フランスでは、外務省の下に、OFPRA（Office francais de protection des refugies et apatrides 避難民・無国籍者保護フランスオフィス）が設置され、正式に避難民としての資格を付与してきた（Ibid.: 228–229）。

フランス政府は、1930年代のスペイン内戦、および第二次世界大戦後もフランコ政権によるバスクの圧政から脱出してきたバスク人を受け入れてきた。戦後も、フランコは政権にとどまり、軍事独裁を継続したものの、国交は途絶えることはなく、1950年代末以降の対外開放政策以降、関係を深めてきた。しかし次第にフランコの圧政によりフランスに脱出したバスク人を受け入れるものの、ETAのテロリスト受け入れを危惧するようになった。前述のように、バスクからの避難民は、フランス・バスクにおいてもナショナリストの意識を高めた。しかもETAは分離主義をかかげ、スペイン・フランス両国にまたがるバスク7領域の統合・独立を訴えていたことも問題であった。1964年の内相による命令により、ETAの創設に関わる主要メンバーに対し、フランス南西部の12県からの隔離を定めた。この決定により、一部の活動家は地下に潜った。1969年には両国は協定を結び、フランス側ではETAの活動家を阻止すること等を合意し、70年代に入るとETAの活動家のフランス滞在を禁止するなど次第に態度を硬化させた。1975年11月のフランコの没後、フランスはスペインの政治状況の変化を理由に、避難民の監視を強化し、住居割り当て、追放等の措置をとるようになっていた。1979年1月3日には外相がコミュニケにより、スペイン国籍の避難民の地位廃止を発表し、OFPRAも地位剥奪の通知を発するに至った。とはいえ、追放命令は出されるが、多くは執行されず、もしくは官庁により対応・解釈が異なる、あいまいな時期が続いた（Ibid.：202–207, 227–229）。

PSや人権派の知識人は、こうした決定を強く批判した。PSはもともと政治的な理由による避難民のアジール権／庇護権を支持し、その避難民への本国への送還に反対してきた。これはフランスの伝統でもあり、何よりバスクについては、フランコ政権による独裁や拷問を批判しており、フランコ没後もスペインの民主化を懐疑的に認識していたからである。また戦前生まれの党員や知識人の多くは、占領下でレジスタンス活動を経験したものも多く、テロリストが国家元首に就任する例を引き合いに出すこともあった。ミッテランも「フランスでのアジールの権利についてはいかなる政治的傾向があるにせよ、政府の対応は受け入れられない。法は法であり、いかなる要請があろうとも、自国での圧政から逃れるためのフランスでのアジールは、安住の地であるべきだ」と語り反対していた。1979年の党大会では、人権の名の下で、バスクの避難民に対する政府の措置を非難し、避難民の地位の確立および政治的な理由による追放に反対した（Ibid.：207–209）。

大統領選勝利後の会見でも、モーロワ新首相は、バスク問題について「フランス、それは追放されたものすべて、政治的に糾弾されたものすべてにとってのアジールである」と延べ、その歴史やイメージに忠実であるべきと従来からの繰り返した。内相ドフェールも同様に、「フランスは自由の地であり、アジールの地である。フランスは政治的意思による送還に反対する。しかしフランス政府は、スペインの若い民主主義を支援しており、悪しき打撃を与えることは回避している」と語った。こうした発言に対しスペインでは政府のみならず左右のあらゆる政党が激怒した。「フランスは暗殺者とテロリストの地」であると避難し、右派は国交断絶さえ叫んだ。PSは、居住地の限定等の措置で対応できると楽観視していたが、スペイン政府は生ぬるい対応では問題を解決できないと批判を繰り返した（Ibid.：223–231；Ménage 2000：362–369）。

しかし、1982年10月28日、スペインの総選挙でPSOE（スペイン社会労働党）のゴンザレスが勝利したことで、状況は大きく変化した。この時期、スペインの新しい政治が注目を集める一方、メディアのなかでもバスク問題は、北アイルランドとともに、ヨーロッパのなかでも最も緊張度の高い地域と認識されるようになっていた。ゴンザレスは、まずETAとの「大交渉」を試み、自治と民主主義との両立を目指した。しかしETAも民主主義を望む一方で、武力の放棄には抵抗した。一方フランスでも、PSのもとで犯罪者については、検挙は行われるものの、送還は拒否するというあいまいな対応が続いた。しかし1983年10月にスペインの軍人がETAの軍事部門により拉致・殺害されたことはフランス政府に衝撃を与え、転機となった。この暗殺はバイヨンヌで活動家の一斉検挙への報復テロであることが危惧され、逮捕とテロの応酬が続いた。11月10日の閣議で、モーロワは新しい方針を定めた。フランスは政治的な避難民の送還拒否の基準を定め、送還は犯罪者のみに限定した。PSはフランスの避難民保護の原則と、治安の悪化、スペインの要求との間で難しい状況に追い込まれた。1983年に入ると、北のフランスにおいても秘密組織GALがフランスでも活動を開始し、誘拐、プラスティック爆弾等による殺戮を繰り返し、状況は悪化の一途をたどった[17)]。

PSにとっては、もはやスペインを非民主主義国と突き放すことはできなくなっていた。PSOEはPSの友党であり、ミッテランとゴンザレスは旧知の仲であり、両国間の協調は進展した。ようやく1983年12月20日、エリゼ宮でミッテランとゴンザレスの会談が行われた。最優先の課題はスペインのEC加盟であり、ゴンザレスは、スペインの若い民主主義への支援を求めた。バスク問題についても、駐仏大使が「ETAは暗殺のスパイラルに入った」と語るように、従来のフランスの政策では不十分であることが指摘された。この会談で、ミッテランはバスク問題で中途半端な対応を捨て、スペインの要求を受けたとされる。さらに翌1984年6月4日、フランス・スペイン両国の内相が会談し、両国の協力強化と、今後、テロリストは政治避難民と見なさないことが合意された。スペインの要求を全面的に受け入れ、警察官の協力により、避難民もしくは犯罪人の引き渡しが進められることになった（Cassan 1997：236–241）。1984年に、PSとバスクのナショナリズム運動の亀裂は決定的なものとなったのである。

5　むすび

1960年代から80年代は、フランスにおける左翼の変容の時代でもあった。フランスは革命以来、ジャコバン的な中央集権体制をとってきた。第五共和制は植民地の独立は実現した一方で、国内におけるマイノリティの多様性は尊重されなかった。

このなかで、PSが国内植民地の解決、差異の権利を意識し、バスクの地域ナショナリズムに接近した意義は大きい。しかしバスクの根本的問題を解決することはできなかった。統治者としてフランスとしての国家の一体性を優先し、バスクの求める自治や独立を否定したのであった。

とりわけこの時代に問われたのは、「暴力による民主主義」実現の是非である。バスクのナショナリズム運動は、バスクに根ざした歴史的地理的文化的要因から生まれた。脱植民地化や68年の運動は、運動活性化の触媒的役割を果たした。しかし68年のオルタナティブ左翼の一部は、70年代以降過激化し、バスクの運動の一部も暴力的かつ非合法、武力行使も容認するものへと変質したのであった。確かにフランスにおいても暴力や武力を伴う闘争方法は、フランス革命や、第二次世界大戦のレジスタンスのなかで正統化されてきた。そしてフランスは圧政から逃れる「避難民のサンクチュアリ」であることを任じてきた。従来はたとえテロリストであったとしても、政治的圧政の被害者として避難民に認定されてきた。しかし70年代から80年代にかけての民主主義の「第三の波」のなかで状況は変化した。バスクのナショナリストによるテロや暴力という手法は、民主化したスペインにおいて、その大義を容認することは困難となっていた。

PSは、新しい社会運動への理解を示す一方で、統治と治安も考慮する必要があった。しかもスペインにおいて左派政権が登場し、ヨーロッパ統合さえ構想されるなかで、PSは友党との連帯を優先した。暴力を伴う運動戦術は、左翼の言説におけるノスタルジーないしユートピアとしても美化されず、体制および民主主義の枠外へと排除されたのであった。

とはいえ、PSはバスクのナショナリズム運動の要求を否定したばかりではない。バスク県設置を否定し、避難民を追放／送還する一方で、文化・教育政策においては、バイヨンヌにバスク文化センター、バスク語による小学校等の開設を実現した。フランスの中央集権的な骨格は改変しないものの、文化・言語における多様性を尊重する新しい流れも生まれたのである。

フランスにおけるバスク問題は、フランスにおける戦後民主主義の問題点と境界線を鮮明化する契機となった。その後、フランスは文化・言語の多様性のみならず、分権化にも取り組み、ジャコバン的な中央集権の変容も促すことになる。その民主主義は新たな革新を遂げることとなるのである。

注

1）　地域主義は、単に地域の独自性を現す場合と、多数派のエスニシティとは異なり、独自の言語や文化を有するナショナル・マイノリティ minorité national、エスニック・マイノリティ等を指す場合がある。本章では、後者の意味で用いる。

2）　日本においては、1980年代に宮島喬・梶田孝道のもとでヨーロッパ各地の運動に関する先駆的な共同研究が発表された。代表的な研究として、宮島・梶田編（1988）。

3）　Pays basque français、もしくは国境により分断されたバスクにおいて北バスク（Iparralde イパラルデ）とも呼ばれる。日本語で読めるバスクの概要については、以下を参照されたい。萩尾・吉田（2023）；モンテロ（2018）。

4）　本章で用いるナショナリズムとは、いわゆる国民国家（State, Etat）ではなく、国家より下位に位置する単位を指すものとする。

5）　フランスのバスク問題の概要については以下を参照のこと。Urteaga（2004）.

6）　戦後の運動の概要についてはJacob（1994）、その他の各運動については以下を参照のこと。Bidegain（2020）, Etcheverry-Ainchart（2013）, Moruzzi et Boulert（1988）, Pierre（2010）. 運動に対する政府の対応については以下を参照のこと。Cassan（1997）.

7）　社会学者のウルテアガアが各分野の研究を進めている。Urteaga（2007；2017；2021）.

8）　第二次世界大戦が勃発すると、「共和国」に敵対的であったバスク・ナショナリズムの少なからぬ一部は、ヴィシー政権に救済を求めた。農村や地域（région）こそ革命により損なわれた伝統的フランスの基盤とみる思想は、バスク・ナショナリズムと親和性を持った（Jacob 1994：106–120）。

9）　宗教関係の諸団体は、活動家を養成する場でもあった（Itçaina 2007：136–153, 232–244）。

10）　Jacob（1994：135）. エローについてはOlivier（2021：23–36）、ヨーロッパ連邦主義については上原（2019：115–137）を参照のこと。

11）　Etcheverry-Ainchart（2013：53–65）, Cassan（1997：106–107）, Chaussier（1988：641–642）, Jacob（1994；139–142, 145–146）, Urteaga（2004：14–15）. 連邦主義については、1967年の *Le Cahier Enbata* において「バスクとヨーロッパの連邦主義」と題する特集が組まれた。Etcheverry-Ainchart（2013：75–83）.

12）　この傾向はETAではさらに顕著で、活動家のうち、ミックスは8%、ミックス＋非バスクは40％あまりに達していた。男性活動家の場合、1/6は両親とも非バスクであったという。Jacob（1994：143–145）.

13） Etcheverry-Ainchart（2013：163–221），Jacob（1994：159–163, 179–182）. 若い世代にはエンバタとカトリックの結びつきを嫌う傾向が強まり、世俗的な運動が求められた。Itçaina（2007：142–153）.

14） 統一社会党の前身であるPSA（独立社会党）は、アルジェリア戦争への対応に失敗したSFIOから分裂した政党で、反植民地主義、アルジェリアの和平、第五共和制の拒否を掲げていた。統一社会党は、のちにPSに合流し、PS右派／中道左派の穏健派を形成するが、もともとは多様な路線を要し、マオイスト等の極左も存在していた。Gillet（2019）.

15） こうした南との「連合戦線」をとるべきか、それとも北の「単独戦線」をとるべきかで、ナショナリズム運動は分裂した。Urteaga（2004：22–23）.

16） Cassan（1997：79, 108, 109），Pierre（2010：37），吉田（2008：93–99）。吉田徹氏によれば、この提案は「社会主義プロジェ」と共に急進路線の公約として、その実現が危ぶまれていた。

17） Ménage（2000：360–377）. GALはフランコ派とも、スペイン警察の支援があるとも噂された。Cassan（1997：231–236）. この間の政府とテロリストの応酬を政府内部で体験した手記として、Ménage（2000：351–530）を参照されたい。

参考文献

Bidegain, Eneko（2020）*Iparretarrak, Histoire d'une organisation politique armée*, Zortziko.

Cassan, Patrick（1997）*Le pouvoir français et la question basque（1981–1993）*, L'Harmattan.

Chaussier, Jean-Daniel（1988）"Identité nationale et identités locales. Le projet de création d'un département en Pays Basque," *Revue française de science politique*, 38（4）.

Etcheverry-Ainchart, Jon et Peio（2013）*Le mouvement Enbata*, Elkarlanean.

Gilet, Jean-Claude（2019）*Le PSU et la question basque：Sa participation à la lutte pour l'émancipation nationale et sociale du peuple basque（1960–1990）*, Edition du croquant.

Itçaina, Xabier（2007）*Les virtuoses de l'identité, Religion et politique en Pays Basque*, P. U. Rennes.

Jacob, James E.（1994）*Hills of conflict：Basque nationalism in France*, University of Nevada Press.

Kernalegenn, Tudi（2018）"Les gauches alternatives à la découverte des régions dans les années 1968," *Revue historique*, 685.

Ménage, Gilles（2000）*L'oeil du pouvoir. Volume 2, Face aux terrorismes, 1981–1986*, Fayard.

Moruzzi, Jean-François et Boulert, Emmanuel（1988）*Iparretarrak, Séparatisme et Terrorisme en pays basque français*, Plon.

Olivier,Dard（2021）《Guy Héraud et《l'Europe des ethnies》》, *Histoire, économie & société*, 2021/3（40e année）.

Pierre, Thomas（2010）*Controverses institutionnelles en Pays Basque de France, Usages politiques et déconstructions des préjugés socioculturels*, L'Harmattan.

Rocard, Michel（1966）"Le discours de Michel Rocard au Colloque socialiste de Grenoble puis de Saint-Brieuc：Décoloniser la province", 30/04/1966, Institut Tribune socialiste.

〈https : //michelrocard.org/app/photopro.sk/rocard/detail?docid=282648〉.

Rocard, Michel（1981）“La région, une idée neuve pour la gauche,” *Pouvoirs, revue française d'études constitutionnelles et politiques*, 19（novembre 1981）.

Urteaga, Eguzki（2004）*La question basque en France*, Milan.

Urteaga, Eguzki（2007）*Le vote nationaliste basque*, L'Harmattan.

Urteaga, Eguzki（2017）*La communauté pays basque : L'institutionnalisation du territoire*, L'Harmattan.

Urteaga, Eguzki（2021）*La politique culturelle au Pays basqu*e, L'Harmattan.

上原良子（2019）「フランスの連邦主義運動とデモクラシーの再考」網谷龍介・上原良子・中田瑞穂編『戦後民主主義の青写真――ヨーロッパにおける統合とデモクラシー』ナカニシヤ出版。

萩尾生・吉田浩美編著（2023）『現代バスクを知るための 60 章［第 2 版］』明石書店。

宮島喬・梶田孝道編（1988）『現代ヨーロッパの地域と国家』有心堂。

モンテロ、マヌエル（2018）『バスク地方の歴史――先史時代から現代まで』明石書店。

吉田徹（2008）『ミッテラン社会党の転換』法政大学出版局。

第 5 章
1970 年代の西ドイツにおける保守主義の変容

板橋拓己

従来、ドイツ連邦共和国（西ドイツ）の 1970 年代は、学生運動が頂点に達する 1968 年、あるいは社会民主党（SPD）主導のヴィリー・ブラント政権が成立する 1969 年を始点とし、1982 年のキリスト教民主同盟・社会同盟（CDU/CSU）主導のヘルムート・コール政権の成立を終点とする「長い 70 年代」としてイメージされてきた。そのうえで、この「長い 70 年代」は、ブラント政権（1969～74 年）とヘルムート・シュミット政権（1974～82 年）という SPD 主導の政権が続いたこともあり、「赤い 10 年」（Koenen 2001）や「社会民主主義の 10 年」（Faulenbach 2011）などと特徴づけられてきた。

この「赤い 10 年」「社民の 10 年」に関する既存の政治史・社会史的な研究は、社会の「リベラル化（Liberalisierung）」の態様を分析したり、左派やリベラルの動向について分析したものが多く、保守派ないし右派に関する研究はまだ少ない。しかし、1970 年代は、生活様式や価値観の転換といった社会の現代化・リベラル化への対応のなかで、西ドイツの保守主義が再編されていく時代でもあった[1)]。

そこで本章では、1970 年代の保守主義者たちが、学生運動や環境問題、治安問題などといった「新しい」政治争点にいかに対応し、その過程でいかに再編されていったのかを検討する。そして、そうした保守主義の再編と政党政治がどう交錯していたか、具体的には、野党となった保守政党である CDU/CSU がいかにして時代の課題に対応しようとしたかを考察したい。一見したところ、この時代の西ドイツの政党政治は安定していたように見えるけれども、保守陣営内部では相当な緊張があり、変容が起こっていたことも指摘したい。

なお、本章では「保守主義」に外在的な定義は与えない。同時代に「保守(konservativ)」と自称した、あるいは「保守」と名指されていた人びとを対象とする。そのうえで重要なのは、1970年代の西ドイツでは「保守」という概念が流行したことであり、それまでとは異なって一般社会においてもポジティブな語彙・シンボルに転じたことである。

また、本研究はまだ着想段階であり、現時点では一次史料を充分に用いた分析を行うにいたっていない。本章は、アクセル・シルトやペーター・ヘーレスらによる先駆的な研究と一部の公刊資料を手がかりにしながら、1970年代の西ドイツにおける保守主義の変容を考察するにあたって重要と思われる論点を並べただけの、粗いスケッチにとどまることを断っておきたい[2)]。

1 「反1968年」としての保守

保守派の再編の始まりには、1960年代以来の西ドイツ社会の変容、とりわけ「1968年」がある。本節では、1960年代後半の学生運動や「大学の民主化」要求に対抗するかたちで登場した「学問の自由連盟」と、この時期に叢生した保守系の雑誌について検討する。

闘争の場としての大学――「学問の自由連盟(BFW)」の設立と活動

1970年11月18日、ボンのバート・ゴーデスベルクで「学問の自由連盟(Der Bund Freiheit der Wissenschaft：BFW)」の設立集会が開かれた[3)]。そこには約1700人の大学教授、大学関係者、政治家、財界人、ジャーナリストが集まった(その多くは男性)。また、主催者は約2000通の賛同レターを受け取った。この「学問の自由連盟」という名称は、マールブルク大学の歴史家エルンスト・ノルテ(Ernst Nolte, 1923-2016)――1980年代に「歴史家論争」の発端となる人物――が準備会合で提案したものである。「学問の自由連盟」の設立アピールには次のような文言がある。

> 現存するものを破壊することがユートピア的な目標を実現するための前提条件だと考えるイデオロギーが優勢なところでは、改革への訴えは、もはや制度の近代化や能力向上ではなく、その麻痺や破棄に資するだろう。こんにちの連邦共和国の大学は、そうした危険の前に立たされている。明日は国家が同じ危険の前に立たされるかもしれない[4]。

「学問の自由連盟」の設立について保守系のシュプリンガー社の新聞『ヴェルト』は、「教授たち——大学に対する左翼の攻撃は国家の危機につながる」という見出しで報じた[5]。このように、「学問の自由連盟」は、学生側からの改革要求が、究極的には国家への攻撃につながるものと見なしたのである。「学問の自由連盟」の代表のひとりハンス・マイアー（Hans Maier, 1931–）（設立直後にバイエルン州の文部相に就任）は、『シュピーゲル』誌のインタビューで設立アピールの「ヒステリック」な表現について問い質されたとき、「レトリック上の誇張は世論に脅威を気付かせるためならば許される」と答えている[6]。

「学問の自由連盟」は、学生運動を「イデオロギー的にファナティックな集団による、意見が異なる者への信条のテロル」[7]として、ナチ時代の学生と重ね合わせたりもした。ベルリン自由大学で政治学の教授を務め、ブラントと近いSPD党員だったリヒャルト・レーヴェンタール（Richard Löwenthal, 1908–91）も、「自暴自棄と理想主義的な希望が入り混じっている」という点で、かつての「ナチ学生」と「現在の「革命的な」学生」は同じだと論じている[8]。

また、ドイツ民主共和国（東ドイツ）の社会主義統一党（SED）独裁よりも、西ドイツの大学は恐ろしいとされた。たとえば、1963年に東ベルリンから西ドイツに移り、ボーフム大学で神学の教授を務めていたヴァルター・エリガー（Walter Elliger, 1903–85）による「この2年にわたしがここ〔ボーフム大学〕で体験したことは、DDR〔東ドイツ〕での経験をはるかに凌駕する」という発言が喧伝されたのである[9]。

「学問の自由連盟」の会員は、創設時は約2000人、最盛期の1973年には約5200人となった。保守的な大学正教授がこの運動の中心だったが、たとえば前述のレーヴェンタールに加え、哲学者のヘルマン・リュッベ（Hermann Lübbe, 1926–）や政治学者のヴィルヘルム・ヘニス（Wilhelm Hennis, 1923–2012）など、社会民主党からの「転向者」もいた（Münkel 2008：179–181）。また、のちに保守主義の再編を促す担い手たちも参加していた。左派の大学教員を中心とした組織である「民主主義的研究者連盟（Bund demokratischer Wissenschaftler）」——ヴォルフガング・アーベントロート（Wolfgang Abendroth, 1906–85）らによって設立され、創設メンバーにはユルゲン・ハーバーマス（Jürgen Habermas, 1929–）らがいた——の会員が当時1800人ほどだったことを考えると、「学問の自由連盟」の広がりは相当のものだったと言えよう（Münkel 2008：175）。

「学問の自由連盟」自体は、大学の状況が落ち着いてくると下火になる（1978年末で会員数は約3000人に）。とはいえ、「学問の自由連盟」は、「反1968年」で一致した保守派の運動として、のちの保守主義の再編を担う人びとのプラットフォーム的な役割を果たしたと言える。

かつて筆者も論じたことがあるように、すでに1950年代末から60年代にかけて復古的で反近代的な保守主義は説得力を失い、60年代初頭には「こんにち保守的であることは何を意味するのか」が論壇誌上で問われたりもした（板橋 2016：197–198）。そうしたなか、「1968年」に象徴される学生運動や1969年のブラント政権の成立は、「保守」に「反1968年」というプロフィールを与えたと言えるのではないだろうか。

保守論壇の形成——雑誌・叢書の創刊

一方、「1968年」を境に、保守的な雑誌・叢書の創刊が増え、保守論壇とでも言うべきものが西ドイツで形成されていく。歴史家のアクセル・シルトは、1973/74年の「潮流の転換」（後述）の結果として保守系の雑誌の叢生を捉えているが（Schildt 2011：274 f.）、各誌の創刊のタイミングや内容を検討すると、「1968年」の反動として刊行されていったと理解するのが妥当と思われる。

この時期の「新しい保守ジャーナリズム」については、神学者・政治学者のフェーリクス・ディルシュによる研究がある（Dirsch 2012）。自身も保守派のディルシュは、上述の「学問の自由連盟」の設立者のひとりハンス・マイアーがミュンヘン大学に教授として在籍していたときに研究助手を務めていた人物であり、その点で彼の研究も注意する必要があるが、情報量は比類ない。以下では、ディルシュの研究を参考にしつつ、当時の保守系の雑誌を概観しよう。

まず重要なのが、1970年8月に創刊された『クリティコン（*Criticón*）』である。初代編集長はカスパール・フォン・シュレンク＝ノッツィング（Caspar von Schrenck-Notzing, 1927–2009）が務めた。本誌は、CDU内外のさまざまな保守主義者が対話するためのフォーラムとして、そして西ドイツにおいて保守主義が「文化的ヘゲモニー」を奪還するための媒体として登場した。『クリティコン』には、シュレンク＝ノッツィングを中心とする伝統的な保守派と、アルミン・モーラー（Armin Mohler, 1920–2003）を中心とする青年保守派という二つの潮流が共存していた[10]。1981年に後述の『こんにちの保守』グループが合流し、彼らはキリスト教保守派という第三の潮流を同誌内に形成した。こうして『クリティコン』は、さまざまな保守派の潮流を抱えながら、「新右翼」の代表的な雑誌という地位を獲得する。しかし、1999年にグンナー・ゾーン（Gunner Sohn, 1961–）が編集長となってから、雑誌の内容ががらりと変わり、2005年には『新報道（*Neue Nachricht*）』に改名した。「新右翼」の雑誌としての『クリティコン』の遺産は、『新報道』ではなく、むしろ後発の『若き自由（*Junge Freiheit*）』（1986年創刊）や『ゼツェッシオン（*Sezession*）』（2003年創刊）に引き継がれていく（Dirsch 2012：260–269）。

次に挙げられるのが、やはり1970年に創刊された『こんにちの保守（*Konservativ heute*）』である。ヒトラー政権初期にアルフレート・フーゲンベルクのもとで食糧・農業省の次官を務めたハンスヨアヒム・フォン・ローア（Hansjoachim von Rohr, 1888–1971）が創刊した。71年のローアの死後、ベルリン芸術大学の政治学教授クラウス・モッチュマン（Klaus Motschmann, 1934–2016）が編集長を引き継いでいる。思想的には雑多であった『クリティコン』とは異なり、同誌はキリスト教保守派、とりわけ福音派を中心とした雑誌という点で、世界観ははっきりしていた。また、『クリティコン』の寄稿者は学者や文筆家が主体だったが、『こんにちの保守』の寄稿者はさまざまな階層から成り、扱うテーマも、「民主化（Demokratisierung）」批判とともに、教会や大学や連邦軍の意義など、実際的なものが多かった。『こんにちの保守』は、主に財政的な理由から、1981年に『クリティコン』と合併している（Dirsch 2012：270–272）。

上記の2誌に比べると相対的に政党政治に近かったのが、『ドイツ・マガジン（*Deutschland-Magazin*）』である。同誌は、1966年に設立されたドイツ財団（Deutschland-Stiftung）の機関誌で、同財団の共同設立者のひとりであるクルト・ツィーゼル（Kurt Ziesel, 1911–2001）の主導で1969年に創刊された。ドイツ財団の目的は、初代首相コンラート・アデナウアー（Konrad Adenauer, 1876–1967）の政治的遺産を守ることとされていた。実際には、ドイツ財団および『ドイツ・マガジン』は、CDUの右派グループを強化し、さらに右の勢力とCDUを結び付けることを試みた。『ドイツ・マガジン』は2002年に休刊し、ドイツ財団は2007年に解散している（Dirsch 2012：273–282）。

現実政治や外交問題を取り上げることが多かったのが、1972年に創刊された『時代の舞台（*Zeitbühne*）』である。創刊者は、ガリツィア生まれの元共産主義者で、第二次世界大戦期にアメリカに移住していた保守主義者ウィリアム・シュラム（William S. Schlamm, 1904–78）である。同誌にはオットー・フォン・ハプスブルク（Otto von Habsburg, 1912–2011）が定期的に寄稿し、77年から共同編集者となっている[11]。

上記以外にも、たとえば1968年に創刊された『学生（*student*）』や、72年創刊の『分岐——懐疑的な思考のための四季報（*Scheidewege. Vierteljahresschrift für skeptisches Denken*）』といった雑誌が刊行されている。後者は、後述するように、エコロジーを重視した保守主義者の雑誌であった。

保守系雑誌の充実と並行して、関連書籍も増えた。たとえば、保守派には理論が欠如していると嘆いていたオーストリア出身の文筆家ゲルト＝クラウス・カルテンブルンナー（Gerd-Klaus Kaltenbrunner, 1939–2011）が、フライブルクのヘルダー出版から「イニシアティブ（Initiative）」という叢書を刊行した（確認する限り1988年までに75巻を刊行）。同じころ、クレット出版は、やはり保守主義の理論化をねらった叢書である「アルファ（Edition Alpha）」を刊行している。

「潮流の転換」

こうしたなか、1970年代半ばの西ドイツでは「潮流の転換（Tendenzwende）」が時代のキーワードになっていく（Hoeres 2013：95–101）。「潮流の転換」とは、論者によって意味内容はさまざまだが、一般的に、改革に倦み、あるいは諦念し、社会思潮が保守化していったことを指している。この言葉の起源は判然としないが、1974年11月26・27日にバイエルン美術アカデミー（Bayerische Akademie der Schönen Künste）で開催された集会のタイトルになったことで有名になった。この集会はバーデン＝ヴュルテンベルク州の文部相でCDU所属のヴィルヘルム・ハーン　(Wilhelm Hahn, 1909–96)らが中心となって開催されたものである。そこでは、ヘルマン・リュッベや歴史家のゴーロ・マン（Golo Mann, 1909–94）、哲学者のローベルト・シュペーマン（Robert Spaemann, 1927–2018）らが、「左派」に支配された時代精神に抗して、「プラグマティックな」転換を求める講演をおこなった。彼らの講演が西ドイツの新聞紙上で話題となり、「潮流の転換」という言葉も広まったのである[12)]。また、先述のカルテンブルンナーによる「イニシアティブ」叢書の第１巻のタイトルは、『理性の擁護――潮流の転換の合図』であった（Kaltenbrunner 1974）。

ただし、「潮流の転換」という言葉を広めたのは、むしろ左派の知識人たちのようだ。シュトゥットガルト大学の政治学者マルティン・グライフェンハーゲン（Martin Greiffenhagen, 1928–2004）は、1975年に『自由対平等？――連邦共和国における潮流の転換について』という本を著し、保守派に批判的な立場から、「政治的な雰囲気の変化（Klimawechsel）」が起きていると述べ、時代精神が「もはや左からではなく右から」表出されていると論じた（Greiffenhagen 1975：7）。1980年代初頭には、フランクフルト大学の政治学者イーリング・フェッチャー（Iring Fetscher, 1922–2014）も、「ここ数年来、われわれは「潮流の転換（Tendenzwende）」について語っている。それが意味するのは、「精神（Geist）」がいまや再び右から吹いているということだ」と述べている[13]。

このように「潮流」「雰囲気」「時代精神」「精神」といった漠然とした語彙が用いられていたのが特徴であり、決して何か決定的な出来事や論拠があったわけではない。ただ、何かが「転換」していると感じ取られていたことがわかる。

また、1970 年代の特徴としては——それまでの歴史的な経緯からドイツでは一般的にネガティブな意味合いが強かった——「保守的（konservativ）」という言葉が復権し、知識人だけでなく、広く社会にも受容されるようになったことがある（Graf 2008：210 f.；Schildt 2011：275 f.）。1975 年 3 月のアレンスバッハ研究所の世論調査では、ある政党や人間の特徴を「保守的（konservativ）」と呼ぶ場合、それをポジティブに感じる人が、ネガティブに感じる人を上回った（Noelle-Neumann 1976：76）。

また、リベラルや社会民主主義陣営から保守主義への転向も多く見られた。ハンス・マグヌス・エンツェンスベルガー（Hans Magnus Enzensberger, 1929–2022）、ペーター・シュナイダー（Peter Schneider, 1940–）、ボート・シュトラウス（Botho Strauß, 1944–）らがそうである。グライフェンハーゲンは、「もともとリベラルだった知識人が、保守主義への回心を世界の前で告白し、自らの左派的な思想を謝罪している」と批判的に述べている[14]。

2　保守主義者と新旧の争点

前節では、「1968 年」を境にして、保守派の結集と保守論壇の形成という動きがあったことを確認した。本節では、1970 年代の保守主義者が取り組んだ争点について取り上げ、この時期の保守派の特徴を浮き彫りにしてみたい。

中心的なテーマとしての治安と教育

1970年代に保守主義者が好んで取り上げたテーマが「治安（innere Sicherheit）」である。彼らは、治安の悪化と左翼急進主義を結びつけて喧伝した。こうして70年代には「治安」という言葉が、西ドイツにおいて一種の流行語となった（Schildt 2011：284-292）。

まず議論を呼んだのは、いわゆる「過激派条例（Radikalenerlass/Extremistenerlass）」である。これは、1972年1月28日にブラント首相と州首相の共同のイニシアティブで成立したものであり、「憲法敵対的」な者が公職に就くことを禁止した条例である。連邦政府およびSPD主導の州政府は、これにより、自らが推進する「東方政策」が共産主義との協調を意味するものではないことを示そうとした。しかし、CDUおよびCSUが主導する州政府は、この過激派条例を左翼勢力に対する威嚇の道具として用いることとなった（実際、連邦およびSPD主導の州政府は公職求職者の調査をすぐに止めたが、CDUおよびCSU主導の政府は80年代まで継続している）。

また、1970年代後半は、西ドイツでもドイツ赤軍（RAF）を中心としたテロ事件が多発した時代であり、とりわけ77年後半は「ドイツの秋」と呼ばれた。当然のように、保守派の政治家や知識人は、「治安」の名のもとに左派を攻撃した。その際、急進的でなくとも、左派やリベラルというだけでテロリストの「シンパ」とされ、攻撃されるにいたった。

治安とともに、保守主義者が積極的に論じたテーマが教育である（Schildt 2011：293-298）。保守主義者にとって、1960年代末から推進された一連の教育改革は諸悪の根源であった。現代史家のニコライ・ヴェールスが指摘するように、「1970年代には教育政策が、西ドイツの内政のなかで、おそらく最も論争的で最もイデオロギー化された領域となった」のであり、「CDU/CSUにとって教育政策は選挙戦で魅力的なテーマとなった」のである（Wehrs 2008：8）。

たとえば、1973年から76年までCDU/CSUの連邦議会議員団長を務め、79年には連邦大統領に就任することになるカール・カルステンス（Karl Carstens, 1914-92）は、当時を回顧して、「いわゆる批判的・解放的教育理論」

は、結婚や家族の価値を下落させ、違法行為を奨励し、マルクス主義を無批判に宣伝し、「革命的な狂信者か夢想家」を育成することにしかならないと述べている。また、ドイツ福音主義教会内の「告白共同体会議（Konferenz Bekennender Gemeinschaften：KBG）」は、1977年に各州の文部省（西ドイツでは教育は州の管轄）に宛てた公開書簡を、先述の雑誌『こんにちの保守（*Konservativ heute*）』に掲載した。その書簡は、「無政府主義的なネオマルクス主義が、とりわけフランクフルト学派の「批判理論」のかたちをとってわれわれの社会に侵入して」おり、それは多くの州の教育政策を通して普及していると非難するものだった（Schildt 2011：295 f.）。

1978年1月9・10日には、ボンのバート・ゴーデスベルクで「教育への勇気（Mut zur Erziehung）」というフォーラムが開催された[15)]。これは当時の教育改革を批判するための集会であり、哲学者のヘルマン・リュッベ、政治学者のクルト・ゾントハイマー（Kurt Sontheimer, 1928–2005）、歴史家のゴーロ・マンやトーマス・ニッパーダイ（Thomas Nipperdey, 1927–92）など、「学問の自由連盟」と連続性のあるメンバーが参加している。哲学者のニコラウス・ロプコヴィッツ（Nikolaus Lobkowicz, 1931–2019）による基調講演では、マルクス主義に基づく教育によって、いまや「あらゆる権威、規範、〔……〕服従、謙遜、慎み深さ、忍耐、とりわけ礼節、他者に対する敬意」が失われてしまったと嘆かれた。

このように1970年代においては、「体制化」した左派に対して、保守主義者が治安や教育をフィールドにして論戦を仕掛けるようになった。

環境問題と保守主義者たち

1973年は、西ドイツをはじめ西欧諸国にとって暗い時代の始まりであった。第一次石油危機が起こり、成長と完全雇用の時代は終わり、景気停滞、マイナス成長、大量失業の時代となった。西ドイツの失業者数は、1973年から75年の間に4倍になり、100万人を超えた。政治学者のゾントハイマーは、人びとが「意気消沈した時代」を生きるようになり、「進歩のエスカレーターを下る」ように感じていると表現した（Sontheimer 1983：11; Schildt

2011：274)。

かかる時代背景のもと、エコロジーが新しい政治的な争点として浮上してくる。1970年代は、「エコロジー的転換」ないし「画期」であると多くの研究者が指摘している（森 2011：530–533)。とりわけ西ドイツにおいては、この時期に「自然保護の文脈が保守主義から進歩主義的・左派的なものに移行」したとされる（Engels 2006：24)。いきおい、これまでの研究では、緑の党に結実するような左派的な運動に注目が集まってきた。他方で、保守主義者と環境問題の関係についてはほとんど研究されていない。

こうした研究状況への反省から、1970年代前半に西ドイツの保守的な知識人が環境問題についてどのような立場をとってきたかを検討することで、保守と環境問題の関係に光を当てたのが、リュディガー・グラーフの論文である（Graf 2008)。グラーフは、ローマクラブの報告書『成長の限界』（1972年）に対する反応を手がかりに、当時の西ドイツの保守主義者を四つのグループに分類している。

第一のグループは、上述のカルテンブルンナーら「潮流の転換」派である。彼らもエコロジーについて論じはしたが、しかし、それは決して中心的な論点にならなかったという。環境危機には「強い国家」で対応せよ、というのが彼らの主張であった（Graf 2008：213–215)。

第二のグループは、「エコ保守主義者」である。「エコ保守主義者」は、自らがずっと抱いてきた技術文明への憂慮が科学的に解明されたとして、『成長の限界』を歓迎した。そのうえで、成長を批判し、人類の倫理の刷新を求めた。先述の雑誌のなかでは『分岐（*Scheidewege*)』誌で活動していた人びとがここに該当する（Graf 2008：215–217)。

第三のグループが、「ハードコア保守主義者」である。「新右翼」の精神的支柱となるアルミン・モーラーらがここに含まれる。この「ハードコア保守主義者」は、環境政策よりも、成長、進歩、繁栄を重視した。また彼らは、エコロジー運動の背後に左翼の世界支配への夢を見出すという、陰謀論的な議論も展開した（Graf 2008：217–220)。

第四のグループが、「ネオ保守主義者」である。ここに当てはまる人びとは、第一の「潮流の転換」派とは逆に、左派による国家介入（=「エコ独裁」)

から個人の自由を守ろうとしたという（Graf 2008：220–222）。

以上の環境問題に対する保守主義者の態度の分岐が政党政治とどう関わっているかは、まだ判然とせず（グラーフも触れていない）、今後の検討課題となろう。ここでは、日本にも紹介された『収奪された地球』の著者ヘルベルト・グルール（Herbert Gruhl, 1921–93）の軌跡を紹介するにとどめておきたい。もともとグルールはCDU党員で69年から同党所属の連邦議会議員だったが、1975年に『収奪された地球』（グルール 1984）を刊行し、ドイツ環境自然保護同盟（Bund für Umwelt und Naturschutz Deutschland：BUND）を設立、75年から77年までBUNDの会長を務めている。そして1978年7月にはグルールはCDUを離党している。ここから、当時のCDUにエコ保守主義者の居場所はなかったことがうかがえる（詳しくは中田 2023：130–141）。

グルールはCDUから離党した翌日に環境政党「緑の行動・未来（Grüne Aktion Zukunft：GAZ）」を設立し（このためGAZは史上初めて連邦議会に議席をもった環境政党と言える）、1980年に緑の党に加わった。しかし、82年には緑の党から離脱し、エコロジー民主党（Ökologisch-Demokratische Partei：ÖDP）を立ち上げることになった。初期の緑の党には、グルールのような保守派も存在していたのだが、党内闘争のなかで保守派は排除されたのである。緑の党にも、エコ保守主義者の居場所はなかったと言える。なお、ÖDPは保守派の環境政党として現在も存続しているが、勢力は小さいままである。

3　保守政党のゆくえ

では、こうした時代状況のなかで、保守政党であるCDU/CSUの動向はいかなるものだったのか。本節では、この点を確認しておきたい。

CDU/CSUの変容

現在から振り返れば、CDU/CSUにとって1970年代は、連邦レベルでは結党以来初の野党の立場に甘んじていたものの、少なくとも選挙では好成績を収め続けた時代であった（Bösch 2008：297）。1976年の連邦議会選挙で

CDU/CSUは得票率48.6%で第1党に返り咲くが、これは他の政党を含めても戦後から現在までで2番目に高い得票率である（最高は1957年連邦議会選挙で過半数を獲得したCDU/CSU）[16]。

また、1970年代初頭から、CDUおよびCSUは州議会選挙で勝利を重ねた。シュレースヴィヒ＝ホルシュタイン州（71年51.9%、75年50.4%、79年48.3%）やラインラント＝プファルツ州（71年50.0%、75年53.9%、79年50.1%）のCDUは単独過半数の議席を確保し続けた。バーデン＝ヴュルテンベルク州のCDUは、極右の国民民主党（NPD）支持層（68年選挙で9.8%を獲得）を包摂して、72年に52.9%を得票して初めて絶対多数を獲得、76年には56.7%を獲得している。バイエルンのCSUも、1970年に56.4%で初めて絶対多数を獲得し（66年は48.1%）、74年には62.1%と6割を超える票を得た。

とはいえ、党としての危機意識は高かった。1972年の連邦議会選挙では、ブラントの新東方政策に反対して、SPDに戦後初めて敗北を喫した。そこでライナー・バルツェル（Rainer Barzel, 1924–2006）に代わり、1973年6月にCDU党首に就任したヘルムート・コール（Helmut Kohl, 1930–2017）は、党首として最初の演説（ボンの党大会）で、東方政策の成果である東方諸条約を承認している。

また、1960年代から徐々に進行した社会階層の変化や都市化・個人主義化、そして世俗化によって、CDUは長期的に衰退するという展望は党内でも共有されていた。そうしたなか、1970年代のコールCDUのなかでも「モダナイザー」と呼ばれた人たち、すなわちノルベルト・ブリューム（Norbert Blüm, 1935–2020）、クルト・ビーデンコプフ（Kurt Biedenkopf, 1930–2021）、ハイナー・ガイスラー（Heiner Geißler, 1930–2017）、ローマン・ヘルツォーク（Roman Herzog, 1934–2017）ら（メディアでは彼らは「コール主義者（Kohlianer）」とも呼ばれた）は、「新しい社会問題」への対応を自らの課題とした。

ガイスラーやビーデンコプフは、いまや資本と労働の対立だけでなく、「組織された利害と組織されていない利害との対立」が社会に浮上しているとし、CDUは真に弱い立場にある組織されていない者たちの味方となるべきだと説いた（Bösch 2008：304 f.）[17]。彼らのイニシアティブで、1975年のCDU連邦党大会では、いわゆる「マンハイム宣言」が採択される[18]。これは、「新しい社会問題」に対応できる国民政党として、これまでより広範な層、たとえば労働者や女性や若者にアピールすべく採択されたものである（近藤 2013：86–88）。宣言のなかでは、「就業・育児・家事といった多重負担に苦しむ女性」、「ガストアルバイター」、「高齢の自営業者」、児童、障碍者など、これまで組織されてこなかった人びとの境遇の改善も唱えられていた。また、「環境破壊、非人間的な都市計画、家族に適さない住居、社会に由来する病といった問題」への対処も記されていた。しかし、こうした方向性に党内右派は反発し、またCDUよりも保守的な姉妹政党のCSUは、CDUの「左傾化（Linksrutsch）」を批判した。

1976年の連邦議会選挙でCDU/CSUは、前述のように得票率48.6%で第1党に返り咲いたが、政権奪還にはいたらなかった。この選挙後、CDUとCSUのあいだで主導権と戦略をめぐる争いが激しくなり、1976年11月19日にCSUはいわゆる「クロイト決議（Kreuther Beschluss）」を採択し、連邦議会創設以来のCDUとの会派共同体を解消した。これは撤回されるが、両党間のしこりは残った。

1978年にCDUは「原則綱領（Grundsatzprogramm）」を定めるが、ここでは「マンハイム宣言」に見られた「新しい社会問題」への対応といった側面は後景に退いた（Bösch 2008：305）。

1980年の連邦議会選挙では、CDU/CSUはCSUのフランツ・ヨーゼフ・シュトラウス（Franz Josef Strauß, 1915–88）を首相候補に立てて戦った。保守派の重鎮シュトラウスが看板となったこともあり、このときのCDU/CSUの選挙戦は、「自由か社会主義か」「社会主義の代わりに自由を」といったスローガンを掲げ、著しく反社会主義的なものとなった。CSUのエトムント・シュトイバー（Edmund Stoiber, 1941–）やシュトラウスは、国民社会主義者は社会主義者だったと主張し、SPDとナチを重ね合わせることまでした[19]。結果、CDU/CSUは前回よりも票を落とし（44.5%）、ヘルムート・シュミット政権の存続を許した。

その後、漁夫の利を得たかたちのコールが、1982年にシュミットに対する建設的不信任を経て、連邦首相に就任することになる。また、1970 年代の過程で CDU は、「首相選出組合（Kanzlerwahlverein）としてのブルジョア名望家政党から、細部にいたるまで組織化された国民政党（durchorganisierte Volkspartei）へ」（Geppert 2021：56）と成長した。党員数も 1969 年時点では約 30 万人だったのに対し、1982 年には約 72 万人にまで上昇した[20]。

「新右翼」の登場

1970 年代半ばのコール CDU は、保守的な知識人には、あまりにプラグマティックに、あるいはあまりに社会民主主義的に見えた。こうした CDU（の主流）への反発が、1970 年代後半から保守派のあいだに高まってくる。

その例として、1979 年に保守主義のシンクタンクとして設立されたヴァイカースハイム研究センター（Studienzentrum Weikersheim）を挙げよう（ヴァイス 2020：76–79）。産業界から資金を募って同センターを設立したのは、元バーデン＝ヴュルテンベルク州首相ハンス・フィルビンガー（Hans Filbinger, 1913–2007）である。フィルビンガーは、1997 年までセンター長を務め、この研究センターを通じて、CDU の右派グループの強化をねらった。フィルビンガーは、1978 年にナチ政権の海軍法務官だった過去が発覚し、州首相の辞任を強いられた人物である。同センターに関わった重要人物として、シュトゥットガルト大学の哲学教授ギュンター・ローアモーザー（Günter Rohrmoser, 1927–2008）がいる。ローアモーザーは、コール政権のスローガンだった「精神的・道徳的転換」は自分のアイデアだと吹聴していたが、実際のコール政権には失望していた。ローアモーザーは、CDUは「精神的な転換をするには弱すぎる」と述べ[21]、より復古色・極右色を強めていくことになる。

第 1 節で紹介した『クリティコン』のような雑誌も 1970 年代から 80 年代にかけて右傾化を強め、「新右翼」と呼ばれる潮流を作り出していくことになる[22]。

かつての復古的で反近代的な保守主義が魅力を失い、1960 年代には西ドイツの保守主義は一種のアイデンティティ・クライシスに陥っていた。そうしたなか、「1968 年」に象徴される学生運動や、69 年に成立した社民・自由政権の成立は、保守主義者に凝集力を与えるものであった。実際、SPD 主導の政権を成立させ「体制化」した左派に対して、また左翼急進主義に対して、保守主義者は攻撃を仕掛けた。その一方で、1970 年代には環境問題など新しい争点が登場し、それへの対応をめぐって、保守主義者の態度は分かれた。西ドイツの「長い 70 年代」は、保守勢力を再結集させるとともに、多様化も促したと言えよう。

政党政治のレベルでは、CDU は「新しい社会問題」にも対応しつつ、より現代的な国民政党に生まれ変わろうとしていた（「マンハイム宣言」）。また、1980 年連邦議会選挙における CSU のシュトラウスの敗北は、右傾化戦略の失敗を意味しているように思われた。

そうした CDU の進路に飽き足らない保守主義者の人びとは、「新右翼」として別の道を歩んでいくことになる。彼らは 1980 年代に歴史認識問題や移民・外国人問題で、CDU/CSU よりも攻撃的なスタンスをとるようになる（これが現在の「ドイツのための選択肢（AfD）」にもつながる流れである）。

西ドイツにとって 1970 年代は、現代に連なる保守の再編を促した時代だったと言えよう。

注

1）　この「長い 70 年代」を一塊のものと見なすことには疑義も呈されている。近年刊行された連邦共和国の通史は、1973 年ないし 74 年を断絶面として強調する傾向にある。たとえば Wolfrum（2006）は（1949 年から 59 年を「再建と西欧化（Verwestlichung）」の時代としたうえで）1959/60 年から 73 年を「ダイナミズムとリベラル化——第二の形成局面」の時代、74 年から 89 年を「長期的な問題とグローバル化の時代」と特徴づけている。また、Conze（2009）は、1966 年から 74 年を「改革の時代」、74 年から 82 年を「危機の時代」とする。最新の Geppert（2021）は 1958 年から 73 年を「改革と反乱」の時代、73 年から 85 年を「安全（Sicherheit）が脅かされた」時代と区切る。グローバル化の始まりと捉えるにせよ、危機の時代と捉えるにせよ、1973/74 年に何らかの区切りがあることにはコンセンサスが生まれつつあり、本章もそれを無視するものではない。なお、1970 年代の西ドイツ史に関する研究動向整理としては Geyer（2010）、70 年代を扱った論文集として Jarausch（2008）、70 年代以降を扱う現代史研究の課題を提示したものとして Doering-Manteuffel/Raphael（2012）がある。

2）　1970 年代の西ドイツ保守主義に関する体系的な研究は、前述の通りまだない。とはいえ、重要な論点を提示した先駆的研究として Schildt（2011）があり（もとは 2004 年の論文）、本章も多くを負っている。Hoeres（2013）は、1970 年代から 80 年代にかけての「転換（Wende）」言説を検討することで、コール政権成立にいたる保守主義の変化を検討している。また、本章では他国との比較にまで踏み込めなかったが、Steber（2017）は、第二次世界大戦後から 1970 年代までの英独の保守主義を政治的な語彙や概念の面から比較分析している。個別のトピックに関する先行研究については、各項で紹介する。

3）「学問の自由連盟」については、近年になって研究が蓄積されてきた。Koischwitz（2017）; Münkel（2008）; Wehrs（2008 ; 2014）を参照。

4） Bund Freiheit der Wissenschaft : Gründungsaufruf, in Bund Freiheit der Wissenschaft 1970 : 7–11. 引用は S. 7. 本文献は北海道大学附属図書館のティーメ文庫に所蔵。

5） “Professoren : Angriff der Linken auf Universitäten führt zur Staatskrise,” *Die Welt*, 19. November 1970.

6） “Professoren sind nicht mutiger als andere,” *Der Spiegel*, Heft 48/1970（22. November 1970）.〈URL : https : //www.spiegel.de/politik/professoren-sind-nicht-mutiger-als-andere-a-c8fbdad1-0002-0001-0000-000044302992〉2023 年 9 月 30 日に最終閲覧。ウェブ資料については以下同様。

7） Programmerklärung des Bundes Freiheit der Wissenschaft, in Bund Freiheit der Wissenschaft 1970 : 76–77.

8） Richard Löwenthal, “Farbenblind gegen rote Intoleranz?” *Die Zeit*, Nr. 2/1971（8. Januar 1971）.〈URL : https : //www.zeit.de/1971/02/farbenblind-gegen-rote-intoleranz〉

9） “Hochschulen Professoren. Alte Absicht,” *Der Spiegel*, Heft 48/1970（22. November 1970）.〈URL : https : //www.spiegel.de/politik/alte-absicht-a-51f28b6b-0002-0001-0000-000044302991〉

10）『ドイツにおける保守革命』(1950 年) という著作で有名な文筆家アルミン・モーラーは、戦間期の右翼と現代の「新右翼」をつなぐキーパーソンである (板橋 2022：185–188)。近年研究が進むモーラーについては、Finkbeiner (2016) ; Fischer (2023) ; Schildt (2019 a ; 2019b) ; 川合（2003 ; 2012）を参照。

11） シュラムの興味深い経歴については、さしあたり Gallus（2011）を参照。

12） 同会合の記録は Podewils（1975）に収録されている。文学における「潮流の転換」については、三島（1991：170–174）を参照（三島は「流れの転換」と訳している）。

13） Iring Fetscher, “Der Neokonservatismus und seine Widersprüche,” in Fetscher 1983 : 11–34. 引用は S. 20.

14） Martin Greiffenhagen, “Neokonservatismus in der Bundesrepublik,” in Greiffenhagen 1974 : 7. Schildt 2011 : 277 から再引用。

15） 記録として、*Mut zur Erziehung. Beiträge zu einem Forum am 9./10. Januar 1978 im Wissenschaftszentrum Bonn-Bad Godesberg*, Klett-Cotta, 1979.

16） なお、1972 年から 83 年までの 4 回にわたる連邦議会選挙において投票率はほぼ 90 %に達しており、CDU/CSU と SPD の二大政党で毎回 90% の票を獲得していた。現代史家ゲッパートは、「1970 年代は中道左派と中道右派の二大政党の成功史のなかでも絶頂をなす」としている（Geppert 2021 : 56）。

17） 筆者は未見だが、ガイスラーは『新しい社会問題』という本を刊行している。Heiner

Geißler, *Die neue soziale Frage. Analysen u. Dokumente*, Herder, 1976.

18）“Unsere Politik für Deutschland - Mannheimer Erklärung,” 23. Bundesparteitag, 23.–25. Juni 1975, Mannheim.〈URL：https://www.kas.de/c/document_library/get_file?uuid=6bbbb6af-026d-e4f2-52c2-fb18318e4096&groupId=252038〉

19）たとえば以下の『シュピーゲル』誌の巻頭記事を参照。“»Die letzten wurden 1934 ermordet «,” *Der Spiegel*, Heft 44/1979（28. Oktober 1979）.〈URL：https://www.spiegel.de/politik/die-letzten-wurden-1934-ermordet-a-ade579c6-0002-0001-0000-000039867302〉

20）Oskar Niedermayer, “Mitgliederentwicklung der Parteien,” Bundeszentrale für politische Bildung, 21. Oktober 2022.〈URL：https://www.bpb.de/themen/parteien/parteien-in-deutschland/zahlen-und-fakten/138672/mitgliederentwicklung-der-parteien/〉

21）Günter Rohrmoser, “CDU für geistige Wende zu schwach,” *Frankfurter Rundschau*, 30.08.1985. Vgl. auch：ders., “Was wird aus den Bonner Parteien? Interview,” *Criticón*, 103/1987, S. 197–199.

22）「1968年」と「新右翼」の関係を論じて話題になった書として、Wagner（2017）がある。ドイツにおける「新右翼」の起源については、板橋（2022）で紹介している。より詳しくは、ヴァイス（2019）を参照。

参考文献

Bösch, Frank（2008）“Die Krise als Chance. Die Neuformierung der Christdemokraten in den siebziger Jahren,” in Konrad H. Jarausch, Hg., *Das Ende der Zuversicht? Die siebziger Jahre als Geschichte*, Vandenhoeck & Ruprecht：296–309.

Bund Freiheit der Wissenschaft（1970）*Der Gründungskongreß in Bad Godesberg am 18. November 1970*, hg. von Hans Maier und Michael Zöller, Markus（HPI-Schriften）.

Conze, Eckart（2009）*Die Suche nach Sicherheit. Eine Geschichte der Bundesrepublik Deutschland von 1949 bis in die Gegenwart*, Siedler.

Dirsch, Felix（2012）“Mit spitzer Feder gegen den Zeitgeist. Die neue konservative Publizistik der 1970er-Jahre und die Kritik an der neomarxistischen Kulturrevolution,” in ders., *Authentischer Konservatismus. Studien zu einer klassischen Strömung des politischen Denkens*, LIT Verlag：250–286.

Doering-Manteuffel, Anselm/Lutz Raphael（2012）*Nach dem Boom. Perspektiven auf die Zeitgeschichte seit 1970*, 3., erg. Aufl., Vandenhoeck & Ruprecht（zuerst 2008）.

Engels, Jens Ivo（2006）*Naturpolitik in der Bundesrepublik. Ideenwelt und politische Verhaltensstile in Naturschutz und Umweltbewegung 1950–1980*, Ferdinand Schöningh.

Faulenbach, Bernd（2011）*Das sozialdemokratische Jahrzehnt. Von der Reformeuphorie zur neuen Unübersichtlichkeit. Die SPD 1969–1982*, Dietz.

Fetscher, Iring, Hg.（1983）*Neokonservative und “Neue Rechte.” Der Angriff gegen Sozialstaat und liberale Demokratie in den Vereinigten Staaten, Westeuropa und der Bundesrepublik*, C.H. Beck.

Finkbeiner, Florian（2016）“Armin Mohler und die Frühgeschichte der ›Neuen Rechten‹ in der Bundesrepublik Deutschland. Zum Wandel von Konservatismus, Nationalismus und Rechtsextremismus,” in Armin Pfahl-Traughber, Hg., *Jahrbuch Extremismus- und Terrorismusforschung 2015/2016（1）*, Hochschule des Bundes für öffentliche Verwaltung：209–

233.

Fischer, Moritz（2023）“Die Neue Rechte im letzten Jahrzehnt der Bonner Republik. Armin Mohler, Franz Schönhuber, Hellmut Diwald und die Gründung des „Deutschlandrats“ 1983,” *Vierteljahrshefte für Zeitgeschichte*, 71. Jg., Heft 1： 111–153.

Gallus, Alexander（2011）“Der Amüsanteste unter den Renegaten. William Schlamms Wandlungen vom Kommunisten zum Konservativen,” in Michael Hochgeschwender, Hg., *Epoche im Widerspruch. Ideelle und kulturelle Umbrüche der Adenauerzeit*, Bouvier： 52–73.

Geppert, Dominik（2021）*Geschichte der Bundesrepublik Deutschland*, C.H. Beck.（『ドイツ人が語るドイツ現代史――アデナウアーからメルケル、ショルツまで』進藤修一・爲政雅代訳、ミネルヴァ書房、2023年）

Geyer, Martin H.（2010）“Auf der Suche nach der Gegenwart. Neue Arbeiten zur Geschichte der 1970er und 1980er Jahre,” *Archiv für Sozialgeschichte*, Bd. 50： 643–669.

Graf, Rüdiger（2008）“Die Grenzen des Wachstums und die Grenzen des Staates. Konservative und die ökologischen Bedrohungsszenarien der frühen 1970er Jahre,” in Dominik Geppert und Jens Hacke, Hg., *Streit um den Staat. Intellektuelle Debatten in der Bundesrepublik 1960–1980*, Vandenhoeck & Ruprecht： 207–228.

Greiffenhagen, Martin, Hg.（1974）*Der neue Konservatismus der siebziger Jahre*, Rowohlt.

Greiffenhagen, Martin（1975）*Freiheit gegen Gleichheit? Zur Tendenzwende in der Bundesrepublik*, Hoffmann und Campe.

Hoeres, Peter（2013）“Von der „Tendenzwende“ zur „geistig-moralischen Wende“. Konstruktion und Kritik konservativer Signaturen in den 1970er und 1980er Jahren,” *Vierteljahrshefte für Zeitgeschichte*, 61. Jg., Heft 1： 93–119.

Jarausch, Konrad H., Hg.（2008）*Das Ende der Zuversicht? Die siebziger Jahre als Geschichte*, Vandenhoeck & Ruprecht.

Kaltenbrunner, Gerd-Klaus, Hg.（1974）*Plädoyer für die Vernunft. Signale einer Tendenzwende*, Herder.

Koenen, Gerd（2001）*Das rote Jahrzehnt. Unsere kleine deutsche Kulturrevolution 1967–1977*, Kiepenheuer & Witsch.

Koischwitz, Svea（2017）*Der Bund Freiheit der Wissenschaft in den Jahren 1970–1976. Ein Interessenverband zwischen Studentenbewegung und Hochschulreform*, Böhlau.

Muller, Jerry Z.（2003）“German Neo-Conservatism, ca. 1968–1985： Hermann Lübbe and Others,” in Jan-Werner Müller, ed., *German Ideologies since 1945： Studies in the Political Thought and Culture of the Bonn Republic*, Palgrave Macmillan： 161–184.

Münkel, Daniela（2008）“Der »Bund Freiheit der Wissenschaft« Die Auseinandersetzungen um die Demokratisierung der Hochschule,” in Dominik Geppert und Jens Hacke, Hg., *Streit um den Staat. Intellektuelle Debatten in der Bundesrepublik 1960–1980*, Vandenhoeck & Ruprecht： 169–187.

Noelle-Neumann, Elisabeth, Hg.（1976）*Allensbacher Jahrbuch der Demoskopie. Bd. 6： 1974–1976*, Fritz Molden.

Podewils, Clemens Graf, Hg.（1975）*Tendenzwende? Zur geistigen Situation der Bundesrepublik*, Klett.

Schildt, Axel（2011）“»Die Kräfte der Gegenreform sind auf breiter Front angetreten« Zur konservativen Tendenzwende in den 70er Jahren,” in ders., *Annäherungen an die Westdeutschen. Sozial- und kulturgeschichtliche Perspektiven auf die Bundesrepublik*, Wallstein : 259–301（初出は *Archiv für Sozialgeschichte*, Bd. 44, 2004 : 449–478）.

Schildt, Axel（2019a）“Inszenierung einer Biographie—Konstruktion einer Karriere. Der Rechtsintellektuelle Armin Mohler（1920–2003）,” *Geschichte in Wissenschaft und Unterricht*, 70, H. 9/10 : 554–567.

Schildt, Axel（2019b）“Armin Mohler und die konservativen Revolutionäre,” in Jörg Später und Thomas Zimmer, Hg., *Lebensläufe im 20. Jahrhundert*, Wallstein : 187–204.

Sontheimer, Kurt（1983）*Zeitenwende? Die Bundesrepublik Deutschland zwischen alter und alternativer Politik*, Hoffmann und Campe.

Steber, Martina（2017）*Die Hüter der Begriffe : Politische Sprachen des Konservativen in Großbritannien und der Bundesrepublik Deutschland, 1945–1980*, De Gruyter Oldenbourg.

Wagner, Thomas（2017）*Die Angstmacher. 1968 und die Neuen Rechten*, Aufbau-Verlag.

Wehrs, Nikolai（2008）“„Tendenzwende“ und Bildungspolitik. Der „Bund Freiheit der Wissenschaft“（BFW）in den 1970er Jahren,” *Potsdamer Bulletin für Zeithistorische Studien*, Nr. 42 : 7–17.

Wehrs, Nikolai（2014）*Protest der Professoren. Der „Bund Freiheit der Wissenschaft“ in den 1970er Jahren*, Wallstein.

Wolfrum, Edger（2006）*Die geglückte Demokratie. Geschichte der Bundesrepubik Deutschland von ihren Anfängen bis zur Gegenwart*, Klett-Cotta.

板橋拓己（2016）『黒いヨーロッパ――ドイツにおけるキリスト教保守派の「西洋（アーベントラント）」主義、1925～1965年』吉田書店。

板橋拓己（2022）「現代ドイツの右翼ポピュリズム――その歴史と世界観」山崎望編『民主主義に未来はあるのか？』法政大学出版局：167–192。

ヴァイス、フォルカー（2019）『ドイツの新右翼』長谷川晴生訳、新泉社。（Volker Weiß, *Die autoritäre Revolte. Die Neue Rechte und der Untergang des Abendlandes*, Klett-Cotta, 2017）

ヴァイス、フォルカー（2020）『エリートたちの反撃――ドイツ新右翼の誕生と再生』佐藤公紀訳、新泉社。（Volker Weiß, *Deutschlands Neue Rechte. Angriff der Eliten-Von Spengler bis Sarrazin*, Ferdinand Schöningh, 2011）

川合全弘（2003）「ドイツ版ゴーリズムの提唱――アルミン・モーラーの政治評論」『再統一ドイツのナショナリズム――西側結合と過去の克服をめぐって』ミネルヴァ書房、第2章。

川合全弘（2012）「書評　ある保守革命家の生涯――カールハインツ・ヴァイスマン『アルミン・モーラー　政治的伝記』を読む」『産大法学』45（3/4）：285–299。

グルール、ヘルベルト（1984）『収奪された地球――「経済成長」の恐るべき決算』辻村誠三・辻村透訳、現代社会科学叢書、東京創元社。（Herbert Gruhl, *Ein Planet wird geplündert. Die Schreckensbilanz unserer Politik*, Fischer Taschenbuch, 1975）

近藤正基（2013）『ドイツ・キリスト教民主同盟の軌跡――国民政党と戦後政治 1945～2009』ミネルヴァ書房。

中田潤（2023）『ドイツ「緑の党」史——価値保守主義・左派オルタナティブ・協同主義的市民社会』吉田書店。
三島憲一（1991）『戦後ドイツ——その知的歴史』岩波新書、岩波書店。
森涼子（2011）「ドイツ自然・環境保護運動の歴史——研究動向と今後の展望をめぐって」『史学雑誌』120（4）：520–545。

第6章
中道主義の不可能性と自由主義の可能性
1970年代フランスにおける政治文化に関する一考察

中村 督

本章では、68年5月の余波を受けて、広く中道に位置するような政治がどのようにそれに対応していったのかを考察したい。

68年5月から81年5月へ。戦後フランスの転換点である68年5月を経て、81年5月に社会党政権が誕生したという図式的な理解のなかで、「1970年代」は左派の成功に至る一過程として解釈されることが多い。しかし、68年5月を個人の自由を求める運動として捉えるとき、1970年代に左派のみがそれを継承したといえるだろうか。左派以外、広く中道に近い勢力も個人の自由に焦点を当てた改革を進めようとしていたのではないか。本章がまずもって取り組みたいのはこの問いである。

そのうえで、1970年代における中道主義（centrisme）の意義を再検討する。政治史的文脈でみれば、この時代は中道政治の試みが失敗し、左派と右派に分極化する時代とされている。しかし、それは失敗だったのだろうか。観点を変えて、上記のように、1970年代が68年5月の延長線上に位置づけられ、この時代に個人の自由が少しずつ達成されていった点に着目するならば、中道主義の試みを重要なモーメントと評価することも可能なのではないだろうか。本章では、1969年に政府によって提唱された「新しい社会」に焦点を当てながら、同時代の文脈に即して中道主義の可能性と不可能性を考察する。

1　分析の視角

「二つの「5月」のあいだ」としての1970年代

フランスの1970年代は社会運動の興隆を経験した時代だった。問われたテーマは労働者の権利から広くマイノリティの権利に至るまで実に多様だが、それらに通底するのは個人の自由や解放、一言でいえば個人の権利の擁護という言葉に集約されるものである。重要なのは、こうした個人の権利の擁護が社会運動の次元にとどまらなかったことだ。もちろん、それぞれのテーマがそれぞれの仕方で複雑な展開をしたので一概にはいえないが、社会運動のなかには政治を動かし、法の制定というかたちで結実したものも多い。68年5月の余波を受けて、1970年代に政治が動くという経験が重ねられていったのである[1)]。

さらに1981年5月10日、68年5月を肯定的な集合的記憶として強固にする出来事が起こる。フランソワ・ミッテラン大統領の誕生である。第五共和政初となる社会党候補者の勝利は、68年5月に異議申し立てを行った者たちによってもたらされたものとして受け止められた。ミッテランの時代には、死刑制度の廃止や少数言語の見直しなどが実施されていった。その後も、1999年のPACS（民事連帯契約）、2001年のパリテ法、13年の同性婚の権利などその契機を68年5月に求められる改革が行われていく[2)]。

こうしてみると、たしかに68年5月は個人の権利が拡大する契機であり、それゆえ、戦後フランスの一転換点として考えられていることが容易に理解できる。しかし、68年5月から81年5月へという図式を用いると、1970年代の理解に死角が生じる。すなわち、68年5月を肯定的な集合的記憶として捉える以上、1970年代が、「68年5月」と「81年5月」のあいだにある時代として位置づけられ、結果的に社会運動に参加したアクターや左派政党中心の成功の物語として描かれることになる[3)]。ただ、たとえば社会運動の成功をもとにした、1970年代のリベラル・デモクラシーの定着は、左派の歴史にのみ回収されるものではない。68年5月の影響を通じて、中道や中道右派に位置する勢力が自由主義の推進を掲げながら、リベラル・デモクラシーの一端を形成したという側面もあるのではないだろうか[4)]。本章は、こうした勢力がどのように自由主義的なアイデアを提示し、改革につなげようとしたのかを考察したい。もっとも、本章は68年5月から81年5月に至る従来の図式に疑問を差し挟もうとするものではない。むしろ、従来の図式に棹さすかたちで、中道ないし中道右派の政治家らのアイデアを確認しながら、それらが俯瞰的にみれば左派と同様に個人の自由や解放に関する改革に寄与していた側面もあることを示す。

中道主義の不可能性

上記の課題に取り組むにあたって、まずはジャック・シャバン＝デルマスによる「新しい社会」の演説と政策を検討したい。シャバン＝デルマスは、シャルル・ド・ゴールの引退を受けて大統領になったジョルジュ・ポンピドゥーの下、首相を務めた。シャバン＝デルマスは1969年9月16日に「新しい社会」という題目の演説を行い、それに基づいてさまざまな政策を実施していく。「新しい社会」は社会経済的な観点からすると自由主義的あるいは社会民主主義的な性格が強く、このことを背景としてシャバン＝デルマスはポンピドゥーと決裂し、72年に辞職に追い込まれる（中山 2006：221）。

次いでジャン＝ジャック・セルヴァン＝シュレベールの動向に焦点を当てる。ジャーナリストとして名を馳せていたセルヴァン＝シュレベールは、急進党を再建すべく、1969年10月に幹事長に就任した後、「空と大地」というマニフェストを採用し、中道路線のもと分散する政治勢力を結集しようとした。結果として、この目論見は失敗に終わり、急進党も浮上することはなかった。中道といっても、党内では右派と左派で分かれ、結局は政党自体が分裂するに至ったのである。

ここで注目したいのは1970年代の中道主義ないし中道についてである。中道主義とは右派でも左派でもなく中間の領域にあることを標榜する立場であるが、政治史家のセルジュ・ベルスタインがいうように、1970年代にフランスではそれが成立しないことが明らかになった（Berstein et Winock 2017：

634-638)。事実、この時代は右派と左派がきわめて明確なかたちで両極化し、結果的に政治勢力として中道主義が力を持つ可能性はほとんど潰えたかのようにみえる。しかし、中道主義の試みは失敗に終わったとしても、その基盤となった思想は政治文化のなかに継承されるものがあるのではないだろうか[5)]。とりわけ個人の自由や解放という観点からすると、1970年代に中道や中道右派から改革の動きが出たことには大きな意義があるように考えられる。また、「新しい社会」と「空と大地」が、ともに68年5月を受けて発表された、自由主義的な性格の強い内容のものであることを考慮すれば、中道や中道右派による68年5月への対応についても理解を深められるだろう。

もっとも、シャバン＝デルマスを「中道」とするのは微妙なところがあることは付け加えておきたい。なにしろシャバン＝デルマスは、レジスタンスの時代からド・ゴールを信奉するいわゆる「由緒あるド・ゴール主義者」（gaulliste historique）である。ただ、ド・ゴール主義者のなかでは「社会的ド・ゴール主義者の代表格」（Delors 2004：95）であり、保守的というよりは革新的な位置にあった。実際、1953年の地方選で、ド・ゴール派の政党フランス国民連合が敗北したさいには、ド・ゴール派の人びとに、この政党は「左派に軸を置いた」あるいは「中道左派に軸を置いた」政治方針を維持すべきだと語っていたとされる（Lachaise 2007：58)。あくまで多様な党派性を抱き合わせたド・ゴール派のなかで、シャバン＝デルマスは中道に近い。別言すれば、左派ではないが、ポンピドゥーと決裂する程度には右派でもないという意味で中道的であるとみなしてよいだろう。

2 「新しい社会」とは何か

シャバン＝デルマスについて

まずはシャバン＝デルマスという政治家について簡潔に紹介しておきたい。シャバン＝デルマスは、1915年にパリに生まれ、ジャック・デルマスと命名された。高校卒業後、ジャーナリストとして『ランフォルマシオン・エコノミーク・エ・フィナンシエール　(*L'information économique et financière*)』

に勤めると同時に、パリ政治自由学校で政治経済学と公法の学位を修める。1939年に陸軍士官学校を首席で出た後、第二次世界大戦が勃発し、フランスがドイツの占領下に入ると、早い時期からレジスタンス運動に身を投じた。1943年3月に財務監査官の試験に合格し、夏の終わりにフランス国民解放委員会（CFLN）の軍事代表部に合流した。同年10月から「シャバン」という偽名を使い始め（その前は「ラカナル」という偽名)、国民軍事代表の補佐を務めた後、44年2月にレジスタンス財務委員に任命され、3月には国民軍時代表となる。

1944年8月25日にパリが解放されると、シャバン＝デルマスはアンドレ・ディトルム陸軍大臣官房に加わる。そして、1945年8月に情報省の事務次官に任命されるが、46年の初頭にこのポストを辞任し、11月の憲法制定議会選挙に急進党の候補としてジロンド県から出馬する。ジロンド県とは、フランスの南西部に位置する、ボルドーを県庁所在地とする県である。シャバン＝デルマス自身は、ジロンド県に縁があったわけではなく、いわゆる落下傘候補ではあったが、当選を果たし、以来、1997年までこの県の国民議会議員を務めた[6)]。また、1947年にボルドー市長に就任してから95年までこの職を務めたこともあって、ボルドー市長といえばシャバン＝デルマスという印象を強く残している。

政治的キャリアの開始当初こそ急進党の議員であったが、1947年にド・ゴールの政党、フランス国民連合（RPF）の創設に参加する。シャバン＝デルマスは、終世ド・ゴールに忠誠を誓ったことでも知られている。その理由は複合的なものであろうが、レジスタンス運動の経験を経て、1944年にド・ゴールに初めて会ったときの衝撃が大きく関係していているように思われる（Chaban-Delmas 1975：163)。ともあれ、ド・ゴール主義者の代表格とされるシャバン＝デルマスの議員としての経歴のなかには、1969年から72年の首相経験以外にも、58年から69年、78年から81年、86年から88年と3回にわたって国民議会の議長を務めるなど特筆すべき要職の経験がある。しかし、実際のところ、シャバン＝デルマスはド・ゴール派以外の政治家にも協力しており、かならずしも無条件のド・ゴール主義者というわけではなかった（Berstein 2001：352)。第四共和政の時代には、ピエール・マンデス・フランス内閣の公共事業大臣（1954年)、ギー・モレ内閣では退役軍人担当国務大臣（1956年)、フェリックス・ガイヤール内閣では国防・軍務大臣（1958年）を歴任している。

「閉ざされた社会」から「新しい社会」へ

以上のようなシャバン＝デルマスの政治的キャリアのなかで最も重要なのは首相経験だろう。しかし、この首相経験をそのようにしているのは、「新しい社会」の演説に帰される部分が大きい。それでは「新しい社会」を理解するために、まずは前提となる当時のフランス社会の文脈を確認しておきたい。

「新しい社会」（la nouvelle société）なる語は、シンプルゆえに理解しにくいが、それが「閉ざされた社会」に対置された言葉であることを押さえると、含意が明確になる[7]。「閉ざされた社会」とは、社会学者ミシェル・クロジエが1970年に出版したその名も『閉ざされた社会』に由来する言葉である。時系列としては「新しい社会」の演説後の著作なので影響関係に矛盾があるようにみえる。しかし、『閉ざされた社会』の大部分は1966年から68年にかけて書かれた論文で構成されており、そこにすでに「閉ざされた社会」という言葉はみられる。さらに遡ると、この言葉は国際政治学者スタンリー・ホフマンの1963年の著作『フランス研究』のなかにも出てくる（Perrin 1972)。とはいっても、「閉ざされた社会」はホフマンの造語ではなく、ホフマンとクロジエがフランス社会をめぐって議論を交わすなかで出てきた言葉である（Crozier 1970：10＝1981：2)。二人は、ともにフランスで教育を受け、渡米した学者であり、当時、ハーヴァード大学の同僚であった。つまり、アメリカの発展を前にして二人がフランス社会の硬直化を問題にしたのである。

『閉ざされた社会』は、一言でいえば、フランスの産業や科学技術の分野でイノヴェーションが起こっていないことを確認した内容となっている。クロジエは、とりわけ官僚制の分析から出発して組織社会学を発展させた社会学者であり、フランスの停滞を行政システムの遅れに求める点に特徴がある。次のような文章は示唆的であろう。

〔……〕フランスの行政システムがますます時代に遅れになりつつあることは明白だ。ここまでの事態の悪化を放置したのは、システムを彩る独特な性格のせいである。第一に、コミュニケーションと参加の可能性がないため、人的および物的資源の有効利用はとても難しい。第二に、変革に対して緩慢かつ面倒な適応しかなしえない。最後に、知的貧困化を起こしがちであって、イノヴェーションや刷新の能力を失いやすい。（Crozier 1970 104-105＝1981：109[8)]）

次に社会的文脈として「新しい社会」の演説が68年5月の直後に行われたものであるということを押さえておきたい。68年5月とは、1968年5月の学生や労働者らによる大規模な異議申し立て運動のことである。フランス全土を揺るがしたこの運動の決定的要因は明らかではないが、その背景にフランス社会に蔓延する閉塞感のようなものがあったと指摘することはできる。再びクロジエを取り上げると、彼は『閉ざされた社会』のなかで次のように述べている。

そこで五月危機は、フランス的行動様式の再検討、われわれが閉ざされた社会と呼ぶものへの本能的反抗としてまず現われた。五月危機の特徴はある意味で、閉ざされた社会の性格をめぐりいちばん顕著になるようである。閉ざされた社会の基礎は、対面することに対する恐怖とヒエラルヒー的権威観にほかならない。かりにそうだとしたら、危機は対面状況と権威への異議申し立ての祭典ということになろう。（Crozier 1970：170-171＝1981：162）

クロジエの分析の妥当性はともかくとしても、1960年代にフランス社会がとくに若者たちにとって将来の希望を持てるような社会ではないという認識はある程度共有されていたといってよい。一つだけ例を挙げるなら、社会学者のピエール・ブルデューとジャン＝クロード・パスロンは『遺産相続者たち』のなかでまさにそうした社会の硬直化を教育システムのなかに見出していた。ブルデューとパスロンは、万人に開かれているかのようにみえるフランスの教育が、実際のところは一部のエリートに有利に働く硬直化した構造をもっていることを示したのである（Bourdieu et Passeron 1964＝1997）。

要するに、「新しい社会」の演説は、68年5月の記憶が社会のなかにまだ生々しく残っている時期に行われたものである。くわえて、当時の政治史的文脈も考慮に入れておくことも重要だろう。1968年5月の出来事を受けて、大統領のド・ゴールは議会を解散し、6月に総選挙を行い、圧勝という結果を手にする。しかし、翌年3月、ド・ゴールは上院および地方改革制度を行うべく実施した国民投票が否決され、4月に大統領を辞任する。そこで大統領に選出されたのがポンピドゥーであり、ポンピドゥーが首相に任命したのがシャバン＝デルマスである。「新しい社会」の演説は、第五共和政の開始以来ずっと大統領に就いていたド・ゴールが退いた直後に行われたものでもあった。

「新しい社会」の演説について

それでは「新しい社会」の演説を確認してみよう[9)]。まずは導入で、シャバン＝デルマスはド・ゴールの目指した偉大なフランスを継承する必要があることを述べ、フランス社会が「閉ざされた社会」であることを確認する――「今日の加速する変化によって引き起こされる不安は、大部分、私たちが閉ざされた社会に生きているという複雑な事実に因るものです」（Association « Chaban aujourd'hui » 2010 : X）（以下、演説においてはページ数のみを記す）。そのうえで、「しかし、国民を動かすことのできる希望、それを私たちは明らかにすべきです。そうするだけの価値がある未来を手にしたいのであれば」（X）という。

シャバン＝デルマスは、フランス社会を「閉ざされた社会」たらしめている要因を三つ挙げている。すなわち、「経済の脆弱性」、「国家の機能不全」、「社会構造の時代錯誤と保守主義」である。それらは経済、政治（行政）、社会の問題にそれぞれ該当するが、68年5月への対応として重要なのは「社会構造の時代錯誤と保守主義」である。この首相は「フランスがまだ階層で分けられている国であり、大きな所得格差、社会の流動性の欠如によって、社会集団間の時代錯誤の障壁が維持された状態にある」(XIII) ということを認めている。そして、フランスは、国家の介入が大きく、社会的・職業的集団が十分に組織されず、代表されていないという。これは従業員、農業従事者、自営業者、雇用主かを問わずあらゆる組織に関わる。その証拠に労組の組織率の低さを挙げている。こうしてシャバン＝デルマスが主張したいのは、人びとは社会集団間での対話をする回路がないからこそ国家への要求という方法をとるしかない、ということである。「かくして、大抵の場合、真の社会的対話に、国家の摂理への訴えが置き換わることになるのです。そして、国家の摂理への訴えは、経済全体にあまりに重くのしかかり、集団的生活への影響力を強めるばかりなのです」(XIII)。

そのうえで、「閉ざされた社会」を脱却し、新しい社会を築くための方法が説かれる。まずは「変化の道」があるとして次のように述べる。「私たちの古い社会を揺るがす、若者、創造性、発明といった新しいパン種によって、より柔軟で、地方分権化され、非神聖化された国家と同様、すべての社会的な組織において、民主主義と参加の新しく、より豊かな形態の生地が作られることになるのです。そうして新しい社会を作る計画が可能となります」(XV)。それならば「新しい社会」とは何かというと、「繁栄した、若々しい、寛容で、解放された社会」(XV) のことだという。そして、抽象的ではあるが、68年5月を強く意識したような内容を含む演説を続ける。

> 私たちは、連帯を強化することで、あらゆる機会の不平等と闘わなければなりません。それぞれの尊厳をもっと尊重し、差異や個性を認め、社会の根本にある共同体を再生し、管理と管理される者の関係を人間的なものにし、いわばそれぞれの日常生活を変化させることを学ばなければなりません。最後に、これこそ最も重要なのですが、軽蔑と無関心を理解と尊敬によって置き換えながら、再び友愛の精神を持つようにならなければならなりません。〔……〕すべての領域における想像と組織化の多大な努力は、生涯を通じた教育、情報への自由なアクセス、社会関係の変化、労働条件と利害の改善、都市の整備、文化や余暇の普及を対象として行われるものです。(XVI)

次に「基本方針」へと移り、「市民の教育と情報」、「国家の役割」、「競争力の向上」、「社会構造の若返り」の順番で方針が語られる。なかでも具体的に明示され、目新しい改革は「市民の教育と情報」と「社会構造の若返り」である。

「市民の教育と情報」において重要なのは「情報」で、フランス放送協会（ORTF）の改革の必要性が訴えられている。ORTF は、テレビやラジオに関する自由化を推進すべく 1964 年に創設された組織であるが、実際は政府から完全に独立していなかった。シャバン＝デルマスはそれを問題視し、「ORTF は、番組全体の質を保証する組織として、公共サービスの性格を保持しなければなりません。しかし、ORTF が、その使命に十全たるかたちで応えるためには、自立が保証されなければなりません。真の競争が行われなければならず、皆に開かれていなければならないのです」(XVII) という。彼によれば、人びとに教育を施す（former）だけでは十分ではなく、人びとに情報を与える（informer）ようにしなければならないのである。シャバン＝デルマスは、演説内で ORTF の改革に向けた調査はすでに開始していると伝えており、その意気込みが感じられる。

「社会構造の若返り」については、労働を対象にしたものであり、これも 68 年 5 月の労働運動に対応した内容となっている。「職業関係の変化」の必要性を説きながら、経営者と労働組合に共通の利害に向けて国家との協力体制を築くことを要請し、「労働条件の再価値化」としてごく簡単に労働条件の改善に言及している。最後が「最も不遇な状況にある者への優遇措置」であり、ここで法定最低賃金である全職種保証最低賃金（SMIC）の新しい体制を採用することが明言される。

そして、結論部では、意気込みや呼びかけに類する言葉が語られ、次のように締めくくられる。「こうした逸話を越えて、私たちが探求しているのは、私たちの国の変化、つまり、寛容と自由に基づく新しい社会を築き上げることです。そのために、皆さま、私たちは、あなたたちの積極的な信頼、すべてのフランス人の協力を必要としています」(XXVIII)。

3 「新しい社会」の継承

「新しい社会」の政策

こうしてみると「新しい社会」が68年5月に対応したものであり、また、自由主義的な性格の強いものであることがわかる。それでは政策はどのように実施されたのだろうか。「ポンピドゥー＝シャバン＝デルマス＝ジスカール・デスタン路線」は「経済リベラリズムの回復」を基調としたもので、「新しい社会」の政策にそれが集約されている。「新しい社会」のプログラムが、1969月に369対85で可決されると、「経済の脆弱性」と「国家の機能不全」を修復するための改革が進められていった。具体的には、フランス電力会社（EDF）、フランス国鉄（SNCF）、パリ市交通公社（RATP）といった国有化部門の自治を認めるなどの自由化を進め、私企業に対しては干渉を緩和していった。その意味では、「新しい社会」で目指された解放された社会とは、新自由主義が推進された社会であったといってよい。また、競争力の向上という点では、国際競争に耐えうる競争力をつけるために、フランス大企業グループの創設や強化を支援し、輸出力の促進を目指すものであった（中木 1975：271）。

労働を対象とした「社会構造の若返り」については、団体協約制の改革（1971年7月13日法）が行われ、ルノー公団などで小規模持株制度を通した労働者の会社経営参加が促された。くわえて、「新しい社会」の演説で明言されたSMICに関していうと、1970年1月2日法で、それまでのSMIG（業種間保証最低賃金）に取って代わる。SMIGが労働者に最低限の生活を保証することを目的としていたのに対して、SMICは報酬が最も低い労働者に購買力の保証と経済発展の成果を享受させることを目的するものであった。購買力の保証については、SMICは消費者物価全国指数にスライドさせるかたちで改定されることになった。他方、経済成長の成果の享受という点でも、経済の発展にスライドした購買力の発展を保証することが目的とされた（川口 1991：82-83）。

「市民の教育と情報」に関して、ORTFの自由化はどうだろうか。この点は評価が難しいところである。たしかに1972年7月3日法をもとに、ORTFは直営事業または公施設法人としての独立組織の設立が認められ、テレビのチャンネルが増えるなどした。しかし、シャバン＝デルマスはポンピドゥーと対立し、首相の在任期間中に自由化を達成するには至らなかった。ポンピドゥーは1970年7月2日に「ORTFにおいて、情報は、どんなかたちであれ、独立したものであり、不偏であるべきだと思っています」（Conférence de presse, 2 juillet 1970）といった同じ口で、「ORTFのジャーナリストは、他社のジャーナリストと同じではありません。〔……〕ORTFは、フランスの声なのです」（Conférence de presse, 2 juillet 1970）と述べる。また、1972年9月21日にも、ほとんど同じ文言を繰り返している（Conférence de presse, 21 septembre 1972）。結局のところ、ポンピドゥーがいう「フランスの声」は、ORTFが政府の公式見解を表明する機関であるという意味であり、「新しい社会」で提唱されたような自由化は実現しなかったといってよい[10]（井上2022：63–75）。

また、最後に、政策とは異なる次元のことだが、「新しい社会」に関わる事業の創設に言及しておきたい。それは、女性と家族の権利の情報センター全国連合（FNCIDFF、旧CNIDFF）の起源である、女性情報センター（CFI）の創設である（井上2016）。CIFは、女性差別や暴力からの保護を含めて、女性の権利の保護を目的として1972年1月に創設された団体である。この団体によれば、CIFの創設は、「新しい社会」の気運が高まるなかで創設されたものである。それだけでなく、シャバン＝デルマス自身の強い要請のもと、この団体が創設されたという（CIDFF 2022：13, 16）。CIFの創設はシャバン＝デルマスが68年5月以降の社会的潮流に対して一定の対応を示したことの証左でもあるだろう。

「新しい社会」の評価をめぐる政治的立ち位置

それでは「新しい社会」はどのように評価されているのだろうか。ここではとくに政治家による演説の評価に着目したい。というのも、この演説の評価をめぐってこそ政治家の意見が分かれ、それによって「新しい社会」の性格がはっきりするからである。

まずはアラン・ジュペである。ジュペは、1976年にジャック・シラクが中心となってド・ゴール派を結集して立ち上げた共和国連合（RPR）で創設当初から全国代表を務め、1995年から97年まで首相の地位にあった右派の政治家である。また、シャバン＝デルマスの後のボルドー市長でもあり、その縁もあって、「新しい社会」の60周年を記念して開催されたシンポジウムに参加し、短いコメントを述べている。ジュペは「シャバン、それは一つの演説でもあります。しかし、彼の演説について話すにあたって、なぜそれが40年後もこうした影響力を有していたのか、なぜこうした反響を持っているのかを理解するために、できるかぎり注意深く読み直しました」(Association « Chaban aujourd'hui » 2010：95）という。ジュペは「新しい社会」の内容に対して特別なことは述べていないが、最後に、この演説の政治的な位置について自らのこだわりのようなものを示している。この点に関しては後述する。

しかし、ジュペが内容に踏み込んでいないのは、そもそも「新しい社会」は具体的に論じにくい性格のものであるからでもある。この演説は、上述のように要点は取り出せるものの、抽象度が高く、たしかに分析しにくい。その点も踏まえて、1993年から95年にかけて首相を務めたエドゥアール・バラデュールは「新しい社会」を批判する。

> 私は、「新しい社会」についての演説を再読しました。1年前か2年前に。〔……〕たいした意味も意義も感じられませんし、明確な提案があるようにも思いませんでした。私が驚いたのは、そこには「新しい社会」を定義し、その内容を定義するものがないことです。もう一度申し上げますが、この演説を再読しました。事情を知りたかったからです。しかし、結局、内容の曖昧さに驚きました。私が思うに、「新しい社会」の失敗は、この演説それ自体の目標であり、明確な内容を定義できなかったコミュニケーションの失敗です[11]。(Association Georges Pompidou 2004：75-76）

バラデュールは、1964年、ド・ゴール政権下のポンピドゥー内閣への参加から政治的キャリアを開始している。そして、1969年にポンピドゥーが大統領に選出されたとき、顧問として大統領府事務次長に任命された。つまり、バラデュールがこうして「新しい社会」に批判的なのは、自らが仕えた大統領の側からそれをみているということも関係しているだろう。

当時、ポンピドゥーは「新しい社会」を聞いて不快感を露にした。「シャバンは新しいことをするときが来たと思っている。しかし、そんなことない。そんなのは青年やロマン派の幻想だ！　新しい社会などありえない[12)]」。ある意味では、シャバン＝デルマスは首相であるにもかかわらず、大統領がするかのような演説をしたわけである。『ル・モンド』が「首相は、先週、国民議会で共和国大統領の演説をしたので、大統領はプレスの前で首相の宣言をしなければならないように感じた」(Berstein et Rioux 1995：52) と伝えた。ポンピドゥーが演説に怒りを覚えた以上、彼の側近であったバラデュールが批判的なのは当然だともいえる。

とはいえ、バラデュールも表層的な言及に終わっている。この点、ジュペが政治的立場の次元で「新しい社会」を捉えようとしていることに留意すべきである。ジュペは、先述の60周年記念シンポジウムでのコメントの最後にはっきりとした反論を繰り出す。何に対しての反論かというと、同じシンポジウムに出席していたミシェル・ロカールによる「私は社会主義の潮流におり、ジュペは保守主義の出身である」という発言に対してである。2日間のシンポジウムのタイムスケジュールが不明なため正確にはわからないが、初日に簡単な記者会見のようなものがあり、そこでロカールが上記の発言をしたものだと思われる。

ジュペはこの発言に不満だったようで「ロカールには賛同できない」という。続けてジュペは、「新しい社会」に内在するシャバン＝デルマスの政治的な思想が「ニュー・リベラリズム」なのか「社会民主主義」なのかが大事だという。興味深いことに、ジュペは、自分はこのどちらかに属するのであって、けっして保守主義の潮流にはいないと主張する。そのうえでド・ゴール主義者だという。シャバン＝デルマスと親しい間柄であったのはともにド・ゴール主義を参照項として共有しているからであると。くわえて、シャバン

＝デルマスのうちには自由主義的ド・ゴール主義ないしヨーロッパ的ド・ゴール主義が見出されるという（Association «Chaban aujourd'hui» 2010：98）。

他方、ロカールからすればジュペの反論は意外だったようで、自分の登壇のさい真っ先に再反論を繰り広げている。ロカールは「私は社会民主主義者で、彼〔ジュペ〕は保守主義者だった」と述べたことを明言し、自分にはそう述べられるだけの特権があるという。というのも、1970年代、左派は社会党と共産党の二陣営に分かれており、「社会民主主義」のようなスタンスをとった者はごく少数であったからだという。それゆえ、ジュペが社会民主主義の潮流にあるなど考えられないという論理である（Association « Chaban aujourd'hui » 2010：99）。

実のところ、このジュペとロカールの意見対立はかみ合っていない。ロカールはジュペを「右派＝保守主義」という理解をしているのに対して、ジュペは右派と左派の対立軸ではなく、自由主義であるかどうかを争点にしている。おそらく、ジュペは保守主義の対義語として自由主義を捉えており、その意味で自らは前者たりえないとしているのである。結局のところ、ロカールはそれを了解しつつも、ジュペが右派であるとして話を進めることになる。ここでは、ジュペのシャバン＝デルマスに対する評価基準が自由主義であるかどうかに置かれているということを確認しておきたい。

自由主義的な思想としての「新しい社会」

それならば、自由主義的な潮流にいる政治家からの評価はどうであろうか。この点で参考になるのがヴァレリー・ジスカール・デスタンの評価である。1956年に国民議会議員となり、ポンピドゥー政権下では経済・財務大臣を務めたジスカール・デスタンは、自由主義的右派として知られている（Rémond 1982：294-304）。そのジスカール・デスタンはシャバン＝デルマスを好意的に考えている。これには彼に経済・財務大臣のポストを打診したのがシャバン＝デルマスであったことも関係しているだろうが、両者ともに自由主義的な思想に親和的であることが大きい。ジスカール・デスタンによれば、当時、「新しい社会」の演説を「あまりに左派的であり、敵たちに利する譲歩である」とした与党による批判は論理的ではないという。というのも、「新しい社会」は左派的などではなく、自由主義的なもので、市場経済、組織を解放することが目的だからである。その意味において、「新しい社会」がジスカール主義（giscardisme）以前のジスカール主義でもあることを認めている（« AssociationChaban aujourd'hui » 2010：91）。ジスカール・デスタンは、その証拠として、1974年に大統領に就いたとき、「新しい社会」の主題を取り入れたことを挙げている。そのことはシャバン＝デルマスが大統領になっていたら、要職に抜擢しそうな人物、ジャン・ルカニュエやジャン＝ジャック・セルヴァン＝シュレベールを入閣させたことに表現されているという。とくにセルヴァン＝シュレベールの入閣は、左派と右派の境界線を模索した結果であったという。そのうえで、ジスカール・デスタンはシャバン＝デルマスとは敵対的な関係にはなかったとする。この点の真偽は疑わしいが、1978年に彼はシャバン＝デルマスの国民議会議長への復帰を後押しし、首相のポストまで提案した。ジスカール・デスタンは自由主義的ド・ゴール主義者を首相にしたかったのだという（« Association Chaban aujourd'hui » 2010：92–93）。

また、ロカールについても言及しておきたい。1988年から91年まで首相を務めたロカールは、社会党に合流する前は、統一社会党に所属しており、同党の象徴のような人物であった。1960年に創設された統一社会党は、アルジェリア戦争のさなか植民地戦争の反対を党是としており、彼自身、上述のように共産党および社会党と距離をとっていた[13)]。ロカールの見解によれば、両党ともにジャコバン主義という点では共通していた。とくにロカールは地方に限られた権限しか与えない過剰な中央集権主義的国家に対して批判的であり、ジャコバン主義こそが地方分権化の足枷になっていると考えていた。これはもっというと、社会的なものに対する政治的なものの優位を批判した態度でもある。アルジェリア戦争批判、68年5月の支持、労組の連帯や自主管理など個人の自由に重きを置いた彼の政治的信念は、社会党の主流とは異なる「第二の左派」と称される政治潮流を形成していった。

ロカールによれば、左派と同様、右派もジャコバン主義的であり、それこそが1968年に大規模な異議申し立て運動が起きた背景となっている。そして、68年5月の後も、同じような不満の爆発が繰り返し生じるような状況にあったという。その解毒剤になったのが「新しい社会」の演説であった。ロカールは、とりわけシャバン＝デルマスが演説のなかで改革の必要性と同時に社会的な対話の必要性を説いたところが卓越していたと述べている。すなわち、「シャバン＝デルマスは、〔……〕会話という方法を中心にして市民が和解する方策を告知したフランスで最初の政治階級の人物」だったのである（« Association Chaban aujourd'hui » 2010：102–104）。

もっとも、ロカールがシャバン＝デルマスを顕彰するシンポジウムで発言している以上、こうした言辞は割り引いて考える必要がある。しかし、「新しい社会」が68年5月のモチーフに「新しい社会」が対応したものであることを認め、そこを評価しているわけである。左派に位置するロカールがこの演説を内在的に理解しようとしていることに留意しておくべきである。

4　中道主義の可能性――マンデス・フランスという結節点

「新しい社会」の起草者たち――ドロールとノラ

以上、1969年の「新しい社会」の演説と政策に触れ、政治家たちによる評価を確認してきた。そこで明らかになったのは、振り返ってみれば、「新しい社会」は、進歩的あるいは自由主義的、場合によっては左派的ともいいうる性格を帯びた内容のものであったということである。実際、「新しい社会」はポンピドゥーから反感を買っただけではなく、与党内部から左派的であると批判され、シャバン＝デルマスは、1972年7月5日に辞表を出すに至る（中木1975：277–281）。他方、ほかならぬ左派からもそのように考えられていた。当時、社会党のミッテランはシャバン＝デルマスに向かって「首相、私はあなたの誠実さを疑わない。しかし与党をみているとあなたの成功は疑わしい」と述べたとされる（Berstein et Rioux 1995：53）。それでは、なぜ「新しい社会」のような演説が生まれるに至ったのだろうか。それには二人の助言役の存在が大きく関わっている。

シャバン＝デルマスが首相に就任するさい、友人で官僚のフランソワ・ブロック＝レネとポール・ドルーヴィエに助言役として適任な者を尋ねたところ、二人の名前が挙がった。その一人はジャック・ドロールである。ドロールといえば、「ミスター・ヨーロッパ」と称されるように、1985年から10年間にわたって欧州共同体委員長を務めてきたことで知られる[14]。ただ、ドロールは、もともとはフランス銀行に就職し、キリスト教系の労働組合CFTC（フランスキリスト教労働者同盟）で活動していた。CFTCは1964年に宗教色を排し、広義の社会党系の労働組合CFDT（フランス民主労働連合）に変わるが、ドロールはそこでも組合活動家であり続ける。同時に、1960年代、ドロールは、Citoyen60という政治クラブを創設し、社会党とは異なる左派のあり方を模索していた[15]。「新しい社会」の「社会的対話」の重要性についてはドロールが起草したのである。

ブロック＝レネとポール・ドルーヴィエが挙げたもう一人の人物がシモン・ノラである。財務監査官のノラは、1952年にマンデス・フランスが委員長を務めた議会財務委員会の事務総長として活躍した。1953年に『レクスプレス』の創刊に携わり、58年には政治クラブのクラブ・ジャン・ムーランを立ち上げている。このクラブも、ドロールのCitoyen60と同様、新しい左派のあり方を模索したものであった。ノラは「新しい社会」のなかで、コミュニケーション、つまり情報の重要性に関する部分を担当した（Guillaume 2007：188–189）。

ノラは、1978年に、やはり財務監査官のアラン・マンクとともに後に社会の情報化に関する古典にもなる報告書を作成することになる[16]（Nora et Minc：1978＝1980）。しかし、先行研究が指摘するように、ノラはこの報告書の一部を先取りするような内容の報告書「公企業に関する報告書」を起草している（Guillaume 2007：189）。ノラというと、1971年にアシェット・グループの最高経営責任者に就任し、80年代にはENAの校長を務めるなど、活動が多岐にわたるため全貌がつかみにくい。しかし、1960年代後半から70年代、彼が情報化に関する政策の実現に一役買ったのはたしかだろう。

ドロールやノラの来歴からすると、「新しい社会」が左派的であるとされたのも不思議ではない。ただし、左派的といっても、非共産主義的であり、むしろ進歩的というべきで、自由主義的な側面がかなり強い。その意味では中道左派的な位置にあるといってよい。くわえて、こうした、ドロールやノラの共通点に、マンデス・フランスによる影響があることに留意したい。ノラはもちろんだが、ドロールも 1950 年代末に Citoyen60 で活動するなかでマンデス・フランスと何度も会っていることを認めている[17)]。また、「新しい社会」を好意的にみるロカールもマンデス主義者の一人であることを思うと、マンデス・フランスのような中道左派的路線が 68 年 5 月を経て、70 年代の政治家や官僚に引き継がれているということができる。その点で忘れてはならないのはセルヴァン＝シュレベールである。彼もまた 68 年 5 月以降に中道主義を模索した政治家である。

セルヴァン＝シュレベールの政治的動向
――『フランスのめざめ』から「空と大地」へ

セルヴァン＝シュレベールは、理系エリート校理工科学校を出た後、エンジニアではなくジャーナリストの道を選び、1953 年にフランソワーズ・ジルーと『レクスプレス』を創刊する。ノラとはこのときに出会っている。『レクスプレス』の目的は明確で、マンデス・フランスを支援することにあった。セルヴァン＝シュレベールは、そうすることでフランスの近代化を推進できると考えていた。セルヴァン＝シュレベールは、ジャーナリズムの世界で成功を収めるが、少しずつマンデス・フランスへの熱狂も冷め、野心の発露の先を政治の世界へと移し、1969 年に急進党の代表に就任する[18)]。

中道政治を目指したセルヴァン＝シュレベールのアイデアは、急進党のマニフェストのうちに看取できるが、それを検討する前に、彼が 68 年 5 月の直後に出版した『フランスのめざめ』という本について確認しておきたい。というのも、『フランスのめざめ』は、68 年 5 月論としては説得的な議論に欠け、論理構成も不明瞭であるとはいえ、セルヴァン＝シュレベールの信念ともとれる言葉を通じて、急進党のマニフェストを先取りしたかのような内容を提示しているからである。

『フランスのめざめ』のなかで大前提として置かれているのが、最大の問題は硬直化した既成の社会的・政治的秩序にあるというセルヴァン＝シュレベールによる時代診断である。そこからさまざまな議論が組み立てられているが、主な主張は以下のとおりである（Servan-Schreiber 1968＝1969）。

第一は、政治・社会秩序の硬直化の帰結として、政府と若者あるいは労働者のあいだの信頼関係が損なわれ、対話が成立しなくなっているという。換言すれば、68年5月は、対話の成立以前の問題、すなわち信頼関係の崩壊によるものであるということになる。

第二は、政治・社会秩序の硬直化への対応策である。二つの対応策のうち、一つは共同市場の創設によって産業競争を促すことである。セルヴァン＝シュレベールによれば、先進工業地域は、原子力、オートメーション、宇宙通信、コンピューターの革命である第二次産業革命によって揺るがされており、そこでフランスは市場を国外に開放して競争しなければならない。市場の開放が、中央集権の解消や人間の解放にもつながるという発想である。もう一つの対応策は、一人一人が責任を果たすようになることである。個人が責任を果たすことは民主主義の軸として重要であるという。そのために発議と決議を行う場所を増やすこと、階級制度から個人を解放すること、集団の新しいコンセンサスを探求することが求められる。つまり、個人が市民としての責任を持つようになれば、他者を信頼し、対話が可能になるという。また、政治家などの権力に対する信頼の回復という点では、ORTFの自由化が実現するかどうかにかかっているという。

第三は、政治・社会秩序の硬直化に関してスウェーデンを参考にすべきであるという。『フランスのめざめ』のなかでは、ヨーロッパで最も硬直した社会構造を持つ国がスペインであり、フランスはスペインに近いといわれる。他方、最も自由で対話のゆきわたっているスウェーデンが一番の先進国であり、フランスは見習うべきだとする[19]。

そして最後に、著者は、情報革命に対応する民主的で効果的な社会を規定すること、恥ずべき不名誉な核のジャングルから抜け出す世界秩序を確立すること、第三世界の再植民地化を避け、それぞれの固有の産業をもたせるような経済組織を創り出すことを課題として挙げ、フランスはこの課題に挑戦しなければならないと説く。

こうして『フランスのめざめ』の議論を要約すると、セルヴァン＝シュレベールのものの見方が、経済成長や個人の解放に重きを置いた自由主義的なものであり、「新しい社会」との共通点を持ったものであることを指摘できる。また、『フランスのめざめ』は68年5月論の体裁を取っているが、実際は、セルヴァン＝シュレベールが政治家の転身を見据えているかのような提言の書として読めるのである。

中道主義の挫折

セルヴァン＝シュレベールの転機は、急進党の幹事長就任という意外なものだった。1901年にジョルジュ・クレマンソーが創設した急進党は、第二次世界大戦前には多くの首相を輩出したが、戦後は勢力を失っていった中道に近い政党である。同党は、1960年代には支持者の激減を経験しており、党首のモーリス・フォールは再建に努めていた。そこで白羽の矢が立ったのがセルヴァン＝シュレベールである。1969年6月の大統領選の第2回投票、つまりポンピドゥーとアラン・ポエールの決選投票の直前、彼はテレビで後者の支持を表明した。内容はORTF（の自由化）やヨーロッパ共同体に関するポエールの見解に賛同するもので、それをみたフォールがセルヴァン＝シュレベールに幹事長就任の話を持ちかけてきたのである（Servan-Schreiber 1993：78–85＝1997：83–90）。

セルヴァン＝シュレベールは、この提案を受諾し、すぐに大々的な宣伝とともにマニフェスト「空と大地」を発表する。彼によれば、その目標は「経済成長を強化し、加速し、それによって次第に人びとを解放すること」だった（Servan-Schreiber 1993：99＝1997：104）。そして、七つの宣言が掲げられる。一つ目は「今日の経済は過酷な競争の場」、二つ目は「物事の不変の秩序」、三つ目は「革命の手段としての改革」であり、要するに経済成長の重要性を示すものである。四つ目は「政治と経済の権力の分散」で、政治が企業への介入をすべきでないという。五つ目は「社会的平等への接近」として社会階級に基づく学歴の不平等を問題にし、子どもへの投資を訴えている。六つ目は「世襲による私的権力を終わらせること」として世襲制を批判する。七つ目は「公権力の再分配」であり、公的な活動のあらゆる水準で、民主的な組織の設置を説く。ヨーロッパ連合体や国内では地域圏といった単位で政治活動を行うことが大事だとする（Servan-Schreiber 1970）。

こうして「空と大地」のモチーフを確認すると、それが基本的には『フランスのよあけ』と同じであることがわかる。さらに、「空と大地」はセルヴァン＝シュレベールのほかにもう一人起草者がいることに留意すべきである。ENA出身の財務監査官で、経済学者のミシェル・アルベールである。1960年代、ブリュッセルの欧州投資銀行に勤務していたアルベールは、セルヴァン＝シュレベールとの関係を深め、経済に関する情報を彼に提供していたとされる。セルヴァン＝シュレベールの経済に関する新自由主義的なアイデアにはアルベールの影響が色濃く反映されており、そのことは『フランスのよあけ』にも該当している[20)]。

1970年2月の党大会で、「空と大地」が採用され、セルヴァン＝シュレベールの中道主義的な方針は奏功するかにみえた。1970年6月のナンシーで実施された補充選挙で、彼は、再選が確実だと思われていたド・ゴール派の現職ロジェ・スーシャルを破り、翌年4月15日から17日にかけてシュレーヌで開催された党大会では代表に就任する。しかし、経済成長や改革を訴えたマニフェストは、新中間層の取り込みを目的としており、これまで旧中間層を基盤としてきた従来の急進党の方針とは断絶を示していた。くわえて、マニフェストの公表も採用も性急であり、1971年の秋にはセルヴァン＝シュレベールと彼に反感を抱く者たちとのあいだで対立が深まった。結局、反セルヴァン＝シュレベール派の者は、1972年に離党して急進社会左派運動を立ち上げ、翌年にはそれを左派急進運動と改称して社会党に接近する。他方、セルヴァン＝シュレベール率いる急進党は、1971年に民主中道派と政党連合を組んで改革運動に合流する。民主中道派は、キリスト教民主主義系の政党である人民共和運動と、旧中間層と支配階層に支持層を持つ独立派・農民派独立センターの一部が一緒になって成立した政治運動で、中道右派に位置づけられた（小田中 2018：102–104）。

なお、1974年の大統領選で、セルヴァン＝シュレベールは、民主中道派の指導者であるジャン・ルカニュエとともにジスカール・デスタンの支持に回った。ジスカール・デスタンが大統領になり、シラクが首相に指名されると、セルヴァン＝シュレベールは改革相のポストに就く。しかし、核実験の反対を理由としてシラクと仲たがいし、わずか12日で改革相を辞任するに至る。その後、1976年にはロレーヌ地方圏議会議長に就任し、78年まで下院議員にとどまるが、70年代の末には政治の表舞台から消えることになる[21)]。

かくしてセルヴァン＝シュレベールが目指した中道主義も頓挫していく。ジスカール・デスタンにしても、ド・ゴール派の右派を御することができず、政権は次第に右傾化していく。こうした意味においては、たしかに先述のベルスタインの評価は説得的である。とはいえ、中道主義は挫折しても、それと対を成すセルヴァン＝シュレベールの新自由主義的なアイデア自体は延命していくのではないだろうか。あくまで結果論ではあるが、グローバル化とともに市場開放をし、競争力をつけることで個人が解放されるという思想は後の時代に支配的になっていく。

中道主義の遺産としての自由主義

以上、政治史的な文脈を考慮しながら、68年5月を受けて、中道や中道右派がどのように対応したのかを考察してきた。その結果、次のことが指摘できる。第一は、これまでにも言及されてきたことだが、「新しい社会」が、68年5月の原因とされる「閉ざされた社会」を変えようとするための演説であったということだ。そして、この演説に基づいて公企業ないし私企業の自由化の推進やSMIGの導入といった社会経済的な政策が実現されていった。

第二は、「新しい社会」の演説をめぐって政治家たちの評価が分かれていることである。ド・ゴール派の右派からは、左派的であるとして辛辣な評価を受けている。その一方で、ジュペやジスカール・デスタンは好意的に捉えている。このとき、彼らはそれを左右の対立軸ではなく、自由主義的であるかどうかで評価しているのである。また、ロカールは、シャバン＝デルマスは68年5月後の対応として社会的対話の回路を作ろうとしたのだと主張する。彼は自由主義という言葉こそ使わないものの、ジャコバン主義批判との関係から言及していることを踏まえると、「新しい社会」のうちにみられる

「自由」を評価しているように考えられる。

第三は、「新しい社会」の起草者らがマンデス・フランスに近い者たちで構成されていたということである。人的なネットワークのみでは断言できないが、彼らはイデオロギーとしては左右のいずれにせよ中道主義的といいうる面々であった。この点を考慮したうえで、もともとマンデス・フランスの信奉者であったセルヴァン＝シュレベールの動向を確認すると、彼が68年5月の原因を硬直化した社会や政治に求め、中道主義を模索していたことが理解できる。

こうしてみたとき、シャバン＝デルマス／「新しい社会」とセルヴァン＝シュレベール／『フランスの夜明け』および「空と大地」のあいだに重要な共通性があるといってよい。両者の思想はともに、国際的なレベルでの競争力の向上、国家の役割の軽減、ORTFの自由化など全体として自由主義的な思想に基づいていたことに特徴づけられる。そして、とりわけ経済的な自由主義によって個人の解放や自由もまた可能になると考えたのである。ある意味では、両者ともに新自由主義的な方向に期待をかけていたということになる。

結果的には、1970年代を通じて中道主義は不可能なものとしてフランス政治史に刻まれることになった。しかし、政治勢力の再編という観点ではなく、68年5月の精神の継承という観点からすると、中道主義の試みは失敗ともいいきれない。シャバン＝デルマスやセルヴァン＝シュレベールの自由主義的なアイデアは、68年5月の重要なモチーフである個人の自由や解放と通底したものであり、中道主義の中核を成すものであった。中道主義が挫折したとしても、政治文化のなかに自由主義は継承され、新自由主義の思想は勢力を拡大していく。自由主義はひとりでに生き延びたわけでもない。ジスカール・デスタンは「新しい社会」や「空と大地」のモチーフを取り入れたことを認めているばかりか、事実、この時期に新自由主義が定着していくことが指摘されている[22)]。さらに、68年5月の神話化という点でも1970年代は重要である。というのも、68年5月が世論において肯定的な評価を得ていくのは1980年代であり、70年代は固定的なイメージが確立していないからである（中村 2018b）。68年5月の直後に、与党の側から左派的とも自由主義的ともいいうる「新しい社会」が提言され、中道主義の試みがあったことは、結果的に後の神話化の黎明期をかたちづくった可能性がある。この点の検証については稿を改めたい。

注

1)　68年5月についてはArtières et Zancarini-Fournel（2008）を参照。
2)　68年5月の語りが変化していく過程については、Zancarini-Fournel（2008）を参照。
3)　パスカル・オリーは、この時期のことを、「両大戦間期」（entre-deux-guerres）という語を捩って、「両五月間期」（entre-deux-mai）と称している（Ory 1983）。
4)　網谷龍介は「1968年の学生運動に集約的表現を見る、1960年代以降の社会変容は、社会が豊かになることで可能になった個人主義化とともに、当初はリベラルではなかった戦後ヨーロッパのデモクラシーが「リベラル化」していく一つの画期として位置づけられるのではないか」（網谷 2018：13）と主張する。本章の1970年代の捉え方はこの見方に立つ。
5)　ベルスタインは「中道主義の伝統は、合意の探求と改革の意思を携えながら、フランスの政治からも政治文化からも消え去ったわけではないが、自立した政治勢力としての中道主義はもはや第五共和政のシステムのなかに居場所を見出すことができないことを証明したのだった」（Berstein et Winock 2017：638）という。本章では「政治文化から消え去ったわけではない」という点に着目している。
6)　シャバン＝デルマスの経歴については以下の「レジスタンス博物館」のウェブページを参照。Guillaume Piketty（2004）«Jacques Chaban-Delmas（1915−2000）», Musée de la Résistance 1940−1945. https：//museedelaresistanceenligne.org/media3347-Jacques-Chaban-Delma（2023年10月1日最終確認。同時にMousseau（2010）を参照。伝記についてはMousseau（2010）を参照。
7)　この点はVigreux（2018：195）も参照。
8)　外国語文献からの引用については邦訳のあるものは原則としてこれを使用した。ただし、表記の統一や文脈の都合から、一部改変した箇所がある。
9)「新しい社会」という言葉の着想は、アメリカの大統領ジョン・ケネディの「ニューフロンティア」から来たものである。1961年にシャバン＝デルマスは訪米時、ケネディと会って直接「ニューフロンティア」の説明を受けている（Chaban-Delmas 1997：431）。その意味では「新しい社会」が、経済成長や教育問題や科学技術の発展などを盛り込んだ「ニューフロンティア」と多少なりとも似たものであるということはできる。
10)　シャバン＝デルマスのORTFの自由化に対する試みについては、Pineau（2007）を参照。
11)　ポンピドゥーを振り返るシンポジウムでのバラデュールの発言。
12)　これは政治家アラン・ペイルフィットによる証言で、Lachaise（2004：63）より引用。
13)　この時代のロカールについては中村（2018a）を参照。
14)　欧州共同体委員長としてのドロールについては遠藤（2013：83−139）を参照。
15)　ドロールの組合活動家としての経歴は以下、CFDTのインタヴューを参照。« Jacques

Delors, un désir permanent d'améliorer la société », CFDT retraité, 2008. https://www.xn–cfdt-retraits-mhb.fr/Jacques-Delors-un-desir-permanent

16） 詳細については Walliser（2016）を参照。

17） ジャン・ダニエルとジャン・ラクーチュールが編集したインタヴュー集『マンデス・フランス市民』のなかに、マンデス・フランスに関するドロールの証言が収められている（Daniel et Lacouture 1992: 71–88）。

18） セルヴァン＝シュレベールの生涯については Bothorel（2005）を参照。

19） 本章では立ち入らないが、フランスの中道左派の歴史においてスウェーデンへの参照は中道左派の歴史を考えるうえで重要であるように思われる。とくにセルヴァン＝シュレベールとスウェーデン・モデルという点では Vergnon（2015: 96–100）を参照。

20） アルベールの当時のフランス経済に対する見方はアルベール（2022: 275–281）を参照。また、両者の出会いについては、Bothorel（2005: 345–346）を参照。

21） この点も含めてとくに政治家としてのセルヴァン＝シュレベールに焦点を当てた歴史研究として、Pozzi（2002）を参照。また、急進党とセルヴァン＝シュレベールの関係については Montero（2004: 187–201）を参照。

22） この点は、一例ではあるが、とりわけセルヴァン＝シュレベールと親交が深いアルベールは 1970 年代後半以降の新自由主義な政策の推進者の一人となっていくに顕著に示されている。この点は権上（2013: 231–285）を参照。

参考文献

Artières, Philippe et Michelle Zancarini-Fournel, dir.（2008）*68. Une histoire collective 1962–1981*, La Découverte.

Association « Chaban aujourd'hui »（2010）*La «Nouvelle société» de Jacques Chaban-Delmas*, Economica.

Berstein, Serge（2001）*Histoire du gaullisme*, Perrin.

Berstein, Serge et Jean-Pierre Rioux（1995）*La France de l'expansion*, Seuil.

Berstein, Serge et Michel Winock（2017）*La République recommencée. De 1914 à nos jours*, Seuil.

Bothorel, Jean（2005）*Celui qui voulait tout changer. Les années Jean-Jacques Servan-Schreiber*, Robert Laffont.

Bourdieu, Pierre et Jean-Claude Passeron（1964）, *Les héritiers : les étudiants et la culture*, Les Éditions de Minuit.（『遺産相続者たち』石井洋二郎監訳、藤原書店、1997 年）

Chaban-Delmas, Jacques（1975）*L'Ardeur*, Stock.

Chaban-Delmas, Jacques（1997）*Mémoires pour demain*, Flammarion.

CIDFF（2022）*1972–2022. 50 ans d'histoire des droits des femmes.*

Crozier, Michel（1970）*La société bloquée*, Seuil.（『閉ざされた社会』影山喜一訳、日本経済新聞社、1981 年）

Daniel, Jean et Jean Lacouture（1992）*Le citoyen Mendès France*, Seuil.

Delors, Jacques（2004）*Mémoires*, Plon.

Guillaume, Pierre（2007）« Un projet : la «Nouvelle société »» in Bernard Lachaise et al., dir., *Jacques Chaban-Delmas en politique*, Presses universitaires de France, 185–199.

Lachaise, Bernard（2004）« Georges Pompidou et la «nouvelle société» » in Association

Georges Pompidou, *Action et pensée sociale chez Georges Pompidou*, Presses universitaires de France : 61–70.

Lachaise, Bernard（2007）« Chaban-Delmas, le gaullisme et les gaullistes sous la IVe République » in Bernard Lachaise et al., dir., *Jacques Chaban-Delmas en politique, op. cit.* : 55–66.

Montero, Muriel（2004）« Le parti radical dans le mouvement réformateur » in Berstein, Serge et Marcel Ruby, dir., *Un siècle de radicalisme*, Presses universitaires du Septentrion : 187–201.

Mousseau, Jacques（2010）*Chaban-Delmas*, Perrin.

Nora, Pierre et Alain Minc（1978）*L'informatisation de la société*, Seuil.（『フランス・情報を核とした未来社会への挑戦』輿寛次郎監訳、産業能率大学出版部、1980 年）

Ory, Pascal（1983）*L'Entre-deux-mai. Histoire culturelle de la France, mai 1968-mai 1981*, Seuil.

Perrin, Élisabeth（1972）« Crozier Michel, La société bloquée », *Revue française de sociologie*, 13（2）: 282–283.

Pineau, Guy（2007）« "L'expérience Chaban-Desgraupe" : l'improbable libéralisation de l'information à l'ORTF（1969–1972）», *Quaderni*, 65 : 33–51.

Pozzi, Jérôme（2022）*Jean-Jacques Servan-Schreiber et la Lorraine*, Éditions des Paraiges.

Rémond, René（1982）*Les Droites en France*, Aubier.

Servan-Schreiber, Jean-Jacques（1968）*Le réveil de la France*, Denoël.（『フランスのめざめ』井上日雄訳、タイムライフインターナショナル、1969 年）

Servan-Schreiber, Jean-Jacques（1970）*Le manifeste radical*, Denoël.

Servan-Schreiber, Jean-Jacques（1993）*Les fossoyeurs*, Fixot.（『フランスの政治家の挑戦――JJSS 回想録（壮年時代）』奈良道子訳、近代文芸社、1997 年）

Vigreux, Jean（2018）*Croissance et contesation 1958–1981*, Seuil.

Walliser, André（2016）« *L'informatisation de la société* : un rapport hors norme ? » in Robert Frank, et al., dir, *Simon Nora. Moderniser la France*, CNRS Éditions : 135–146.

Gilles Vergnon（2015）*Le "modèle" suédois. Les gauches françaises et l'impossible social-démocratie*, Presses universitaires de Rennes.

Zancarini-Fournel, Michelle（2008）*Le moment 68. Une histoire contestée*, Seuil.

網谷龍介（2018）「戦後ヨーロッパにはリベラル・デモクラシーが成立し、発展したのか？――現実に存在したデモクラシーの正統性原理とその変容をめぐる序論的考察」『国際関係学研究』44 : 1–13。

アルベール、ミシェル（2022）『資本主義対資本主義（改訂新装版）』小池はるひ訳・久水宏之監修、竹内書店新社。

井上禎男（2022）『放送行政の課題――日仏比較法研究』信山社。

井上たか子（2016）「フランスの女男平等政策推進機構」『フランス文化研究』47 : 23–44。

遠藤乾（2013）『統合の終焉――EU の実像と論理』岩波書店。

小田中直樹（2018）『フランス現代史』岩波書店。

川口美貴（1991）「フランスにおける賃金決定の法構造――法定最低賃金」『静岡大学法経研究』40（1）: 69–102。

権上康男（2013）『通貨統合の歴史的起源――資本主義世界の大転換とヨーロッパの選択』

日本経済評論社。
中木康夫（1975）『フランス政治史（下）』未來社。
中村督（2018a）「68年5月——ミシェル・ロカールと社会民主主義の発見」『思想』5月号：167–187。
中村督（2018b）「「68年5月の神話化に関する一考察——記憶・歴史・世論をめぐって」藤本博編『「1968年」再訪—「時代の転換期」の解剖』行路社：129–148。
中山洋平（2006）「第二次世界大戦後の政治と社会」谷川稔・渡辺和行編『近代フランスの歴史』ミネルヴァ書房：205–230頁。

＊本稿は、科学研究補助金基盤研究（c）（21k01377）による研究成果の一部である。

第７章
実現可能な公約を求めて
オランダにおける選挙綱領のマクロ経済分析導入の経緯

作内由子

本章では1970年代のオランダ政治で党派的に「中立」な専門家が影響力を持つに至った経緯を示す。現在しばしばエビデンスに基づく政策形成として専門家の役割が重視されてきているが、その非常に速い顕在化がこの時期のオランダで起きていたのである。

70年代といえば60年代の運動の活性化に続くニュー・ポリティクスの時代であり専門家の政治というイメージとはそぐわないかもしれない。しかし、オランダに関していえばむしろ60〜70年代の政治活動の活発化こそが専門家政治の引き金となったのであり、その後の政党間関係のルールを決める転換点となった。

本章はそのもっとも典型的な例として、国の経済分析機関である中央計画局（CPB）がそのマクロ経済予測モデルを通じて政党間関係の必要不可欠な構成要素となっていく過程を論じる。

1　専門家政治のオランダ

そして専門家政治が残った

戦後オランダ政治学の第一人者であったハンス・ダールダーは1964年と1984年に本務校であるライデン大学の大講堂で講演し、同時代のオランダ政治を分析している（Daalder 1995a, 1995b）。1964 年の講演では、オランダ政治が専門家による政治が行われ、政治家と有権者との間が乖離していることが批判された。1984 年の講演でも専門家の弊害が指摘され前の講演と同じ判断がなされているが、当時を振り返って 20 年前は専門家が政策形成を行っていたが、それは世界観ごとにさまざまな利益団体が形成されていて社会と政治の間に密接なかかわりがあったのだ、と評価しなおしている。これに対して現在はその紐帯も失われテクノクラティックな政治が行われている、とダールダーは批判するのである。

オランダ政治といえば、「ポルダーモデル」に象徴されるように、さまざまな利益を政策形成に参加させる合意の政治のイメージが浸透している。しかし、実は政策形成の際に専門家が重要な役割を果たしてきた国でもある。

中央計画局のマクロ経済予測

その最も顕著なケースとして、国の経済分析機関である中央計画局（CPB）が総選挙の際に各党の選挙綱領に基づいてマクロ経済予測をするという制度がある。1986 年に始まるこの制度は、任意でありながら多くの政党が参加してきた[1)]。CPB は単に政府の財政政策に方針を与えるだけではなく、この制度を通じて選挙レベルの政党間競合を財政政策の面から枠づけているといえよう。単に選挙綱領にもとづいてマクロ経済予測をするだけではない。選挙後の組閣の際には、各党の選挙綱領をもとに詳細な連立協定が結ばれ、実際の政府の政策に直結する[2)]。つまり、シーリングの機能を持っているのである（Bolhuis 2018）。

選挙綱領のマクロ経済予測とまではいかなくとも、オランダにおける CPB のような、政府を含む各党から独立して国の財政運営を監督するいわゆる「独立財政機関（Independent Fisal Institutions）」は、1990 年代以降 OECD 諸国を中心に増加しており（von Trapp, Lienert, and Wehner 2016）、巨額の財政赤字を抱える本邦においても近年注目を集めている（例えば佐藤 2020 : 588）。

これだけ注目されている独立財政機関であるが、その設置は政治との関係で必ずしも容易ではない（von Trapp et al. 2016：12）。財政は政治の領域であるがゆえに、それを制約しようとする機関を政治家が自発的に立法によって設置することは考えにくい。また、中立性を謳っていたとしても何らかの党派性を疑われると独立機関としての正統性に傷がついてしまう。

しかしオランダでは独立財政機関が1945年に設置されたのち、1970年代を通じてその実質的な影響力を強めていった。しかも、単に政権が予算策定で助言に従ったり歳出をチェックされたりするだけではなく、与野党をとわずそれぞれの政党が自らその権威に服して選挙綱領のマクロ経済予測を依頼する、つまり選挙レベルの政党システムまでも規律化するに至ったのである。

なぜこのような制度が確立していったのかを1970年代から80年代初頭にかけて検討することが本章の目的である。選挙綱領のマクロ経済予測は、政党は財政規律を守るべしというコンセンサスのもとに導入されたものではない。むしろ個々の政治アクターがそれぞれの事情からこのような「中立的な」機関を利用しようとした結果である。本章ではこの時期のオランダの政党間競合に着目してその説明を試みる。

この問いを通じて、1970年代のオランダ政治を示す一つの視角を提示したい。

2　1960年代の文化変容とオランダ政治

選挙と議会

オランダにおける専門家の政治的影響力の増大には、逆説的ながら1960年代の文化変容が影響している。

文化変容は多くの先進諸国で若者の権威に対する反抗という形で現れた。そのバリエーションは国ごとに多様である。ドイツにおいては戦争の荒廃からの復興を旗印に等閑視されていた戦争責任が取りざたされ、フランスにおいてはド・ゴールの権威に対して否が突きつけられた。

オランダにおける権威への反抗は、教会に対する批判として現れた。それまでオランダにおいてはカトリックとカルヴァン派のサブカルチャーが強固に存在しており、その多様な組織を通じて人々の社会生活を規定していた。教会と聖職者のもつ権威はこまかく張り巡らされたネットワークを通じてサブカルチャーを構成する人々を覆っていたのである。これに対する反抗がオランダの60年代を特徴づけた（Kennedy 1995）。この間とりわけカトリック教会を中心に世俗化が進み、もはや人々は教会の権威に服さなくなった。サブカルチャーの組織はイデオロギーを超えて目的別に再編された。そしてカトリック政党（KVP）やカルヴァン派の諸政党も支持者を失っていった。人々は街頭にでて、デモのみならず街頭でハプニングを起こしたり空き家を占拠したりして抗議活動を行った（田口 1989）。

もっともこの権威に対する反抗は、議会政治そのものを見捨てるには至らなかった。むしろ議会政治を変革すべく社会の運動が議会になだれ込んでいったのである。特に1967年の選挙では既成政党は軒並み議席を減らしたが、それによって既成政党に批判的な小政党や新党が多くの議席を獲得しオランダの議会政治を一変させた（de Jong 2019）。

それまでのオランダ議会は19世紀以来しばしば「行政的」といわれるほどに穏当な合意形成の場であった。隣国ベルギーでは議員たちがレトリックを駆使して華々しく議論を展開していたのと対照的に、ひたすら事務的な手続きとして議事は行われた（Beyen and te Velde 2016）。議会政治はオランダの有権者にとって特に興味を引くようなものではなかったのである。これを社会から離れた政治家たちによる閉じたドアの向こうの合意と批判した60年代の運動は議会を社会に開かれたものにせんと自ら議員として乗り込んでいった。

彼らは積極的に議会活動を行った（Hoetink 2018）。それまで年間200前後だった書面による質疑が60年代を通じて増加し70年代には1500前後になる。それまでほとんどなかった動議も400程度になった。1968年にはそれまで兼職を前提とした下院議員職にフルタイムの給与が支給されることになった。

人々が議会に注目するうえでメディアの役割も大きかった。サブカルチャーに属する新聞やラジオ、テレビなどは、それまで自分の属するサブカルチャーの教会や政党に対して批判的な記事は書かなかった。しかし、60

年代を機にメディアは権威に対し厳しく批判するようになったのである（van der Hoeven and Wijfjes 2019）。

もっとも典型的な例はカトリック・サブカルチャーの左派系の日刊紙であった『デ・フォルクスクラント（*De Volkskrant*）』であろう。1964年に新たに編集長となったファン・デル・プライムとその職を後に引き継ぐロックフェールは時流にのって編集方針を大きく転換し、60年代の新しい争点についてさまざまな記事を組んだだけでなく、党派を問わず積極的に政治家たちを批判した。カトリックに対しても批判的な論調を向ける同紙から離れる読者もいたが、彼らの経営能力も相まって、デ・フォルクスクラントは部数を増やしていった。それと対照的にサブカルチャーに忠実な新聞各紙は部数を減らしてしばしば廃刊になった。

新たな勢力が守旧的な議会運営に風穴を開けるさまをメディアは毎日のように報道した。社会の変化とともに、人々はメディアを通じて政治家と議会を批判的な目で鑑賞するようになっていく。そうなれば政治家の側もメディア報道を意識せざるを得ない。

二大勢力化の試み

さて議会活動は活発になったものの、やみくもに新たな争点を提起したり政府を批判したりしているだけでは実益がないという考えが議員の間で次第に共有されるようになっていった。むしろ目指すべきは政権の獲得であり、そのためには選挙結果が政権形成にほとんど反映されない現在の状況は望ましくなく、左右の二大政治勢力にわかれて有権者に政権選択を求めるのがよいと新たな勢力は二大勢力化へ舵をきる（Hoetink 2018）。それを牽引したのが既成政党ながら新しい勢力が流れ込み、新左翼の急先鋒となった労働党（PvdA）であった。以下では簡単に選挙制度と政党システムとを確認したうえで、PvdAによる二大勢力化の試みをみていこう。

まずは当時のオランダの選挙制度と政党システムについて概観しよう。下院の選挙制度は事実上全国一区の比例代表制である。阻止条項はないため、有効投票数の0.67%を獲得すれば議席を得ることができる。戦後は社民政党であるPvdAと三つのキリスト教民主主義政党（カトリック人民党（KVP)、反革命党（ARP)、キリスト教歴史同盟（CHU))、そして自由民主人民党(VVD）が主要な5政党であった。これらの政党は「柱（zuilen)」と呼ばれるサブカルチャーに支えられ、安定した得票を得ていた。

しかし1960年代にはこれが動揺し多くの小政党が設立されたのはすでにみた通りである。対して得票の減少に歯止めがかからなかったキリスト教三党は1977年に合同し、1980年にキリスト教民主アピール（CDA）を結成せざるを得なかった。

オランダの政党システムはこのように多党制で、それぞれの政党は過半数を獲得することはない。それゆえ連立政権を常態とするが、第二次世界大戦以降、2ブロック化は生じていない。すなわち、選挙前に政権の選択肢が示されていずれかを選ぶ、という選挙になっていない。よって、どのような連立が組まれるかは選挙後に決まる。

1970年代から80年代の選挙結果の特徴をみてみよう。

図7–1から読み取れるのは、図の一番左にある労働党が得票を伸ばしているということである。D'66と合わせれば左派だけで40%を超える議席数を獲得することもあった。これは左派政党にとって大きな躍進であった。他方で左派が過半数を獲得することはなかった。これは中道のキリスト教民主主義（諸）政党が連立形成に不可欠であったことを意味する。もう一つ読み取れるのは、70年代初頭の小政党の多さである。60年代後半から70年代初めにかけてはオランダで多くの小さい政党が議席を獲得した。この傾向は次第におさまり80年代にはいったん落ち着く。この時期に現れた政党のうち現在まで生き残り、しばしば連立に参加しているのはD'66のみである。

1970年代から80年代初頭の政党間関係の特徴は、社民とキリスト教民主主義政党・自由民主主義政党との関係が悪化した点にある。左ではPvdAがいわゆる「分極化戦略」をとり政党システムを左右の二大ブロックに再編しようとし、右ではVVDが反PvdAの論陣を張った。以下でそれぞれ検討しよう。

政権選択が国民からみて不透明であることについて、戦後PvdAは批判的であった。戦争直後のオランダ人民運動では、PvdAを結成することでキリ

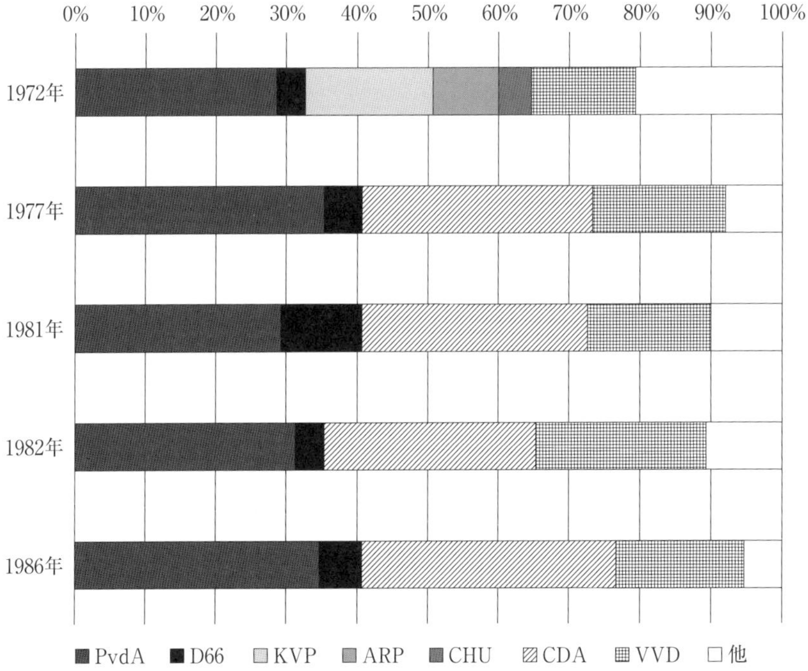

図7–1　オランダ下院選挙結果（150議席）

スト教民主主義政党の左派を糾合し二大政党制を実現しようとした。その試みは頓挫して二大政党化の動きは長らくおさまっていたが、1960年代になるとPvdA内部で再び二大政党制論が活性化する。そこで重要な役割を果たしたのが、60年代の文化変容から現れた「新左翼」のグループであった。

新左翼は休眠化していたPvdAの地方組織に浸透し、党組織で権力を掌握することに成功し、党内民主主義を主張して元来寡頭的だった党組織構造を活動家の発言権が強まるように改革した。彼らの間ではのちに議員団長になるファン・テインの政党システム再編論が支持されていた。右派と左派との間で政権構成を選べる政党システムにつくりかえようとしたのである。これを「分極化戦略」という[3]。この分極化戦略は中道の宗派諸政党の左派を分裂させ左派連合に組み込むこと、それによってイデオロギー的に異なるにもかかわらず戦後PvdAが政権入りする際に強いられてきた宗派諸政党との不本意な連合をやめることが含意されていた。

このときPvdAのトップであったのが、デン・アイル（Joop den Uyl）であった。デン・アイル[4]はバスケット商店を営む中産階級の家に生まれた。カルヴァン派の家系で学生時代までは信仰を持っていたが、戦争中に社会主義の思想に触れ、戦後に設立されたPvdAに参加する。アムステルダム大学で経済修士号を取得したデン・アイルはPvdAにおいて経済畑を歩み、1962年にアムステルダムの助役になった際には、公共事業・都市開発・経済政策を担当し、1965年にはカルス政権の経済大臣となった。そこで炭鉱閉鎖に際して一定の成果をあげたあと、デン・アイルは1966年にPvdAのリーダーとなった。

デン・アイルは党首となった当初、新左翼と折り合いが良くなかった。選挙後に政党同士が交渉して政権獲得を目指す旧来の組閣のあり方を望ましく考えていたデン・アイルと、イデオロギー的に相容れないならば連立をすべきでないと考える新左翼との間には大きな溝があった。しかし、デン・アイルは宗派諸政党との連立の余地について新左翼側から譲歩を獲得したうえで、政権参加するときに大きな武器になる得票増を見込んでもともと前向きでなかった分極化戦略を受け入れ、むしろその顔となっていくのである。

1971年総選挙の際には、PvdAと1967年にはじめて議席を獲得したD‘66と1968年にカトリック政党KVPから分裂したPPRの左派3党で共同綱領を作成し、また「影の内閣」で政権交代した際の閣僚候補を提示した。これによって革新勢力が政治改革を志向していることを明確にうちだしたのである。選挙後の連立形成が通常であるオランダにおいては異例でまさに分極化戦略の具現化であった。

翌年の1972年総選挙では共同綱領「転回点‘72」を作成、左派は大きく票を伸ばした。ただし、革新勢力で多数派をとることはできず、組閣は困難を極めた。結局、カトリック人民党と反革命党からも閣僚を一本釣りすることで、左派を中心としたデン・アイル政権が成立した。社民首班政権の成立という点で、デン・アイルの試みは一応奏功したといえよう。

このようにPvdAの分極化戦略は左右の遠心的な政党システムをもたらし、1970年代から80年代半ばまで続く。しかし左右対立の原因は左派からの働きかけによるものだけではなかった。対抗するキリスト教民主主義政党や自由民主主義政党も反PvdA、反デン・アイルの立場をとったのである。それは主として経済争点に起因していた。

デン・アイルは1960年代の未曾有の好景気の中で、最低賃金の大幅な増額と社会保障給付を賃金上昇に連結させる政策を主張した（van der Zwan 2008）。この政策は経営側からの大きな反発を引き起こした。労働市場がひっ迫しているにもかかわらず、社会保障受給者が労働市場への参入に消極的になったり、賃上げ圧力が高まったりすることを懸念したためである。この経営－労働間の溝は大きくなり、経営側は単に政権の政策を批判するだけでなく批判すべき政策をデン・アイルと重ねあわせて彼を感情的に攻撃するようになっていった。

VVDの党首となったハンス・ウィーヘル（Hans Wiegel）はこの対立をうけて反デン・アイルの急先鋒として頭角を現した。1941年生まれの若きリーダーはデン・アイルの拡張主義的な経済政策を舌鋒鋭く攻撃した。1972年、石油危機の始まる前年に学生を前にした討論会で「シンタクラース[5)]は実在する！　机の向こう側にいる！」とデン・アイルを指さして叫んだというエピソードが有名である。このような態度によって、実際の政策距離だけでなくPvdAとVVDとの関係は悪化していった。

3　石油危機と緊縮への転換

石油危機に直面するデン・アイル政権

対立が深まるにつれ、政権を担う能力を示す必要がいや増した。それはたとえば人事に表れる。政権発足前の影の内閣においてデン・アイルは財政政策の信用を得るためにD' 66のファン・ミールロの勧めに従いウィム・ダウセンベルフ（Wim Duisenberg）を影の財務相として引き入れた。ダウセンベルフはIMFの財政アナリストやアムステルダム大学のマクロ経済学の教授を歴任した人物である。彼はそのままデン・アイル政権の財務相となる。1971年の総選挙において彼はどの党の比例名簿にも載らなかったから、選挙を経ずに閣僚になったということになる。オランダでは非議員の専門家が閣僚になることがしばしばあるが、財務相に関しては戦後すぐの一時期を除いて経済専門家であると同時に下院もしくは上院議員に当選した人物が任命されていた。しかしダウセンベルフ以後、非議員の財務相が増えていく。デン・アイルは当時としては異例に非議員の専門家を財務相として任命したのである。政権の経済政策の正当化に専門家を使おうというデン・アイルの傾向が見て取れる。

石油危機によって経済政策が政府の重要課題となると、デン・アイル政権は機能不全に陥っていた政労使の合意による賃金政策をはじめとして、不況対策の権限を1974年の1年限りで政府に集中させた。これは政権があえて切迫する経済問題を積極的に引き受ける態度を示したということができるだろう（田口 1988）。

政権は危機の当初ケインズ主義的な経済政策を志向した。財相ダウセンベルフは当初デン・アイルに従い、拡張的な経済政策を行っていたものの、1975年には緊縮政策に転じた。デン・アイルをはじめとするほかの閣僚を説得し、緊縮政策の端緒ともいえる1パーセント・ルールを導入したのである。これは政府支出の上昇を国民所得の1パーセントに抑えるというものであった（Verkuil 2019：251–254）。

デン・アイル政権は、副首相兼司法相でありこの間合同した宗派3党のトップとなったファン・アフトがデン・アイルと関係を悪化させ崩壊する。1977年の選挙で左派連合は議席を伸ばしたが過半数には届かなかった。得票を伸ばしたPvdAであったがファン・アフトとの関係悪化もあり組閣は難航した。組閣過程でデン・アイルはなんとかCDAとの合意にこぎつけたものの、PvdAの党組織がこれを受け入れず、組閣に失敗してPvdAは政権を逃す。そこでCDAとVVDの連立による第1次ファン・アフト政権が成立した。

緊縮を推進する官僚たち

この時期経済政策に関心を持っていたのは政治家たちだけではなかった。

ケインズ主義から離脱しサプライサイドモデルに基づく緊縮政策への転換を推進したのは官僚たちであった。なかでも大きな影響力を行使したのは、経済相の官僚側のトップである事務総長職にあったフランス・リュッテン（Frans Rutten）である。それまで現在のエラスムス大学で教鞭をとっていたリュッテンはデン・アイル政権期の1973年に任命され1990年まで務めた。この時期、オランダでは例外的な政治に対する官僚優位の時代となった。

リュッテンの政策転換の試みにおいて重要な位置を占めるのは官僚機構の組織改革である。その一つが中央経済委員会（Centrale Economische Commissie, CEC）である。CECは経済省事務総長が議長となり、財務省、社会雇用創出庁、総務省、CPB、オランダ銀行の高官が参加する委員会である。内閣に対して社会経済・財政問題を助言する目的で戦後に設置された。そのCECの事務局が置かれたのが一般経済政策理事局（directie Algemene Economische Politiek, AEP）であった（Raes et al. 2002）。

AEPは1952年に当時の経済省事務総長が設置した部局であるが、リュッテンの指導下でその組織が強化され、単なる省内の一部局から他の省庁をも巻き込むようになっていった。AEPの内部は財政緊縮、反・反景気循環政策で一致していた。このAEPが司令塔となって、財政緊縮実現に向けて経済官僚たちが動いていく。

当時AEPでリュッテンの指導下にあった官僚たちは、チリやアルゼンチンで新自由主義改革を行ったミルトン・フリードマンの弟子たちの異名、シカゴ・ボーイズにあやかってリュッテン・ボーイズと呼ばれた。このなかには、のちの財務相ザルムもいる。

リュッテンらは緊縮政策を推し進めるために各方面に働きかけを行った。政権レベルでは、デン・アイル政権期に財務大臣ダウセンベルフに接近した。デン・アイルに緊縮を迫ったダウセンベルフに情報を提供したのは彼らだったのである。また、官僚たちは政府の支出の内容も雇用の創出ではなく企業への補助金に注力させようとした。その役割を担わせようとしたのがリュッテンら主導で法案が作られた投資会計法（Wet Investeringsrekening, WIR）である。デン・アイルは補助金の支給を雇用創出と紐づけようとしたが失敗した。この案は第1次ファン・アフト政権に引き継がれ成立をみる。

第1次ファン・アフト政権においては先述の81年の見取り図のもととなる巨額の緊縮案が官僚から提案された。緊縮策は閣内の対立にもかかわらず6月に81年の見取り図として公表された。政府案は90〜100億ギルダーであったのに対しCECは110億ギルダーの緊縮を提示していた。経済官僚たちが右派政権が許容できる以上にドラスティックな政府支出の削減を志向していたことがわかる。

また同政権期には第1回目のワグナー委員会が設置された（Varisli 2018: 59–62）。ここでは労使を参加させて委員会としての正統性を示しつつ、重要なのは雇用創出というより産業の発展であって、企業が積極的にリスクをとってイノベーションをおこすべきことが強調された。そしてそのために必要なのはコストを引き下げること、つまり減税と賃金抑制であるとされた。このワグナー委員会の委員を選出したのはリュッテンである。

1981年に成立したCDAとPvdAによる中道左派政権、第2次ファン・アフト政権は失業対策を求めるデン・アイルが社会相となり、発足当初から連立内に火種を抱えていた。リュッテンらは経済相となった民主66のテルローを懐柔し、緊縮派に組み入れた。テルローは経済相として労使を巻き込んだ緊縮の合意を取り付ける2回目のワグナー委員会の設置に尽力し、また閣内ではデン・アイルと対立して緊縮策を擁護した。

こうして石油危機を契機に経済政策は緊縮に向かった。パイの縮小をめぐる政治の中で、どのような緊縮政策が有効な帰結をもたらすのか、この争点で対立が規定されていく。そこで図らずも審判の役割を担うことになったのがCPBであった。

4　台風の目になる中央計画局

「中立的」機関としてのCPBの形成

オランダは早くから計量経済学の知見を政策に反映させようという動きがあった国であり、それは1930年代までさかのぼる（van den Bogaard 1998）。この時期の「経済学」はそれぞれのサブカルチャーごとに分裂した状態にあり、社民勢力はマルクス主義、カトリックやカルヴァン派は各々の社会教説から導き出された社会経済論を主張していた。世界恐慌後、社民勢力の一部に計量経済学によって経済政策を改善できるのではないかと考えが現れる。この議論は必ずしも社民全体に受けいれられたわけではなく、また社民政党は開戦直前まで万年野党であったからそれが実現する見通しがあったわけでもなかった。

しかし、このアイデアは戦後まで生き延びた。終戦直後に女王から任命された政権はこのような改革を志向する人々を中心としており、マクロ経済分析を行いそれに基づいた経済計画を作成する CPB を設置したのである。その初代所長は戦前から計量経済学の政策への利用を主張しのちにノーベル経済学賞を受賞するティンベルヘンであった。この勢力は保守革新の二大政党制化を試みて旧社民とキリスト教民主主義左派、自由民主主義左派を糾合して労働党 PvdA を結成した。しかし戦後初の選挙で PvdA は思ったように得票が伸びず、カトリック政党優位の政権が成立して CPB による経済計画作成の方針は頓挫する。結局、CPB はマクロ経済予測を行う機関として存続し予算の作成等にかかわるようになっていった。

さて、ティンベルヘンは CPB の設置にあたって党派的な中立性を企図した。これには戦後直後のオランダの社会科学の方法論上の議論が大きくかかわっている。この時期は社会科学と政策との距離が経済学だけでなく社会科学の諸分野においてもっとも近づいた時期といえる。それまでのサブカルチャー間で分断された、多分に規範的な社会科学に代わって、統計学的な手法を重視した新世代の学者たちの一部は、政策形成は「客観的な」調査に基づいてなされるべきであり、そのために社会科学が有用であると主張した。そして社会科学と、いまだなお世界観ごとに政党が分立している政治との政策形成上の役割分担として、政治は目的を示し科学は手段を提供することが言われた（Gastelaars 1985）。その制度的な結実の一つが CPB である。あくまでも科学的に手段を提供するために作られた機関である CPB は厳密に政治的に中立であることが求められ、そのような制度設計がなされた（Den Butter 2010）。

マクロ経済モデルの発展

1950年代から60年代のCPBは政治的に大きな影響力を持っていたわけではない。マクロ経済予測を政府や労使に提供することが主たる業務でその限りでは重要な役割を果たしていたといえるが、CPBの出す数字に基づいてさまざまなアクターがお互いに激しく議論をするというものでもなかったのである。

もっとも、60年代にCPBの内部では後年の影響力につながる大きな変化が生じていた。それは技術革新である。一つはマクロ経済モデルが改善された。それまでは短期的モデルであったが、複数年にわたる中期的な予想が可能になったのである。1966年には中期モデルを用いた初めての成果物「1970年のオランダ経済（*De Nederlandse economie in 1970*）」が公表された。その後も数次にわたって発表されたこれらの中期予想は複数年にわたる予算の見通しがたてやすいとして党派を問わず政権から歓迎された（Passenier 1994: 231-236）。中期予想ができるようになったことで、70年代に石油危機で経済の見通しが不安定になった際、CPBの予想に広く注目が集まるようになるのである。

もう一つの変化は計算技術の向上である。計算機械の性能が向上していくにつれ、計算スピードも速くなり、多くの情報を自動的に処理することができるようになっていった。この傾向は80年代に至っても止まらなかった（Passenier 1994：212-215）。処理能力の向上によって、ルーティンワークをこなすだけでなくより手広く経済分析を行う素地がうまれたのである。

70年代にはいるとさらにモデルは改良される。デン・ハルトークとチャンによって1973年に新たに示されたモデルVINTAFは既存のケインズ主義に依拠したものにサプライサイドモデルを取り込んだものであった。ここでは、賃金の高さが失業率に結びついているとして、賃金抑制が是とされた。すなわち、労働生産性よりも賃金が高いと企業は生産性を上げるために設備を短期間で入れ替えることになることから設備投資に資金を回すことになる。すると賃金に回せる資金が減り失業が増える、というロジックであった。

政党間競合——マクロ経済予測の活用

「分極化戦略」によって有権者に政権選択を求めるのであれば、政権に就くにふさわしい政策と能力を示す必要がある。選挙の際には政党同士お互いの公約をめぐってその不備を突いて批判し、また新聞各紙はそれを積極的に報じた。

また新聞でもどの党にその能力があるのかをチェックする動きを見せ始めた。その先鋒が週刊新聞『ハーグ・ポスト（*Haagse Post*）』である。1977年総選挙の数か月前から主要政党のリーダーたちに選挙綱領に関して微に入り細を穿つ批判的なインタビューを敢行したのである（Birner 2020）。

より「良い」政策を出すためには何らかの客観的なお墨付きがあることが望ましい。

デン・アイル政権崩壊に続く1977年選挙の後の組閣交渉の際に、CDAとVVDが提出してきた経済政策に対してデン・アイルは独自の案を出し、CPBにマクロ経済予測を依頼している。このときCPBはVINTAFからさらにサプライサイドよりに修正したVINTAF IIというモデルを用いたためデン・アイル案は彼が想定した以上に失業が増える予測となった。これを不服として彼は旧来のモデルで再度予測をさせたが、その結果が右派両党から受け入れられることはなかった（Merriënboer 2016）。

野に下ったデン・アイルは1978年5月に「連帯による雇用（Werkgelegenheid door solidariteit）」を発表し、それをCPBのマクロ経済予測にかけている。そして、その結果に基づいてPvdAの計画では1982年の失業者数は14万5000から17万の間となるのに対し、政府案では17万5000から20万になると批判した（de Beer 1978）。これをもとに議論したのち6月にはPvdA議員団が政府案に代替する緊縮計画を作成した。そしてこの計画をマクロ経済予測するようCPBにさらに依頼したのである。その結果、政府案が社会保障費を中心として90〜100億ギルダーの緊縮によって、1981年に失業者が17万5000人程度になると予測されたのに対し、PvdA案では40億ギルダーの緊縮と厳格な賃金抑制策によって同じ結果になるという結論となった[6)]。

与党の一角を占めるCDAでは議員団内のPvdAとの連立を志向する「忠実派（loyalisten）」が政府の緊縮策を議会で抑制したため政府の意図通りに進まなかった。1979年5月にはすでに「81年の見取り図」で期待されていた失業者数の減少が実現不可能であることが予想されるようになる。これをうけてデン・アイルはすかさず政府に対してPvdAの案をCPBに中期的なマクロ経済予測をさせ、それを議会で議論するよう要求している[7]。

このように、野党戦略としてデン・アイルは積極的にCPBを利用した。もっとも、彼がマクロ経済予測に十全の信頼をおいていたと考えるのは早計である。雇用の確保を重視するデン・アイルにとってCPBのモデルはしばしば緊縮志向の結果をはじきだしていた。また1981年には「数字をもてあそぶのはやめよう。これは政治の問題だ」、とあくまで数値を中心に議論することへの疑いも表明していたのである（Birner 2020：123）。政党間対立のためにやむなく使っていたとみるべきであろう。

いずれにせよ1986年総選挙ではCDA、VVD、PvdAの間で選挙綱領のマクロ経済予測合戦というべき事態になったが、それはPvdAが経済政策を正当化し、より良い数字を出すことによって政府の経済対策に揺さぶりをかける長年の実践から発展したものである。

政党間合意——政権政策協定

戦前以来、政権期間中の政策合意である政権綱領（regeringsprogramma）が組閣時に結ばれていた。これは、閣僚の間での合意事項である。これに加えて1963年、65年、67年の組閣では次期政権で与党を構成する党の議員団長の合意を伴う協定が政権綱領とは別に結ばれた。さらに、1971年以降は次期政権与党の議員団同士の協定が作成されるようになり、政権綱領は後背に退いた。1971年以降のこれらの協定は政権政策協定（regeerakkoord）と呼ばれる（Bovend'Eert 1988：78-80）。つまり、63年までもオランダでは連立協定は結ばれていたものの議員団を拘束するものではなく、あくまでも閣僚同士の合意事項が示されていただけであった。これに対してそれ以降は、与党議員団も連立協定に拘束されるようになったのである。

表7-1　政権政策協定の語数

年	1963	1965	1967	1971	1977	1981	1982	1986	1989	1994	1998
単語数	3350	3600	3100	6100	7900	15900	20300	15500	28450	16250	36000

Timmermans（2003）

政権政策協定が結ばれるようになった遠因には、労働党がすでに50年代から政権発足前に議員団を拘束する連立協定を求めていたことが挙げられる。当時キリスト教政党と連立を組んでいた労働党は、政策決定が実質的にキリスト教政党によってなされていることを不服としていた。しかしとりわけカルヴァン派2政党はこれに応じず59年にはキリスト教3党と自由民主主義政党のデ・クヮイ中道右派政権となった。

1963年のマレイネン政権は前政権と同じ構成となったが、ここでは「ワセナール盟約（Covenant van Wassenaar）」と呼ばれる合意が成立し、与党議員団長がこれに拘束され与党議員団はこれに「道義的に」拘束されるとした。カトリック人民党の左派は労働党との連立を望んでいたが、VVDと政策上の合意ができれば中道右派政権もやむなしという立場をとり、ワセナール盟約が結ばれたことによってマレイネン政権が成立した（Maas 1982：24-128）。

このように、オランダでは1963年以来、与党議員も巻き込んだ協定が結ばれるようになる。

表7-1にある通り、政権政策協定の語数は当初は3500語程度であったものが、70年代には倍、80年代にはさらに倍になって1万5000語を超えている。一般に、長い連立協定を結ぶ効果は事前に合意をし、与党を拘束することによって連立内の対立を抑制し政権崩壊を未然に防ぐことが指摘されている（Timmermans 2003）。

この時期は先にみた通り分極化の時代であったが、右派の内部は必ずしも政策上の一体性があるわけではなかった。その分断線は分極化した左右の間ではなく自由民主主義政党VVDとそれ以外の間にあったのである。確かにCDAのリーダーであったファン・アフト自身はPvdAとの関係が悪かったが、すでにみた通り合同したCDA内部は自民社民いずれと連立を組むかで対立していた。そして選挙の公約においても VVD と近い緊縮策を掲げていたわけではなかった。つまり、そもそも右派連立ができたとしても経済政策の距離は近くなく、また組閣に至ったとしても CDA 内部の不和で政権が不安定になる恐れがあった。このため事前に政策をすり合わせる必要があったのである。

政府や CPB への働きかけを試みた経済官僚たちはそれだけでは緊縮の実現に不十分であることに次第に気づくようになる。閣僚を説得しても閣内で合意がえられなかったり、第 1 次ファン・アフト政権における CDA に顕著にみられるように政府全体で一致したとしてもそれを与党議員団が骨抜きにしたりしようとするからである。そのためには何らかの形で議員団を拘束する必要がある。その手段が組閣の過程で政権政策協定を結ぶことであった。

組閣の際に、経済官僚が参加して意見を述べること自体は新しいことではない。CEC が経済専門家として関与することは少なくとも 60 年代には慣例であった。新しい点は、分極化と不況の中で合意形成の必要に迫られ、専門家への依存が増大したことと、それに乗じて単に合意形成のサポートをするというだけでなくむしろ積極的に政権政策協定の作成を主導していったことにある。

1981 年総選挙後の組閣では、どのような組閣の可能性があるか調査するいわゆる「情報提供者（informateur）」に任命された CDA のリュベルスとデ・コーニングが具体的かつ詳細な合意を模索した。すなわち、単に次の政権の方針を示すのではなく、対立があるなかでも何なら合意ができるのか、その具体的内容を政策分野ごとに積み上げていくことが目指されたのである。

しかし、これは党派を問わず話を聞き共通項を積み上げていくことを意味しなかった。左派はより大まかな方針の確認を求めていたがそれには応じず、たたき台とされたのはワグナー委員会の報告書と組閣の際に情報提供者に渡される CEC からの部外秘の報告書とであった。すでにみた通り、ワグナー委員会も CEC もリュッテンの影響下にあって、合意形成をするにせよ、その出発点は財政支出の削減にあったわけである。情報提供者はその後入れ替わりつつも、交渉はここで出来上がった案に基づいて続けられていった。

CDA 議員団の財政拡張政策を主張する人々はいずれも CDA の有力者であ

る使用者団体の頂上団体のトップと、コーポラティズム組織である社会経済協議会の議長と、CPBのトップに諮問して合意が得られれば財政支出の削減に合意してもよいと妥協した。その諮問の結果は、案にある緊縮を支持するにとどまらずPvdAのデン・アイルが求めた雇用創出策にも疑念を呈するより厳しいものであった（Ramakers 2016）。

財政緊縮を求める専門家が組閣で影響力を行使していたことがここから見て取れる。PvdAは雇用創出策などで財政緊縮に対抗していこうとするものの、CDA内部では、PvdAにより近い議員たちが「専門家」の意見に従っていることがわかる[8)]。

ところで80年代初頭、経済官僚とCPBとの関係はかならずしも良好ではなかった（Passenier 1994）。経済官僚はCPBのモデルに不満を持っていた。特にCPBが労働党に対して政府の緊縮案「'81年の見取り図」より財政支出を緩和しても失業者数が減る結果を示したことで両者の関係には緊張が生まれた。しかし、81年の組閣からもわかる通りCPBの権威を排除することはなかったのである。

さて1981年の組閣で成立した中道左派の第2次ファン・アフト政権は、経済政策で折り合いがつかずすぐに崩壊し翌1982年に総選挙が行われた。それに続く組閣で政権政策協定の経済政策の部分を作成するにあたって重要な役割を果たしたのが、「良薬は口に苦し（De zure appel）」という秘密文書である（Van Griensven 2009）。この文書を作成したのは、内閣官房財務・社会経済審議官（raadadviseur voor financiële en sociaal-economische aangelegenheden）ファン・デ・フラーフ（Tom van de Graaf）、財務省予算局長ピーター・コルテヴェフ（Pieter Korteweg）、同会計局長（Thesaurier-Generaal）バルト・ル・ブランク（Bart le Blanc）、そして経済省事務次官リュッテンという高級官僚たちであった。

その内容は、公共セクターが財政不足に対して十分な規律を発揮できていないとし、毎年100億ギルダーの緊縮と政府の市場介入を抑制することを主張するものであった。そしてデン・アイル式の雇用創出策は幻想にすぎないとした。

名宛人は第3次政権を発足させるであろうと想定されたファン・アフトで

あったが、結局彼はそれを固辞した。しかし、この文書の内容はこのとき成立した第１次リュベルス内閣の政権政策協定にその多くが、一部はほとんどそのまま盛り込まれており、組閣の際に何らかの形で参照されたであろうことは想像に難くない。この内容を実現するために、政権政策協定に内容を盛り込むことが必要であると文書の中に書かれている[9]。

官僚たちが政権政策協定に書き込むよう助言をしたのは、第１次ファン・アフト政権の教訓があろう。経済官僚たちは政権には緊縮策を飲ませたもののCDAの閣僚および議員団内部の左右対立によってそれを実現できなかった。協定に書き込めば与党議員団は拘束されるため、具体的に記載すればその分確実に実行できることになる。

こののち、1986年に選挙綱領のマクロ経済予測が始まるようになると、その結果が合意のたたき台として官僚たちの提案にとって代わる。政府に対して経済政策形成を主導してきた官僚たちは1990年代にはいると政治主導の時代となり優位を失っていった（Raes et al. 2002）。しかしむしろ政治主導の時代に政党間の合意形成のたたき台となるCPBの経済予測は影響力を増していく。政権政策協定に政策合意を詳細に書き込んで閣僚と与党議員を拘束するというアイデアはそのままに、経済官僚に代わってCPBのモデルが選挙－組閣－政権を通じて一貫したシーリングの制度を支えるようになるのである。

独立機関の影響力

おそらく意図せずしてCPBは政党間関係を規定する影の実力者となった。そもそもCPBが力を持つこと自体、どのアクターからもほとんど望まれたことではなかったといってよい。それが影響力を持つに至った背景はさまざまあろうが、重要な理由の一つには政党同士が競合するうえで政策の「正しさ」を判断する基準を皆が求めていたということが挙げられよう。

ハーシュマンとバーマンは複雑な現実を公的で計算可能な秩序に作り替えるものとして「政策デバイス（policy device）」という概念を提示した（Hirschman and Berman 2014）。政策デバイスは政策決定者に（しばしば数値による）

明快な視座を提示して社会の見方を規定するだけでなく、それを通じて政策決定手続きまで作り上げることもある。CPBが提示したものはまさにどの政策をとればどの程度成長率が上がり、雇用が増えるのかといったわかりやすい数値を中長期的に予想してたたき出すことを通じて、政党間の競争と合意形成との手続きに浸透し、政策デバイスとなったわけである。

しかし、それは同時にメディアを含む政治アクターの間主観的な暗黙の合意によって作り上げられた権威と評価することもできる。この正統性が崩れたときCPBもまた力を失っていくことになるだろう。

＊本章は本研究はJSPS科研費21H04386の助成をうけたものです。

注

1）　2021年総選挙の際の各党選挙綱領のマクロ経済予測分析は、（CPB 2021）である。https : //www.cpb.nl/keuzes-in-kaart-2022-2025からダウンロードすることができる。

2）　現在のこの制度に関する紹介は、作内（2021）を参照されたい。

3）　分極化戦略については、水島（2001）を参照。

4）　Jonge, A.A.（2012）Uijl, Johannes Marten den（1919–1987）, *Biografisch Woordenboek van Nederland.*

5）　シンタクラースはオランダで12月5日に子供たちにプレゼントを配る人物である。ここではデン・アイルがバラマキをしていると批判しているのである。

6）　Plan van Den Uyl geeft minder werklozen, *NRC Handelsblad*, 23 juni 1978.

7）　Kabinet mislukt werkloosheid 1981 nog 150.000, *NRC Handelsblad*, 19 mei 1979.

8）　オランダでは、70年代以降に省庁の事務総長の党派性的な任命が増加する。閣僚と同じ党派の人物が事務総長に選出される傾向が強まるのである。それは特にCDAにおいて顕著にみられる。もっともこの組閣の例をみると、それは単なる党派的な採用とはいいがたい。党派的な任命は官僚のトップに限られ、任命の際にはその能力が重視されているという点ではこれまでと大きな違いはない（Ennser-Jedenastik 2016）。同じ党派の官僚に党の方針を実現させるためもあろうが、閣僚が党内をまとめ上げ異論を封じるために同じ党派の自分たちより専門的知見を持った人、という権威を作り上げているという側面もあろう。

9）　のちに著者の一人であるリュッテンは、経済専門家の雑誌に寄稿し、政権政策協定でシーリングをすべきである旨主張している（Rutten 1993）。

参考文献

de Beer, Christy（1978）“Greep Uit de Politieke Gebeurtenissen in Nederland Gedurende Het Jaar 1978,” *Jaarboek Documentatiecentrum Nederlandse Politieke Partijen*, 1978 : 166–92.

Beyen, Marnix, and Henk te Velde (2016) "Passion and Reason : Modern Parliaments in the Low Countries," In *Parliament and parliamentarism : a comparative history of a European concept*, Berghahn : 81–96.

Birner, Jack (2020) "The Quiet Revolution in Dutch Politics. How Economics Changed the Norms for Dutch Electoral Programs," *Biblioteca Della Libertà*, (227) : 119–145.

van den Bogaard, Adrienne (1998) *Configuring the Economy : The Emergence of a Modelling Practice in the Netherlands, 1920–1955*, Thela Thesis.

Bolhuis, Wimar (2018) *Van Woord Tot Akkoord. Een Analyse van de Partijkeuzes in CPB-Doorrekeningen van Verkiezingsprogramma's En Regeerakkoorden, 1986–2017*, (Dissertation, Leiden University).

Bovend'Eert, P. P. T. (1988) *Regeerakkoord En Regeringsprogramma*, SDU.

Den Butter, F. A. G. (2010) "Het CPB Kan Nog Niet Met Pensioen," *TPEdigitaal*, 4 (3) : 1–18.

CPB (2021) *Keuzes in Kaart 2022–2025*.

Daalder, Hans (1995a) "De Nederlandse Politiek in 1984 En de Nieuwe Flinkheid," In *Van oude en nieuwe regenten. Politiek in Nederland*, Bert Bakker : 73–100.

Daalder, Hans (1995b) "Leiding En Lijdelijkheid in de Nederlandse Politiek," In *Van oude en nieuwe regenten. Politiek in Nederland*, Bert Bakker : 11–39.

Ennser-Jedenastik, Laurenz (2016) "The Party Politicization of Administrative Elites in the Netherlands," *Acta Politica*.

Gastelaars, Marja (1985) *Een Geregeld Leven. Sociologie En Sociale Politiek in Nederland 1925–1968*, Amsterdam : SUA.

Van Griensven, P(2009) "De Zure Appel in Tijden van Economische Crisis," *Jaarboek Parlementaire Geschiedenis*, 59–71.

Hirschman, Daniel, and Elizabeth Popp Berman (2014) "Do Economists Make Policies? On the Political Effects of Economics," *Socio-Economic Review*, 12 (4) : 779–811.

Hoetink, Carla(2018)*Macht Der Gewoonte. Regels En Rituelen in de Tweede Kamer Na 1945*, Vantilt.

van der Hoeven, Pien, and Huub Wijfjes (2019) "Concentratie En Kritische Autonomie, 1950–2000," In H. Wijfjes and F. Harbers, eds., *De krant. Een cultuurgeschiedenis*, Boom : 247–289.

de Jong, Wim (2019) "The Transfer of Parliamentary Ideals to Civil Society in the Netherlands in the 1970s," *The Ideal of Parliament in Europe since 1800* : 219–238.

Kennedy, James (1995) *Nieuw Babylon in Aanbouw Nederland in de Jaren Zestig*, Boom.

Maas, P. F. (1982) *Kabinetsformaties 1959–1973*, 'Staatsuitgeverij.

Merriënboer, J. C. F. J. van (2016) "De Moeder van Alle Formaties. De Kabinetsformatie van 1977," In C. Van Baalen and A. Van Kessel, eds., *Kabinetsformaties 1977–2012*, Boom : 11–80.

Passenier, F. (1994) *Van Planning Naar Scanning. Een Halve Eeuw Planbureau in Nederland*, Walters-Nordhoff.

Raes, S., J. Van Sindern, P. Van Winden, and G. Biessen (2002) "Het Maken van Economisch Beleid. De Rol van AEP in de Afgelopen Vijftig Jaar," *Tijdschrift Voor Politieke*

Economie, 24 (1): 7–50.
Ramakers, Jan (2016) "'Een Kabinet Dat Er Nooit Had Mogen Komen'. De Formatie van Het Kabinet-van Agt II (1981)," In C. Van Baalen and A. Van Kessel, eds., *Kabinetsformaties 1977–2012*, Boom.
Rutten, Frans (1993) "Politiek En Economie," *Economisch Statistische Berichten*, 78 (3908).
Timmermans, Arco (2003) *High Politics in the Low Countries: An Empirical Study of Coalition Agreements in Belgium and the Netherlands*, Ashgate.
von Trapp, Lisa, Ian Lienert, and Joachim Wehner (2016) "Principles for Independent Fiscal Institutions and Case Studies," *OECD Journal on Budgeting*, 15 (2): 9–24.
Varisli, Munise (2018) "Grenzen Aan de Groei? Sociaal-Economische Debatten in Nederland in de Jaren 1971–1983," Universiteit van Amsterdam.
Verkuil, Dik (2019) *De Gedrevene. Joop Den Uyl (1919–1987)*, Nieuw Amsterdam.
van der Zwan, Arie (2008) *Van Drees Tot Bos*, Balans.
作内由子（2021）「選択肢を表に――オランダにおける選挙綱領のマクロ経済予測」『獨協法学』116：321–344。
佐藤幸治（2020）『日本国憲法論［第二版］』成文堂。
水島治郎（2001）「「分極化戦略」と「行動政党」――オランダ労働党における政権戦略と組織原理の転換」『甲南法学』41（3・4）：289–342。
田口晃（1988）「コーポラティズムと議会――オランダの場合」『年報政治学』38：51–66。
田口晃（1989）「文化変容と政治変動――1970年前後のオランダ」犬童他編『戦後デモクラシーの安定』岩波書店。

第8章
政党政治研究に見る1970年代のヨーロッパ
社会変動の政党政治への表出をめぐって

中田瑞穂

1 はじめに

1970年代、第二次大戦から四半世紀が経過し、ヨーロッパ諸国のデモクラシーは、戦前の不安定を思い出すと驚くほどに安定を見せ、そのなかで政党は中心的役割を担っていた。

しかし、後から振り返ってみると、1970年代には、1960年代末の学生運動とその波紋、1973年から始まる経済不況による成長の時代の終焉、新しい脱物質主義的価値観の登場など、その後につながる様々な新しい要素が登場していた。1950年代、60年代には、経済成長を背景に「左右の合意」の政治が見られ、イデオロギーの衰退、テクノクラシーの台頭が指摘されたのに対し、1970年代には、地域、環境、ジェンダー、リバタリアン的な自由の争点や、「移民」問題も登場し、新しい争点を巻き込み、社会の一部では再イデオロギー化が観察されるようになる。1960年代までの政党政治の、豊かで脱イデオロギー化された社会という前提が変化するなかで、政党政治の何が持続し、何が変化したのだろうか。また、この状況はヨーロッパの政党デモクラシーにも何らかの変化をもたらしたのではないだろうか。

またそのような目立った新しい要素に加え、静かに進行する変化も重要であろう。経済的な豊かさや都市化、商業化、世俗化は、労働者ミリューや農村、教会ネットワークなどの社会的な紐帯のあり方も変化させた。そのような社会的な紐帯が有権者と政党の間で果たしていた役割を考えると、この変化は、有権者と政党の結びつき方にも影響をあたえないわけにはいかなかったであろう。

実際に1970年代に政党政治は「変化」していたのだろうか。変化していたとすると、それはどのような変化だったのであろうか。また、政党の変化は、政党がデモクラシーのなかで果たしている役割も変えていったのではないだろうか。このような問題意識に立ったうえで、本章では、間接的なアプローチとして、同時代の政党研究を検討し、当時の研究者が政党について何に注目し、どのような変化や連続性を見ていたのかを考察することにしたい。当時の研究には、当然、研究者によるバイヤスが入っている。本章の目的は、当時の研究者を通して政党の変化を見ると同時に、当時の政党研究者の特徴や限界についても考察することである。

政党政治の研究の多くはその時代ごとの問題関心に基づいて行われ、扱われるケースやデータもその時代の影響を強く受けているため、時代の文脈を超えて十分に抽象的で理論的な研究として、長期的に参照される研究はそれほど多くはない。多くの研究は、時間が過ぎるとあまり顧みられることはなくなってしまう。しかし、逆にいえば、過去の論文には当時の研究の関心の焦点が現れており、本報告のような歴史研究の素材としては十分興味深いものとなる。

検討の対象とするのは、1970年代から1980年代初頭に*European Journal of Political Research*（以下*EJPR*）に発表された政党に関する研究論文である。1973年に創刊された*EJPR*は、ヨーロッパ諸国の政治を比較しながら様々な新しい手法も用いつつ分析することを目指した論文が掲載されており、この雑誌を創刊から1982年までの10年間たどることで、当時の理論研究、比較研究を指向する政治研究者が分析すべきであると考えていたアジェンダを明らかにすることができよう。同様にヨーロッパの政党政治の研究も掲載されている雑誌としては、*West European Politics*や*Party Politics*があげられるが、前者は1978年創刊、後者は1995年の創刊であり、1970年代の動向という点では、*EJPR*が最も適しているといえる。

結果を先に述べれば、1970年代、研究者たちは、世代や政治参加の「非伝統的」な形態などに注目していたが、女性や環境、脱物質主義的価値観、エスニシティなどの争点が研究対象になるのは、1980年代以降であった。また、有権者の社会的属性と政党帰属意識、投票、政党システムの関係を様々に探る研究が行われ、そのような研究の背後には、新しい争点や社会の変容が、政党政治にいかに反映されるのかをあきらかにしようという動機があったと考えられる。しかし、政党、政党システム自体が大きく変化しているという証拠は示されなかった。本章では、そのような結果の一因は、有権者の投票行動に注目し、政党自体を静的にとらえ政党の戦略的側面に目を向けない研究アプローチではないかと推測する。

本章は、以下の構成をとる。第一に、1970年代の*EJPR*の論文の扱う論点の傾向を確認し、全体の見取り図を示す。そのうえで、次の節では、新しい争点や政治参加の新しい形、政党政治の関わる論文について、論文の分析視角やそれによってあきらかにされる政治的特徴をさらに詳細に考察する。最後に、政党の性質や政党と有権者のつながり方に着目した論文を中心に、1970年代の変容の特徴についての当時の見解をあきらかにし、結論へとつなげる。

2　*EJPR*と1970年代の研究テーマ

*EJPR*は1970年に活動を開始したEuropean Consortium for Political Research（ECPR）の学会誌として1973年に創刊された。雑誌の目的としては、ヨーロッパの政治学者間のコミュニケーションと協働を育み、かつ、現在行われている研究の成果や情報を言語の壁を越えて普及することがあげられている（Lijphart 1973）。イギリスの政治学者マイケル・モーランは、1992年に*EJPR*の20年を回顧して、ロッカンやリチャード・ローズの影響のもと、諸国を比較することに知的な関心を抱き、ヨーロッパ各国で研究活動をしながら、相互に国境を越えて英語でコミュニケーションを取る一部の研究者たちが、この雑誌を引っ張ってきたと述べている（Moran 1992）。

1973年から75年まではレイプハルトが、1976年から1980年まではフランスに拠点を置くモニカとジャンのシャルロット夫妻が、1981年からはデンマークのモーゲンス・ペダーセンとイギリスのデレク・アーヴィンが編集を担当した（表8-1）。特にペダーセンは、1973年の創刊時に34歳で編集委員となって以来、長年*EJPR*の編集に携わり、*EJPR*のジャーナルとしての基礎を確立した（Laver 1995）。1994年に編集長を退いたのちも編集委員に戻っている。*EJPR*の編集委員会は各国から編集委員が代表されるように構成され、編集委員の離任後は、同じ国から別の政治学者が代わりに就任している。戦後に大学教育を受けた40歳前後の世代が編集委員となってこの雑誌をはじめ、その後もほぼ40歳前後の研究者が編集をひきついでいる。編集委員となっている研究者の経歴を見ると、多くが母国で博士課程まで終えており、アメリカで直接政治学を学んだものは少ないが、アメリカには、その後在外研究で滞在しているケースがいくつか見られる。

まず、1970年から1982年までの*EJPR*の論文を概観し、政党関係の論文がどの程度あるのか、その場合、どのようアプローチがとられているか、また、新しい社会争点にかかわるテーマはどのように取り上げられているのかを確認したい。

対象の時期の*EJPR*には、168本の論文が掲載されている。毎年4号ずつ出版されているが、初期は一つの号に論文が2～3本しか掲載されておらず、テーマも政治思想や政治理論に近いものも含まれている。1970年代末からは論文数も増え、テーマや手法も政治科学に収斂していった。

表8-2は、それぞれの論文の中心テーマごとに筆者が分類し、出版年ごとに並べたものである。比較のために、1983年から1988年の論文も分類している。テーマはいくつかの分類カテゴリーに横断的にかかわるものもあるが、主要テーマと考えられるもの一つを選んだ。

広い意味で選挙と政党に関する論文は55本ほどで、3分の1弱にあたる。そのうち、14本は選挙に関する論文である。50年代までは政党研究の主流であった政党組織論は2本にとどまり、政党システムに関する論文が34本に上る。政党システムに関する論文のなかでは、連合政治論として政党の政策位置、サイズと政権構成をめぐる論文が8本あり、残りが有権者と政党の関係を含んだ政党システムに関する論考である。

そのなかにクリーヴィッジ構造について扱った論文が 6 本、多極共存型民主主義を扱ったものが 3 本ある。今から振り返ると、社会的クリーヴィッジや多極共存型民主主義を支えていた社会構造は、1970 年代には弱体化していたと考えられる。しかし、メアも指摘するように、1970 年代には、クリーヴィッジ構造や多極共存型民主主義の枠組みは、ヨーロッパの政党政治を分析する枠組みとして魅力を持っていた（Mair 1983：406）。リプセットとロッカンのクリーヴィッジ理論の発表は 1967 年（Lipset and Rokkan 1967）、ローズとアーヴィンの凍結テーゼが提示されたのは 1970 年であり（Rose and Urwin 1970）、その地点からあまり時間もたっていなかったことにも注意しなければならないだろう。レイプハルトが多極共存型民主主義についての論考を発表したのも 1968 年のオランダについての著作（Lijphart 1968）と 1969 年の論文（Lijphart 1969）においてであり、その概念をまとめた著作は 1977 年の発表である（Lijphart 1977）。

一方で、「政党空間」というテーマに分類した論文が全部で 10 本、投票行動の論文が 7 本ある。政党空間に関する論文としたのは、政党が支持する政策に沿って、一次元、二次元ないし多次元の政策空間上に位置づけられるという前提に立ったうえで、政党の位置の変化や、有権者支持獲得のための戦略を分析する論考である。投票行動の論文では、有権者の属性や指向が政党への投票にどのように結びついているのかに焦点を当て、そこから付随的に政党間の関係やその変化も検討されている。1980 年代になると、投票行動分析の論文が増加している。これは、理論面、研究手法の発展と（日野 2009）、有権者の実態の変化の両方の影響に寄るものではないかと考えられる。これらの論文については次の項で詳しく検討する。

政党以外のテーマは多岐にわたるが、福祉など公共政策が 22 本と多数を占めるほか、1970 年代後半からは欧州統合や欧州議会についての論文も多い。

本章の観点から興味深いのは、環境、ジェンダー、リバタリアン的な自由、移民など新しい社会的争点を扱った論文が少ないことである。1983 年から 1988 年まで時期を延ばしてみると、脱物質主義的価値観やエスニシティ、

表 8-1　*EJPR* 編集者、編集委員会

EJPR 編集者　1973〜1993 年

名前	生没年	所属	性別	活動拠点	就任	就任時の巻号	離任
Arend Lijphart	1936–	Department of Political Science, University of Leiden		The Netherlands	1973, April	1(1)	1975, Dec
Monica and Jean Charlot	1933–2005 (Monica)	Foundation Nationale des Sciences Politiques, Paris	Monica が女性	France	1976, Mar	4(1)	1980, Dec
Mogens N. Pedersen	1939–	University of Aarhus		Denmark	1981, Mar	9(1)	1993 年段階で現役
Derek Urwin	1939–	Department of Politics, University of Warwick		England	1981, Mar	9(1)	1991 春
Michel Laver	1948 ? –	Department of Political Science and Sociology, University College Galway		Ireland	1991, Mar	20(1)	1993 年段階で現役

EJPR 編集委員会メンバー　1973〜1993 年

名前	生没年	所属	性別	活動拠点	就任	就任時の巻号	離任
Brian Barry	1936–2009	Buffield College, Oxford		UK	1973, April	1(1)	1978, Sep
Wilfried Dewachter	1938–	University of Louvain		Belgium	1973, April	1(1)	1979, Mar
Serge Hurtig	1927–2019	Foundation Nationale des Sciences Politiques, Paris		France	1973, April	1(1)	1980
M.Rainer Lepsius	1928–2014	University of Mannheim		Eest Germany	1973, April	1(1)	1980
Morgens N. Pedersen	1939–	University of Aarhus		Denmark	1973, April	1(1)	編集者に
Pertti Pesonen	1930–2005	University of Helsinki		Finland	1973, April	1(1)	1980
Alberto Spreafico	1928–1991	University of Catania		Italy	1973, April	1(1)	1980
Jean Leca	1935–	University of Grenoble		France	1975, Dec	3(4)	1981
Ivor Crew	1945–	University of Essex		England	1978, Dec	6(4)	1981
Gerhard Lehmbruch	1928–	University of Tubingen		Federal Republic of Germany	1978, Dec	6(4)	1981
Jack Lively	1930–1998	University of Warwick		England	1978, Dec	6(4)	1981
Johan de Vree	1938–2017	University of Utrecht		The Netherlands	1979 June	7(2)	1981
Dag Anckar	1940–	Abo-Akademi		Finland	1981, Mar	9(1)	

Gunnel Gustafsson	1943–	University of Umed	女性	Sweden	1981, Mar	9(1)	1985
Hans Dieter Klingemann	1937–	Free University of Berlin		Federal Republic of Germany	1981, Mar	9(1)	1992
Gianfranco Pasquino	1942–	University of Bologna		Italy	1981, Mar	9(1)	1993年段階で現役
Annick Percheron	1937–1992	Foundation Nationale des Sciences Politiques	女性	France	1981, Mar	9(1)	1985
Geoffrey K. Roberts		University of Manchester Institute of Science and Technology		England	1982, Mar	10(1)	1993年段階で現役
Frances G. Castles	1943–	The Open University of Amsterdam		The Netherlands	1982, Mar	10(1)	1981
Julian Santamaria		University Complutense de Madrid		Spain	1982, Mar	10(1)	1985
Manfred G. Schmidt	1948–	University of Mannheim		Federal Republic of Germany	1982, Mar	10(1)	1993年段階で現役
Marie-France Toinet	1942–1995	Foundation Nationale des Sciences Politiques	女性	France	1982, Mar	10(1)	1991
Hans Daudt	1925–2008	University of Amsterdam		The Netherlands	1986	14 (1–2)	1992
Cesar Diaz-Lopez		Universidad Complutense, Madrid		Spain	1986	14 (1–2)	1992
Peter Mair	1951–2011	University of Manchester→Leden University		England→The Netherland	1986	14 (1–2)	1993年段階で現役
Lars Stenelo	1939–2013	University of Lund		Sweden	1986	14 (1–2)	1992
Gisele De Meur		Universite Libre de Bruxelle	女性	Belgium	1991	20 (3–4)	1992
Hans Rattinger	1950–	University of Bamberg		Germany	1991	20 (3–4)	1993年段階で現役
Jean Blondel	1929–2022	European University Institute, Florence		Italy	1992, June	21(4)	1993年段階で現役
Hans Keman		Free University of Amsterdam		The Netherlands	1992, June		1993年段階で現役
Wolfgang C. Müller	1957–	University of Vienna		Austria	1992, June		1993年段階で現役
Rune Premfors	1947–	University of Stockholm		Sweden	1992, June		1993年段階で現役
Josep M. Valles	1940–	University of Barcelona		Spain	1992, June		1993年段階で現役

表 8-2　*EJPR* 論文 1973〜1982、

論文テーマ		1973	1974	1975	1976	1977	1978	1979	1980
選挙				2		1	1	2	5
政党組織								1	
政党システム	投票行動		1	1				3	
	政党空間				1	1	2	2	
	クリーヴィッジ構造	1	1		1	1		2	
	多極共存型民主主義			2					
	連合政治	2	1	3		1			
自治と政党						1			1
世代						4		1	
女性							1	1	1
腐敗									1
脱物質主義／社会変容									
エスニシティ									
移民									
非伝統的政治参加	デモその他	1	1					1	1
	レファレンダム				3			2	
急進左翼			1				1		1
急進右翼									
クライアンテリズム		1			1			1	
公共政策		2			3	1	1	2	3
コーポラティズム				1					
労働争議			1						
政治と経済				1			2	1	
福祉									
中央地方関係			1						1
欧州統合、国際関係				1	3	1	3		1
EP						1	1	1	2
政治的行動				1					
文化			1						
保守						1	1		
議会・半大統領制			1						1
内閣、省庁									
制度適応				1	1				
組織的記憶				1					
政治的脆弱性				1					
エリート						1	5		1
研究手法						1			
世論調査						1			
権力			2		2				
代表				1					
政治的公正									
立憲主義									
正統性									
安全保障									
クーデター									
政治サイクル									
比較政治学									
アカウンタビリティ									
ナショナリズム									
援助									
民主主義									
計		7	11	16	15	16	18	20	19

1983～1988

1981	1982	計		1983	1984	1985	1986	1987	1988	計
3		14	14	1	1	4	2	4	3	15
	1	2	2	3	2	1	6	1	2	15
1	1	7		2	2	4	4			12
1	3	10			2	4		1		7
		6	34		2			2		4
1		3			1	1	1			3
	1	8			1	1		1	1	4
1	2	5	5							0
	1	6	6		2		1			3
		3	3	1			1	1		3
		1								0
				1		2	1	2		6
					1		2	1	2	6
									7	7
2	2	8	13	1			3			4
		5						1		1
		3				2				2
							1	1		2
	1	4								0
2	8	22		2	10	2	9	3	1	27
1	1	3			1			3	3	7
		1		1						1
1	1	6		1		3		2		6
				2	1		1		2	6
2	3	7			2	1			4	7
2		11		5				1		6
		5								0
		1								0
		1			1					1
		2							1	1
		2		1			1			2
				1				1	7	9
		2					1			1
		1								0
		1		2						2
2		9			1		1	1		3
		1								0
		1		1			1			2
		4		1						1
		1								0
							1		1	2
	1	1								0
	1	1						1		1
						1				1
				1						1
								4		4
								2	1	3
								1		1
								1		1
									1	1
								2		2
19	27	168		27	30	26	37	37	36	193

移民をテーマにした論文が見られ、これらの新しい争点を扱った論文が増えるのはこの時期であることがわかる。1980 年代には福祉や急進右翼のテーマも新しく加わっている。

政党研究の一部に数えたが、地方自治の動きと政党に関する論文が 5 本、特に対象期間の後半に、見られたことも興味深い。中央地方関係の論文もあり、新しい社会運動のなかでは、ヨーロッパの政治学のテーマとしては地方自治問題が最も取り上げられていた。1970 年代には、環境運動や女性運動など他にも様々な社会運動が大きな動きとなっていたが、この雑誌では研究テーマとしては表れていない。

イングルハートが『静かな革命』で脱物質主義的価値観概念を提示したのは 1977 年であり、そのテーマの比較政治の論文が現れるのは 80 年代以降であるのは当然であろう。新しい社会運動のなかでは、地域政党は 70 年代から現れていたのに対し、ドイツの緑の党が政党として本格的に活動を始めるのは 1970 年代末であることから、それが、*EJPR* の論文のテーマとなるタイミングの違いとなると推測できよう。

女性と政治について扱った論文は、1978年から1本ずつ計3本見られ（Foverskov 1978; Hellevik 1979; Lafferty 1980）、1983 年から 1988 年にも 3 本あり、70 年代末からは少しずつ出ているといえる。女性運動のように社会的なインパクトはあっても、政治制度への影響が少ない場合、*EJPR* の論文のテーマにはなりにくかったと考えられる。*EJPR* の編集においては、編集者、編集委員会には女性も一人は加わるように配慮されており、1976 年からは編集者の一人がモニカ・シャルロー、彼女の退任後 1981 年からはグンネル・グスタフソンが編集委員会にが加わっているが（表 8–1）、この期間は論文の書き手はほとんどが男性であったことも多少は影響があるかもしれない。

このように、新しい社会争点として後からはひとまとまりの動きに見られるものも、政治学の対象のテーマとしては、時間的な差をもって登場していることがわかる。

その一方で、1970 年代には、世代に注目する研究と、「非慣習的（unconventional）な政治参加」をテーマにする研究がかなりの数みられる。世代についての論文は 6 本あり、これら以外にも、政党政治についての論文に分類したもののなかにも、後に述べるように世代の要素に着目しているものも多く、1960年代末の学生運動の影響や、戦後生まれの世代が成人として政治参加し始めたことが注目されていたことが見て取れる。非慣習的な政治参加については、デモその他についての論文が8本、レファレンダムについてのものが5本見られた。旧新左翼についての論文は3本のみであり、そのうち1本は戦間期ノルウェーについてのものであった。

3　政党研究の焦点

次に70年代の*EJPR*の個々の政党研究を見ながら、どのような問題に研究の焦点が当てられていたのかを検討していく。政党システムのなかでも政党空間と投票行動に関する論文を中心に、この問題と密接に関連した切り口となっている、世代と非慣習的政治参加についての論文を検討する。

扱われている主要テーマごとに、新党、政党と有権者の争点軸上の位置、選挙変易性、非慣習的政治行動、世代の五つに分けて分析していきたい。

新党の登場

1970年代の*EJPR*の政党政治を扱っている論文のなかには、アイルランドの政党システムをあつかったカーティ（Carty 1976）のように、リプセットとロッカンのクリーヴィッジ理論、ローズとアーヴィンの凍結テーゼを個別ケースで修正、補完するものもあるが、多くはこのような政党システムの見方自体が1970年代には修正を迫られる可能性を検討している。そのなかで、第一の焦点となったのは、新しい政党の登場である。

ルスクらの1974年のデンマークについての論文は、まさにそれをテーマとした研究である（Rusk and Borre 1974）。デンマークでは、1971年まで政党システムが非常に安定していたのに対し、1973年の選挙で、グリストロップの進歩党とヤコブセンの中央民主党の二つの新党が議席を取るという「激震」が見られた。1971年までは左右軸上で左右の伝統的な政党が対峙していたのに対し、1973年の二つの新党の進出で政党空間は二次元に拡大し

(Rusk and Borre 1974: 338–9)、左右軸に加える二次元目として登場した新たな軸は新党と旧党の軸であった（Rusk and Borre 1974: 353)。全体として伝統的政党を支持し続けている有権者は64%、残りの36%が票を動かした層で、社会主義政党とブルジョワ政党の双方から、ブルジョワ新党へ、社会主義政党から極左政党への三つの流れが見られる。

新党形成に影響を与えた投票行動の要因を探るため、政党に加え、政治的不信、ECへの反対、社会主義イデオロギー、保守イデオロギー、労働者階級意識の五つの態度についての感情温度を加えた分析を試み、政治的不信が新党を伴う軸、特にブルジョワ新党への流れに最も影響を与えていると結論している（Rusk and Borre 1974: 341; 353)。ただし、新党に投票した人々のなかで、感情温度としては旧政党を一番に挙げる有権者もいたことから、政治的不信で新党に投票した有権者の、旧党からの離反は一時的なものになりうる可能性も示唆している。

ベルグルンドらの1979年の論文は（Berglund and Lindstrom 1979)、スカンジナヴィア4か国を対象に、政党システムが変化しているかどうかを考察している。先のデンマークのケースに加え、1970年のフィンランドの地方党とスウェーデンの中央党、1973年のノルウェーでのアンデル・ランゲの党の新たな進出も視野に入れている。

この研究は、マクロな社会変容を、階級構造、産業別労働人口、土地所有構造、GNP、社会保障費、租税、失業率を指標として検討し、1970年代の初頭に社会的な変化が確かに生じており、階級投票は減少しているものの、それは政党システムの階級的な性格を薄める役割は果たさず、政党システムは労働対ブルジョワの枠の中にとどまっていると結論付けている。選挙変易性を高めた新党も、政党システムとしてみると左右軸のなかに収まっていることが強調されている。

以上のように、北欧の安定した政党システムにとって、新党の登場は衝撃ではあり、分析の焦点は、この変化を起こした要因と、これらの変化が政党システムを変容させているといえるかの二つの点であった。両研究においては結論として、新党の登場は、一時的かもしれない政治不信が原因であり、社会構造の大幅な変化は、政党対立構造を変化させていないこと、新党が登場しても、左右の対立軸は政党システムの基調であることが確認されている。

政党、有権者の争点軸上の位置

第二の特徴的な分析対象は、政党と有権者それぞれを、一次元ないし二次元の争点軸の上に位置付け、それぞれの動態や、相互関係を見るものである。この研究の関心は、争点軸自体が変化しているかどうかにも向けられており、価値指向性の変容が新たな争点軸を生み出しているのか、従来の軸の上でどの方向に向けて変化が生じているかも検討している。

政党システムのイデオロギー距離の収斂について、シャローは、ノースウェスタン大学のケネス・ジャンダの政党の政策位置の国際比較調査の枠組みを利用して、1970 年までのイギリスの二大政党の政策位置を分析し、左右軸上に位置付け、1945 年以降両党は接近してきているが、イデオロギー上のギャップの縮小は自動的ではなく、1970 年には距離の拡大も見られることを示している（Chalot 1975）。

トーマスの論文は、オーストラリア、オーストリア、フランス、イギリス、イタリア、日本、ニュージーランド、スウェーデン、アメリカ、西ドイツの 10 か国を対象とし、社会経済争点と政体争点における政党システム内の距離を分析したものである（Thomas 1979）。争点によっては、1910 年代から分析を始めているが、主に 1950 年代、60 年代、70 年代を比較している。各国の政党政治の専門家に、政党の争点スケール上の位置を判断してもらい、過去の争点についても、文献資料を用いて同じことを依頼するという手法で位置を決めている（Thomas 1979：401）。本研究もヤンダの研究を踏まえているが、政策争点については独自の工夫を行っている。クリンゲマンらのマニュフェスト・プロジェクトが始まったのも 1979 年であり（Volkens 2002；Manifesto Project）、政党の争点上の位置をマッピングすることで政党相互の関係を把握する試みが様々な形で進行していた。

トーマスは、10 の政策争点を、社会経済争点と政治体制争点にまとめて分析しており、政治体制争点については、第二次大戦以前にほぼ政党間の争点位置が収斂しており、社会経済争点については 60 年代、70 年代にも収斂が進んでいるという結果が導き出されている（Thomas 1979：403）。収斂といっても、より細部を見ると、福祉に関してはすべての政党が賛成の方向へ、世俗化については、宗派学校への支持と、やや右の方向への収斂であり、争点ごとに収斂の方向性は異なるが、全体としては弱く左の方向へ収斂しているという（Thomas 1979：408）。この結果について、トーマスは、西側諸国においては、有権者は保守化しているといわれているが、政党の位置はわずかながら左の方向に動いているという結論を出している。

このように1970年代の経済不況があっても、全体としては、戦後の安定と経済成長によって、伝統的な争点については政党が合意の方向に近づいているという点を確認したうえで、トーマスは新しい争点が政党の分断を促進している可能性について考慮している。新しい争点としては、1）失業かインフレかというジレンマ、2）「ポスト産業化」ないし「生活の質」に関する争点、3）文化的多元主義があげられるという（Thomas 1979：409）。2）には、環境保護と環境汚染、性的・個人的自由、企業や政府の意思決定への市民参加の問題が含まれ、3）は、文化的マイノリティの政治的、社会的、経済的な権利に関する要求に関する問題である。

本論文はこの点については、調査を実施しているわけではないが、筆者は1）の失業かインフレかのジレンマについては伝統的な争点に吸収されうるとしたうえで、他の論考を引きつつ、2）や3）の論点は諸政党はすべて同じ態度をとるため、政党間の対立争点にはならないのではないかと推測している（Thomas 1979：410）。例としてあげられているのは、西ドイツではすべての政党が環境保護の立場をとっていること、イギリスの保守党と労働党が北アイルランドとスコットランドのナショナリズム問題に同じ立場をとっていることである。

ここで興味深いのは、「ポスト産業化」や「生活の質」についての争点については、環境問題が代表視され、それは政党を分断する争点にはならないと考えられていることと、文化的多元主義の問題とは、地域自治の問題であることであり、これも政党システムに本質的な影響は及ぼさないのではないかと推測がなされていることである。トーマスは、ゴードン・スミスの論文を引きつつ、政党の数が増えて政党の「拡散」は生じても、それは党派的対立の拡大にはつながらないと述べている（Thomas 1979：411；Smith 1978：45）。

そして、このままでは、ヨーロッパの政党システムは、アメリカ的な穏健な党派的争点対立がある政党制か、オーストリアのような党派対立はあるが、合意の政治になる可能性があるとし、争点ごとの違いがなくとも、政党は政治的集団であるというだけで意味がありうるという議論で本論文は締めくくられている。この議論は、のちのピーター・メアのカルテル政党論につながるが、政党の役割についてはより楽観的なトーンが感じられる。

同様に政党の争点ごとの位置を調べた論文としては、リンデン（Lindén 1976）がある。この論文では、スウェーデンの主要政党の議員に、資本主義と社会主義、中央集権主義と分権化、個人主義と集団主義、世俗主義とピューリタニズム、エスタブリッシュメントと反抗の五つの次元における位置を尋ねている。このなかで目を引くのは、最後のエスタブリッシュメントと反抗の次元が調査対象となっていることであり、社会民主党が最もエスタブリッシュメントの極に近い位置づけになってることであろう（Lindén 1976：381）。

次に有権者の争点軸上の位置に着目した投票行動の論文を見ていきたい。

カーゼとクリングマンの論文では（Kaase and Klingemann 1982）、オーストリア、イギリス、アメリカ、西ドイツの4か国を取り上げ、宗教的指向性、社会階級、世代、教育水準の社会的属性で分けた社会グループごとに、左右、平等主義、物質主義－脱物質主義、宗教性の四つの価値指向性における傾向を調べ、そこに政党投票者ごとの価値指向性も重ねて考察している。さらに、社会グループごとの政党への感情温度も確認し、社会階層と政党との関係を見ている（Kaase and Klingemann 1982：380）。政党支持以外の政治行動へのポテンシャルも拾えるように、「プロテスト」も選択肢に含めている。価値指向性の分析は、主成分分析を試みると、オーストリア、西ドイツとイギリス、アメリカで異なり、前二者は宗教的指向性の軸と保守－革新の軸が重なって主要な価値指向性の軸が構成でき、第二成分としては平等主義があるのに対し、後二者について平等主義の価値指向性は重要ではないなど（Kaase and Klingemann 1982：373）、それぞれの国で重要な価値指向性の要素が異なることが示される。

各国ごとに様々な興味深い発見がある論文であるが、この論文を通じて筆者らが示そうとしているのは、「凍結」した社会対立構造は意味を失っているわけではなく、社会対立構造と価値指向性が結びついており、価値指向性の近さを通じて社会グループは政党に結びついているということである（Kaase and Klingemann 1982：383）。クリーヴィッジが直接政党支持と結びつくのではなく、価値指向性を経由してとしているところが、例えば、前述のベルグンドらの論文集（Berglund and Lindstrom 1979）に比べて興味深い。既成政党との結びつきの融解はどの社会集団にも見られ、特に若年で世俗的な社会グループで始まっているが、アメリカを除いて政党帰属意識の著しい落ち込みは生じていないことも、既存政党と有権者の結びつきがまだ崩れてはいないことを示しているとしている（Kaase and Klingemann 1982：384）。

この論文においても、物質主義－脱物質主義の価値指向性は、取り上げられてはいるものの、左右や宗教性ほど明確な軸ではない。脱物質主義的価値観には英米では年齢による違いが大きく、西ドイツやオーストリアでは、年齢に加えさらに学歴の影響も大きい（Kaase and Klingemann 1982：371）。労働者階級はどの国でも物質主義的であることも重要である（Kaase and Klingemann 1982：374）。

もう一つこの論文では、「プロテスト」運動等、既存政党支持以外の政治参加の形態への支持度も調べている。左派政党の支持者のほうが、右派政党の支持者より「プロテスト」の潜在性が高く、さらに見ると、世代や学歴の影響が強い。このことからも、著者らは、「プロテスト」支持や既存政党からの離反の傾向は、「高学歴の学生」という社会的立場と結びついたもので、ライフサイクルの影響の可能性があるともし、このことも政党支持自体の融解とは言い切れない理由としている（Kaase and Klingemann 1982：384）。

左派陣営のなかに、物質主義－脱物質主義の価値指向性における対立要素があり、左派政党が最もその点で価値指向性の対立を抱え込んでおり、統合が難しい。脱物質主義的価値観の「ニューレフト」は政治参加の形態の点でも革新的であり、この構造的対立が新党の形成に結びつくかどうかはこの論文の射程を超えるとしている。

このように、本論文の視点は、社会的クリーヴィッジと政党システムを連続的に見る見方に対して、価値指向性を挟んでいる点が異なるが、結論としては、社会グループと政党の比較的安定した関係を示唆する結論となっている。そのなかでニューレフトの動向が流動性のカギと見られている。

以上のように、政党と有権者の争点軸上の位置付けについての70年代の研究は、当時の問題関心のあり方の特徴を見せてくれる。

まず、社会的構造と政党支持の間の結びつきが遊離し始めているのではないかという問いが見られるが、カーゼとクリングマンの研究のように価値指向性を挟むことで、両者の結びつきが再確認されている点は興味深い。ただ、価値指向性への注目だけでは、政党支持の個人化の傾向は十分現れず、変化をつかみ損ねる可能性はないだろうか。「労働者階級」のような社会集団と政党が結びついていることと、マニュアルワーカーの職種、低学歴の人は、左派的な指向性を持ち、左派的な政党を支持することが多いということは、異なるリンケージに基づく現象である可能性もあるが、その違い、変化をこのような投票行動分析は捉えていない。

政党システムの軸としてはやはり左右軸の重要性が確認され、しかも、その軸上で、主要政党の収斂傾向があることが注目されている。政党においても有権者においても左右軸以外の争点軸が活性化しているのではないかという問題関心は強く表れている。ただし、そこで問われている新しい軸の内容は、「ポスト産業化」争点については環境汚染の問題、文化的多元主義については「国民国家」の「ペリフェリー」の地域自治の問題と、比較的狭く理解されており、政党システムの再編成につながるという展望は導き出されていない。

脱物質主義的価値観の軸に関しても、年齢と学歴のファクターで説明できるのではないか、という見解はここで触れた論文だけでなく、各所に見られる。さらに、年齢と学歴が影響する変化については、世代的特徴として、今後の永続的変化の兆しと見るべきなのか、それとも、社会的帰属から自由な学生という一時的社会的ステータスの特徴と見るべきか、という点が、この時点ではオープンクエスチョンになっている。

このこととあわせ、脱物質主義的価値観に基づく左のなかだけの新旧左翼の分裂という解釈がとられたことも、新しい軸の誕生が語られない原因となっている。

選挙変易性

第三の焦点は、有権者の投票行動が流動性を増したのかどうかである。これは選挙変易性の分析に最もはっきりと現れる。第一の焦点の新しい政党の登場は選挙変易性の上昇につながるが、次に紹介するいくつかの研究では新党が現れた国以外も対象に含めたうえで、既存政党間でも投票行動がより流動的になっているかが問われている。

ペダーセン（Pedersen 1979）は、有権者のレヴェルでの政党システムに着目し、ヨーロッパ13か国の政党システムの1950年代、60年代、70年代の選挙変易性を調べ、いくつかのグループに分けられるとした。ノルウェーとデンマークは抜きんでて選挙変異性が高い。一方で、スイス、スウェーデン、オーストリアは戦後一度も変易性の高い選挙を経験したことがなく、フランス、イタリア、ベルギー、オランダは逆に常に選挙の変易性が高い（Pedersen 1979：12）。このように、変易性自体各国ごとに異なる。

1970年から1977年にかけて、オランダ、ノルウェー、デンマークでは選挙変易性が上昇している。これらの国は、これまで相対的に選挙変易性が低かった国であることから、その変易性の上昇は特に目立つ現象となっている。しかし、ペダーセンの研究によれば、変易性の上昇はヨーロッパ全体に見られる現象ではなかった。ベルギーでは、地域政党の進出により、1960年代に選挙変易性が上昇したが、1970年代には落ち着いている。また、フランス、西ドイツ、イタリアでは、選挙変易性が低下もしているのである。

このように、伝統的に変易性が高かった政党システムはあきらかに変易性が低下している。それに対して相対的に低かった他の政党システムは変異性が上昇している。

ペダーセンは、争点ごとに政党が位置付けられている政党空間が存在するとし、有権者は争点空間上で自分の位置の認識に基づいて投票すると想定したうえで、政党システムの問題を考えており、選挙変易性に現れる有権者のレヴェルの政党システムを見ると、1970年代の政党システムは1920年代はもとより、1960年代とも同じとはいえないと結論付けている。そして変化の方向は国ごとに異なる点にも注目している。

ルデュック（LeDuc 1981）は、イギリス、アメリカ、カナダ、オランダの有権者のパネルデータを用いて、1970年代に政党帰属意識と投票行動が変化したかどうかを調べている。調査時期にばらつきがあり、比較は難しいがイギリスとカナダでは政党帰属意識と投票行動は一致して推移したが、アメリカでは政党帰属意識はあまり変化せず、投票行動は変化しやすい。オランダは逆に政党帰属意識のほうが投票行動よりも不安定であった。オランダでは1970年から72年の間に同じ政党への政党帰属意識を持ち続けたのは36％と低かったが、一貫した投票行動をとったのは49％である。政党帰属意識が変化した人のなかには政党帰属意識を失った人も含まれている。

この二つの選挙変易性の研究の興味深い点は、どちらも多くの国を比較しており、選挙変易性の変化の動態が、国によって大きく異なることを示していることである。示された結果によれば、結果有権者の投票行動が、1970年代になって流動化したケースはあるものの、広く西側先進国のトレンドとはいいがたい。そのような違いが生じる原因はここでは追及されておらず、選挙変易性が低ければ有権者と政党の関係は変化がないということなのか、また、高い国は有権者と政党の関係が低い国より流動化しているといえるのかどうかなど、この分析ではあきらかではない。ただ、アメリカとの比較に現れているように、政党と有権者の結びつき方が国ごと、地域ごとに異なり、それが社会変容の影響が選挙変易性のトレンドの違いに現れているのであろうという推測は可能だろう。

非慣習的政治行動

また、政党そのものに焦点を当てたものではないが、政党活動や政党への投票を通じた慣習的な政治的行動に対して、デモなどの非慣習的政治行動が、社会階層や世代とどのように関係しているかに注目した研究もある。

ペーテセン（Petersson 1973）は、1969年のスウェーデン、ヨーテボリの学生を調査し、社会階級、価値指向性、デモ参加の傾向を分析したものである。価値指向性については、左右軸と政治体制のパーフォーマンスに対する評価の二つを採用し、それぞれについての位置を回答者が自分で選ぶ形式である。

市民全体のなかでは、左右の価値指向性と社会階級が結びついているが、学生については、逆転している、つまり、社会階級上位で左翼的傾向が高いのではないかという見解が存在したが、ペーテセンはこの研究を通して、学生においても社会階級（父親の職業）が上層の場合は左翼的傾向は低く（37％）、労働者階級の場合は高い（63％）ことがあきらかになり、市民全体と傾向に相違はないことが示されたとしている（Petersson 1973：301）。

さらに、左右軸上の位置及びその変化、体制への評価とデモ参加の関係から、基本的価値観の急速な左翼化が、デモ参加を促すこと、左派傾向と体制不信が結びついている場合がもっともデモ参加が強いことを示している。

ミュラー（Muller 1982）は、人々がどのような時に政治に参加するのか、その時とる政治参加の形態が慣習的な政治参加（投票、選挙キャンペーンへの参加、政治家へのコンタクト、コミュニティの政治への参加）か、非慣習的な政治参加（歎願署名活動、ボイコット、デモ）になるかについての予備的モデルを構築し、1974 年西ドイツで行われた調査データでテストしている。結論としては、個人的な政治的有効感覚、政治に影響を受けているという心理的な姿勢、左派のイデオロギーへのコミットメント、相対的価値はく奪などが非慣習的な、そのなかでも攻撃的な政治参加に導くのではないかとしている。

これらのような非慣習的政治行動に焦点を置いた研究の存在自体が、1970 年代のアジェンダを示していて興味深い。1960 年代前半までの政党を通じた慣習的な政治参加という安定的な状況への変化は、争点軸だけではなく、政治行動自体の変化からも観察できると考えられていたことがわかる。ただし、ここでも、前述の価値指向性と同じように、左翼陣営内の変化、分断という見方が示されている。

世代

最後に特徴的な焦点としては世代がある。世代については1977年に特集も組まれているほか、これまであげた論文のなかでも、政党変容や非慣習的な政治行動の独立変数として、しばしば検討されている。

リーバーン（Thorburn 1977）は、イギリスを対象に、選挙権を獲得したタイミングごとの四つのコフォートの政党帰属意識を分析している。コフォートごとの政党帰属意識を見ると、それほど違いは見られず、労働党の場合、どのコフォートにおいてもほぼフラットだが、保守党の場合、1966年コフォートの帰属意識は他のコフォートより低い（Thorburn 1977：138–139）。しかしより詳細に見ると、政党帰属意識が「とても強い」と答えた回答者の割合は、1935年コフォートが36％であるのに対し、1966年コフォートは16％と大きく差があることが示される。本研究では、さらに階級別に各コフォートの政党帰属意識を調べ、階級ごとの政党帰属意識が融解しているのは、主に中間階級の最も若いコフォートの急進化が原因であるとした。その一方で、労働者階級については保守化の傾向が見えないとし、イングルハートが想定したような政党と有権者の関係の再編成は否定している（Thorburn 1977：146）。

アラーベック（Allerbeck 1977）は、ドイツを対象に、1972年と1976年の選挙における世代別の投票先政党、学歴別の年齢と政治的意見の相関関係、本人の支持政党ごとの父親の支持政党の割合が検討されている。ここでも年齢と学歴のどちらの要素が政党支持や政治的意見に影響しているのかが検討されている。世紀転換期にはアビトゥーアを取ったのは同世代の4％であったのに対し、70年代中ごろには約20％に上昇しており（Allerbeck 1977：125）、高学歴者ほど、左翼支持で、歎願、ボイコット、デモなどの非慣習的な政治参加を許容し、警察官の実力行使やデモの違法化などの抑圧的な手段を受け入れない傾向がある。アラーベックは、年齢は、高学歴層においてのみ政治的指向性の有力な決定要因になるのではないかとしている（Allerbeck 1977：126）。

ボン（Bon 1977）は政治的世代を考える際、大きな政治的事件が影響するという仮説のもと、フランスの1968年5月事件への態度と、1974年の大統領選挙における投票行動を世代ごとに比較する研究を行い、ダルトン（Dalton 1977）はイタリアのキリスト教民主党の指導者層の分析によって、若手活動家層が左翼的ないし「ニューレフト」的傾向を示し、実際に社会党や共産党を支持することになった結果、キリスト教民主党にとどまり指導者層になっていった若手活動家には保守的な指向性が強く、党を右に動かしていると指摘する。

世代の問題は、すでに新党、争点軸上の政党と有権者の位置に関連する論文でも主要な位置を占めていた。世代は以前からある切り口であるが、1970年代における世代論の特徴は、若い世代の急速な高学歴化というトレンドや、1968年の学生によるプロテストという事件を受けて、学歴と年齢の関係や左翼化、新しい形態の政治活動に焦点が当てられている。

4　1970年代の政党研究

以上、*EJPR*の1970年代の政党研究の論文のテーマや切り口を検討してきた。

ここで、1950年代、1960年代の政党研究をごく簡単に一度振り返ったうえで、1970年代の政党研究の焦点の特徴とそこから見える政党政治の変化を考える。そのうえで、1970年代の政党研究にはどのような挑戦と限界があったのかを考察したい。

1950年代のヨーロッパ政党研究は、政党組織に注目してきた。1911年に出されたミヘルスの『政党』は、ドイツ社民党をベースに大衆組織政党内部において寡頭的支配の原理が見られることを指摘したが（Michels 1962）、1950年代にも政党の内的組織への関心は続いた。

1951年のデュベルジェ『政党社会学』（デュベルジェ 1970）は、政党組織、党員、リーダーシップなどの政党の構造と、政党の数、政党の強弱度と連合、政党と世論の代表など政党制の両方を対象としている。政党組織については、党員と支持者の補助組織である労働組合、共済組合、協同組合、借地人団体などについての言及が多い。1956年のノイマンの研究（ノイマン 1958/1961）

では、「工業化、都市化、世界戦争、全体革命、新社会秩序の計画的探究」（ノイマン 1958：7）のなかで、政党が個人代表の緩い政党から社会統合の強力な政党へ移行したとし、党費納入や日常生活の全領域へ影響力を持つ、新型の政党である「統合の政党」について述べている（ノイマン 1961：533）。

なぜ、政党組織と支持者の組織が政党研究の関心を集めたのだろうか。1967年のエプシュタインの *Political Parties in Western Democracies* は（Epstein 1967/1982）は、ヨーロッパの民主主義における政党の役割について、利益をそのまま表出する多党制であり、利益の集約は連合によって行われること、政党は綱領的政党と大衆党員メンバーの組み合わせからなることを指摘している。ここから、政党組織、特には政党の内部の民主主義の重要性が導き出される。利益のなかで最も基礎となるのは階級対立であり、労働党やヨーロッパの社会主義政党は、人民の多数と考えられる人々を代表しており、労働党組織はしたがって、正統に政策を考慮する資格があると自負しているという、対立構造と大衆組織政党を前提とした民主主義体制における政党の在り方が描かれている。リプセットとロッカンのクリーヴィッジ論や、レイプハルトの多極共存型デモクラシー論も、この大衆組織政党を前提とした政党システムに関する議論になっている。

しかし、エプシュタインがこのように書いた1960年代、政党の社会的機能には変化も生じ始めていた。1964年に出版されたアラルトとリッツネンの編著『現代政党論』（アラルト／リッツネン 1973）は、1960年に設立された国際社会学会の政治社会学委員会の企画である。委員長はリプセット、ロッカンが書記であった。この企画では、政党と政党配置／政党組織、党員の性質、国家構造の差異／政党と利益組織の役割がテーマとなっている。

本論集所収の二つの論文、マーク・エイブラムス（Mark Abrams）の「イデオロギー終焉後の政党政治」（pp. 11–22）とエリク・アラルト（Erik Allart）「フィンランド政治における階級対立の型と労働階級の意識」（pp. 76–119）は、1960年代における労働者政党の二つの在り方を示している。

エイブラムスの論文は、イギリスの労働党が、1960年代初頭、特定支持政党を持たない3分の1の有権者を取り込むために世論調査を実施し、ヴェイレンス・イシューに傾斜した宣伝戦を展開するように急激に変化した様子を、世論調査のプロとして実際に携わった立場から報告している。そして、3分の1ずつの労働党と保守党の熱心な支持者はイデオロギー対立を容認しているが、コミットしていない3分の1の有権者にとっては、イデオロギー対立は意味がないとしている。

それに対し、アラルトはフィンランドについて、イデオロギー対立の減退の例外事例であるとし、マニュアルワーカーとホワイトカラーの間が絶縁しており、世代間階級移動が少なく、階級が具体的に存在し、多くの有権者が選挙のずっと以前から支持政党を決定しているという状況を示した。

エイブラムスの視点は、政党組織ではなく、政党のリンケージ戦略を対象としている点、「労働者」という社会集団としてひとくくりに把握するのではなく、個々人から政党へのインプットとしての世論調査、アウトプットとしての政党のマスメディア利用に注目している点が興味深い。一方アラルトの視点は新しい世代の登場という社会変動を前提に、社会集団としての階級の固定性、階級と政党の接合という、まさにエプシュタインがヨーロッパの社会統合政党として示した政党像が1960年代にも継続していることを示した。

この二つの論文にも表れているように、著しい社会変容を背景に有権者の投票行動が変化しているのではないかという問題意識が1960年代に現れ、本章の検討した*EJPR*の諸論文で見たように、1970年代にも政党研究の焦点となった。政治社会委員会でも、1968年の学生のプロテスト運動や政治潮流の変容で実現には至らなかったが、この論集の続巻として、価値体系と政党制、信条構造、政党イメージ、投票者の意思決定などが計画されていたという。研究手法の発達もあり、社会学的なアプローチで、社会の変化をとらえ、それがどのように政党支持に反映しているのかというディマンドサイドの研究が行われ、投票行動分析は1980年代にさらに発展していく。

前節で見てきたように、*EJPR*の1970年代の政党研究は、社会の変化にもかかわらず、政党システムには決定的な変化はないことを示した。政党間のイデオロギー距離の変化などはあるものの、政党システムは安定しており、社会変動にもかかわらず、1970年代の政党政治はその前の時代との連続性が高いことが示されている。

ただし、他の研究の補助線をひくと、このアプローチでは見えない変化が政党政治にすでに1970年代に生じていた可能性もある。

上述のエイブラムスの研究は、有権者の投票行動の分析とともに、サプライサイドである政党の戦略面に着目している。政党のヴェイレンス・イシューとプロパガンダの利用による浮動票の獲得という能動的側面、政策やイデオロギー位置とも独立した側面に光を当てているのである。キルヒハイマーが1966年に大衆政党から包括政党への変容、パーネビアンコが1982年に組織大衆政党の選挙プロフェッショナル政党への変容として着目したのは、まさに政党のそのような側面に関する変化である（Kirchheimer 1966；パーネビアンコ 2005：268–273）。パーネビアンコは、共産党や社会党を支持する有権者に以前と同じ割合の「労働者」が含まれていたとしても、労働者階級の形態の変化を考えると、割合が同じであると指摘することには意味がないと指摘する（パーネビアンコ 2005：272）。そして、このような社会構造の変化が、政党にとって有権者を制御しにくくし、選挙プロフェッショナル政党への変化へといざなうとしている。

今回本章で検討した*EJPR*の論文では、政党の能動的な有権者獲得のための戦略に焦点を当てたものはなかった。それはここで使われている社会学的なアプローチの影響でとらえられていなかった可能性もあるが、実際に、政党の戦略的行動が活発化するのは70年代末、80年代に入ってからとも考えられる[1)]。

パーネビアンコは、政党の変化は、政党がデモクラシーにおいて果たしていた統合的、表出的機能を衰退させ、有権者も孤立化し、迷うようになると指摘している（パーネビアンコ 2005：280）。政党政治は、すでに1970年代にこのようなデモクラシーにおいて本質的な変化を始めていたが、この変化がデモクラシーの課題と意識されるようになるには、まだ時間がかかることになる。1970年代の政党政治はこのような変化を水面下に隠した安定性を示していた。

5　おわりに

以上のように、本章では1970年代の研究者たちが政党について何に注目し、どのような変化や連続性を見ていたのかを考察し、そこから、この時代の政党政治がどのように変化していたのか、それがデモクラシーにどのような影響をあたえるのかを検討してきた。

1970年代、研究者たちの関心は、環境、ジェンダー、脱物質主義的価値観、エスニシティなどの争点にはあまり向けられていなかった。関心の対象は、世代や地域自治の動きや、非慣習的な政治参加の形態であり、しかもこれらも永続的な新しい政党政治の対立争点軸にはならないのではないかとする見方が強かった。社会的階層と政党システムの関係についても継続を示唆する要素が多く報告されている。このような結論が多かった原因の一つに、個人の価値指向性の集積と集団の価値指向性を重ねて考えていたことがあるのではないかと示唆した。

おそらく、70年代の社会変動をより直接的に反映した政党研究は、80年代になってから現れるものと思われる。緑の党や極右政党など反エスタブリッシュメントの政党が登場し、1970年代の時点では、左翼における新旧左翼の分断とのみとみなされていたのが、極右の登場によって政党システム全体の変容へとつながっていく。

環境、ジェンダー、移民や人種といった争点を主張する、エスタブリッシュメントの政治的なパターンへの挑戦する政党と、それに対応する現象として見えてきた既成政党の選挙プロフェッショナル政党、カルテル政党化が、次の研究の焦点となっていくであろう。

注

1)　例えばドイツでは社会民主党が1982年に下野したのち、1984年に世論調査会社にミリュー分析を利用した多数派構築のための調査を依頼し、選挙戦略に利用している（網谷 2018：10)。

参考文献

Allerbeck, Klaus（1977）“Political Generations : Some Reflections on the Concept and Its Application to the German Case,” *European Journal of Political Research*, 5 : 119–134.

Berglund, Sten and Ulf Lindstrom（1979）“Scandinavian Party System（s）in Transition（?）A Macro-Level Analysis,” *European Journal of Political Research*, 7 : 187–204.

Ben-Sira, Zeev（1978）“The Image of Political Parties and the Structure of Political Map,” *European Journal of Political Research*, 6 : 259–283.

Blondel, Jean（1973）“European Consortium for Political Research,” *European Journal of Political Research*, 1 : 103–105.

Bon, Frédéric, Jérome Jaffré（1977）“A Preliminary Note on French Political Generations,” *European Journal of Political Research*, 5 : 149–154.

Carty, R. K.（1976）“Social Cleavages and Party Systems : A Reconsideration of the Irish Case,” *European Journal of Political Research*, 4 : 195–203

Chalot, Monica（1975）“The Ideological Distance between the Two Major Parties in Britain,” *European Journal of Politica1 Research*, 3 : 173–180.

Daalder, Hans and Peter Mair（1983）*Western European Party System : Continuity & Change*, London : Sage.

Epsten, Leon D.（1967/1982）*Political Parties in Western Democracies*, New Brunswick, Transaction Books.

Foverskov, Peter（1978）“Women in Parliament : The Causes of Underrepresentation Exemplified by Denmark and Norway in the 1960s,” *European Journal of Political Research*, 6 : 53–69.

Hellevik, Ottar（1979）“Do Norwegian Voter’s Discrimimate against Women Candidate for Parliament? A Rejoinder,” *European Journal of Political Research*, 7 : 285–300.

Kaase, Max and Hans-Dieter Klingemann（1982）“Social Structure, Value-Orientations, and the Party System : The Problem of Interest Accommodation in Western Democracies,” *European Journal of Political Research*, 10 : 367–386.

Kirchheimer, Otto（1966）“The Transformation of the Western European Party Systems,” In J. LaPalombara and M. Weiner, eds., *Political Parties and Political Development*, NewJersey : Princeton University Press : 177–200.

Lafferty, William M.（1980）“Sex and Political Participtiom : An Exploratory Analysis of the “Female Culture,” *European Journal of Political Research*, 8 : 323–347.

Laver Micael（1975）“Strategic Campaign Behaviour for thr Northern Ireland assembly Election of 1973 : Electors and Parties,” *European Journal of Political Research*, 3 : 21–45.

Laver, Michael（1995）“Editorial : A word of thanks to Mogens Pedersen,” *European Journal of Political Research*, 27 : 1–2.

Lijphart, Arend（1968）*The Politics of Accommodation : Pluralism and Democracy in the Netherlands*, Berkeley : University of California Press.

Lijphart, Arend（1969）“Consociational Democracy,” *World Politics*, 21（2）: 207–225.

Lijphart, Arend（1973）“Editorial Policy,” *European Journal of Political Research*, 1（1）.

Lijphart, Arend（1977）*Democracy in Plural Societies : A Comparative Exploration*, New Ha-

ven and London : Yale University Press.
Lindén, Michael（1976）“Political Dimensions and Models of Political Party Sympathy : Empirical Studies of Swedish Attitude Data,” *European Journal of Political Research*, 4 : 377–389.
Lipset, S. M. and Sein Rokkan, eds.（1967）*Party System and Voter Alignments*, New York : Free Press.
LeDuc, Lawrence（1981）“The Dynamic Properties of Party Identification : a Four-Nation Comparison,” *European Journal of Political Research*, 9 : 257–268.
Mair, Peter（1983）“Adaptation and Control : Toward an Understanding of Party and Party System Change,” In Daalder and Mair（1983）405–429.
Michels, Robert（1962）*Political Parties : A Sociological Study of the Oligarchical Tendencies of Modern Democracy*, New York : Collier Books.
Manifesto Project, About, https : //manifesto-project.wzb.eu/information/documents/information（Accessed 29. V. 2022）.
Moran, Michael（1992）“Editor’s Introduction,” *European Journal of Political Research*, 21 : 333–335.
Muller, Edward（1982）“An Explanatory Model for Differing Types of Participation,” *European Journal of Political Research*, 10 : 1–16.
Pedersen, Mogens（1979）“The Dynamics of European Party Systems : Changing Patterns of Electoral Volatility,” *European Journal of Political Research*, 7 : 1–26.
Petersson, Olof（1973）“Political Orientations and Participation in Demonstrations amang Swedish Students,” *European Journal of Political Research*, 1 : 299–316.
Rose, Richard and Derek W. Urwin（1970）“Persistence and Change in Western Party Systems since 1945,” *Political Studies*, 18（3）: 287–319.
Rusk, Jerrold G. and Ole Borre（1974）“The Changing Party space in Danish Voter Perceptions, 1971–1973,” *European Journal of Political Research*, 2 : 329–361
Smith, Gordon（1978）“Trends in Western European Party Systems?” *Parliamentary Affairs*, 31（1）: 37–51
Thomas, John Clayton（1979）“The changing the nature of Partisan Divisions in the West : Trends in Domestic policy Orientations in 10 Party Systems,” *European Journal of Politica1 Research*, 7 : 397–413.
Thorburn, Phyllis（1977）“Political Generations : The Case of Class and Party in Britain,” *European Journal of Political Research*, 5 : 135–148.
Volkens, Andrea（2002）Abstract of “Manifesto Research : Past, Present, and Future” In Dieter Fuchs, Edeltraud Roller, Bernhard Weßels, Hrsg., *Bürger und Demokratie in Ost und West : Studien zur politischen Kultur und zum politischen Prozess : Festschrift für Hans-Dieter Klingemann*, Westdeutscher Verlag : 462–477.
網谷龍介（2018）「国民政党デモクラシーの遅い終焉——2017年連邦議会選挙とドイツ政治の変容」DESK, European Studies Vol. 18, 5–17。
アラルト、E.／J. リッツネン編（1973）宮沢健訳『現代政党論』而立書房。(Erik Allardt and Yrjö Littunen, eds.（1964）*Cleavages, ideologies and party systems : contributions to comparative political sociology*, Helsinki : Academic Bookstore.)

デュベルジェ、モーリス（1970）『政党社会学』潮出版。（Maurice Duverger（1951）*Les Partis Politiques,* Libraire Amond Colin）
ノイマン、S.（I：1958/II：1961）『政党——比較政治学的研究』Ⅰ、Ⅱ、渡辺一訳、みすず書房。
パーネビアンコ、A.（2005）『政党——組織と権力』ミネルヴァ書房。
日野愛郎（2009）「階級投票衰退後のヨーロッパにおける投票行動研究——イギリス選挙研究（BES）を中心にして」山田真裕・飯田健『投票行動研究のフロンティア』おうふう：55–74。

＊本研究はJSPS科研費JP18H00820、JP19K01457の助成を受けたものである。

人名索引

ナ行

ハ行

マ行

ラ行

事項索引

執筆者紹介（五十音順、＊は編者）

＊**網谷龍介**（あみや　りょうすけ）
1968年生まれ。東京大学大学院法学政治学研究科修士課程修了。東京大学博士（法学）。津田塾大学学芸学部教授。ヨーロッパ現代政治・政治史。『計画なき調整』（東京大学出版会、2021年）、『ヨーロッパ・デモクラシーの論点』（共編、ナカニシヤ出版、2021年）、ほか。

板橋拓己（いたばし　たくみ）
1978年生まれ。北海道大学大学院法学研究科博士後期課程修了。東京大学大学院法学政治学研究科教授。国際政治史。『アデナウアー』（中公新書、2014年）、『黒いヨーロッパ』（吉田書店、2016年）、『分断の克服 1989–1990』（中公選書、2022年）、ほか。

上原良子（うえはら　よしこ）
1965年生まれ。一橋大学大学院社会学研究科博士課程修了。フェリス女学院大学国際交流学部教授。フランス現代史・フランス政治外交論。田中孝彦・青木人志編『〈戦争〉のあとに／和解と寛容』（分担執筆、勁草書房、2008年）、渡邊啓貴・上原良子編『フランスと世界』（共編、法律文化社、2019年）、ほか。

大内勇也（おおうち　ゆうや）
1982年生まれ。東京大学大学院総合文化研究科博士課程修了。日本学術振興会特別研究員（PD）。国際関係論、国際人権。『人権条約形成の国際政治』（ナカニシヤ出版、2023年）、ほか。

作内由子（さくうち　ゆうこ）
1983年生まれ。東京大学大学院法学政治学研究科博士課程修了。獨協大学法学部准教授。西洋政治史。『ポピュリズムという挑戦』（分担執筆、岩波書店、2020年）、『現代ベルギー政治』（分担執筆、ミネルヴァ書房、2018年）、ほか。

中田瑞穂（なかだ　みずほ）
1968年生まれ。東京大学大学院法学政治学研究科博士課程単位取得退学。東京大学博士（法学）。明治学院大学国際学部教授。東中欧政治史、比較政治。『農民と労働者の民主主義――戦間期チェコスロヴァキア政治史』（名古屋大学出版会、2012年）、「ヴェイレンス・イシューの政治――チェコにおける「ビジネス企業政党」ANOと政党政治の変容」（『年報政治学』第72巻第2号、2021年、57–84頁）、ほか。

中村督（なかむら　ただし）
1981年生まれ。フランス社会科学高等研究院博士課程修了。北海道大学大学院法学研究科教授。フランス現代史。『言論と経営』（名古屋大学出版会、2021年）、『フランス知と戦後日本』（分担執筆、白水社、近刊予定）、ほか。

八十田博人（やそだ　ひろひと）
1965年生まれ。東京大学大学院総合文化研究科博士後期課程満期退学。共立女子大学国際学部教授。イタリア政治外交、欧州統合論。『よくわかるEU政治』（共編、ミネルヴァ書房、2020年）、『ヨーロッパ・デモクラシーの論点』（分担執筆、ナカニシヤ出版、2021年）、ほか。

戦後民主主義の革新
1970～80年代ヨーロッパにおける政治変容の政治的史検討

2024年2月29日　初版第1刷発行

編　者　網谷龍介
発行者　中西　良
発行所　株式会社ナカニシヤ出版
〒606-8161 京都市左京区一乗寺木ノ本町15番地
TEL 075-723-0111　FAX 075-723-0095
http://www.nakanishiya.co.jp/

装幀＝白沢　正
印刷・製本＝亜細亜印刷

＊落丁・乱丁本はお取替え致します。
ISBN978-4-7795-1795-2　C3031